Une vérité à vivre

Traduction : Jean Hudon
Typographie et mise en page : François Doucet
Graphisme : Carl Lemyre
Peinture : Louis Tremblay
ISBN 2-921892-17-0

Première impression : octobre 1997

Les Éditions l'Art de s'Apprivoiser Inc.
172, Des Censitaires
Varennes, Québec, Canada, J3X 2C5
Téléphone: 514-929-0296
Télécopieur: 514-929-0220
www.enter-net.com/apprivoiser
apprivoiser@enter-net.com

Diffusion
Canada : L'Art de s'Apprivoiser
Téléphone: 514-929-0296
Télécopieur: 514-929-0220
www.enter-net.com/apprivoiser
apprivoiser@enter-net.com
France : Messagers de l'Éveil-53.50.76.31
Belgique : Rabelais- 22.42.77.40
Suisse : Transat- 23.42.77.40
Haïti : EMJF- 46-38-98

Imprimé au Canada

Une vérité à vivre

Deuxième livre de la trilogie de la vérité

Édition révisée

Tel que révélé par la Fraternité de Dieu à

Jean K. Foster

Traduit de l'américain par Jean Hudon

Table des matières

Note de l'éditeur américain

À part quelques changements mineurs apportés au texte pour une plus grande clarté, la version révisée de Une vérité à vivre renferme le même message que le manuscrit original publié en 1987. Cette version révisée (d'abord publiée aux États-Unis en 1994) constituait la seconde édition anglaise de cet ouvrage.

Voici les changements majeurs et les ajouts qui ont été faits :

Quelques lecteurs et lectrices décrivent leur temple intérieur et racontent comment ils s'en servent dans un nouveau chapitre intitulé Les bâtisseurs de temples.

Des Stimulateurs de pensée soulignant certains concepts-clés se trouvent maintenant à la fin de chaque chapitre. Ils ont été rédigés par Connie Givens, une associée de TeamUp qui a fréquemment recours à la trilogie de la vérité (Connexion avec la Conscience divine, Une vérité à vivre, et L'or éternel) dans les ateliers qu'elle offre.

Les paroles de la Fraternité sont imprimées en caractères normaux tandis que les commentaires et questions de l'auteure sont en italique tout au long du livre.

Un lexique de certains mots et termes offrant au lecteur une référence explicative d'accès rapide a été ajouté à la fin du livre.

Nous croyons que Une vérité à vivre est un livre important pour les personnes qui veulent faire de leur lien personnel avec la Conscience divine une force déterminante dans leur vie.

L'Esprit Saint

La collaboration de cette Fraternité avec toi, lecteur, te permet d'accéder aux grands bienfaits du Dieu de l'univers. Les êtres qui initient ainsi cette collaboration t'apportent les dons de l'Esprit Saint - l'indéniable voie d'accès à ce qu'est Dieu.

Ceux qui se sont demandé ce que l'Esprit Saint pouvait représenter pour eux au plan individuel peuvent maintenant être assurés que la nature même de cet Esprit est toute perfection, toute intégralité, toute tendresse, toute douceur, toute puissance et toute créativité. Cet Esprit est votre contact direct avec Dieu, avec Son grand esprit dont la vérité afflue vers vous, avec Sa grande compréhension qui vous considère comme Son entité bien-aimée, et avec le coeur même de Son être qui vous proclame l'héritier de Ses dons.

De la Fraternité de Dieu

Avant-propos

Sans entrer dans les détails en ce qui touche son contenu, je pense que les lecteurs de ce livre seront probablement intéressés à connaître certaines de mes observations à propos du prolifique canal de communication établi par mon épouse avec la Fraternité. Elle les appelle des esprits/conseillers d'un autre plan.

A la suite de la parution de son premier livre, Connexion avec la Conscience divine, mon épouse fit de moi son réviseur officiel. Dans son esprit, cela me conférait une responsabilité un peu plus grande que de simplement préparer un avant-propos pour Une vérité à vivre, son second livre, ou de m'assurer que tous les mots soient correctement orthographiés.

De toute évidence, mon rôle principal est de m'assurer que ce qu'elle écrit soit facile à comprendre - et grammaticalement correct. Cependant, j'ai un second motif de vouloir l'aider dans son travail d'écriture et c'est celui d'apporter un soutien à sa conviction qu'elle est bien en communication avec des esprits d'un autre monde, qu'elle reçoit des instructions précises de la Fraternité pour écrire une série de livres destinés à montrer aux gens comment bénéficier de la puissance de Dieu dans leur vie terrestre.

Nous vivons dans une ville où se trouvent une université et de nombreux individus à l'intelligence supérieure à la moyenne. Certains acceptent volontiers que la communication avec des esprits soit une chose possible; certains ne cachent pas leur scepticisme; d'autres sont tout simplement fascinés par le concept mais ne savent pas vraiment quoi en penser.

Voici juste quelques-unes de mes "observations" glanées au fil de ma vie commune avec une auteure de livres channelés :

Il me semblait après avoir lu Connexion avec la Conscience divine que cet ouvrage disait à peu près tout ce qu'il y avait à raconter sur le sujet. Mon épouse ne cessait de me répéter qu'elle devait écrire une trilogie, et je lui demandai donc de quoi le second livre allait parler. A ce moment-là, tout ce qu'elle avait c'était un titre, Une vérité à vivre. Au bout d'une vingtaine de minutes environ, elle me remettait une description sommaire des 20 chapitres de ce livre. C'est la même description qui apparaît dans la Table des matières.

Lorsque je m'enquis auprès d'elle pour savoir ce sur quoi chaque chapitre allait porter, elle me dit qu'elle ne le savait pas encore. Mais à mesure que les jours passaient, elle se mit à produire un chapitre après l'autre. Je l'observai alors qu'elle rédigeait un chapitre entier en une seule après-midi. Or, je me considère moi-même comme un bon écrivain, mais je ne vois pas comment je pourrais produire autant de matériel en un si court laps de temps à partir de ma seule tête.

Ces livres ne représentent pas les premières tentatives de mon épouse pour écrire. Même si ses premiers efforts étaient fort louables, il lui arrivait généralement de travailler d'arrache-pied pendant des heures uniquement pour pondre quelques pages de texte. Ce qu'elle reçoit par l'entremise de son canal avec la Conscience divine arrive rapidement, est bien structuré et ne demande que de mineures corrections. Ce qui m'étonne encore plus c'est que le livre est imprimé exactement selon la même séquence où elle a reçu l'information.

Mon épouse reçoit parfois des informations qui la troublent ou qu'elle ne comprend pas très bien. Dans ces cas, elle entre en contact avec la Fraternité pour obtenir une explication. Les réponses sont immédiates et complètes.

De temps à autre, il m'arrivait de tomber sur un passage de ses écrits que je ne comprenais pas, et je lui demandais alors de le formuler différemment. Lorsqu'elle ne me répondait pas immédiatement, je devenais impatient. Elle me demandait alors de garder le silence, car elle était en train de "vérifier" avec sa source pour obtenir la réponse.

Quand nous allons à l'église, elle reçoit des éclaircissements personnels de la Fraternité à propos du sermon du pasteur. Je m'empresse d'ajouter qu'ils sont généralement des plus élogieux, mais il leur arrive parfois d'être en désaccord avec divers points du sermon.

Il y a longtemps que j'ai accepté le fait que ce qu'elle écrit lui vient par la voie d'un canal ouvert, quelquefois de la Fraternité, et plus récemment, directement de la Conscience divine. Après avoir révisé et étudié ce livre, je suis absolument convaincu que ce qu'elle écrit provient directement de son lien avec la Conscience divine.

Carl B. Foster

1

Comment puis-je disposer de la puissance de Dieu dans ma vie?

Personne ne sera plus jamais le même après avoir assimilé ces vérités en son esprit et son coeur. Par conséquent, ne poursuivez pas votre lecture à moins d'avoir l'intention de collaborer avec le Dieu de l'univers, le Dieu qui changera irrévocablement votre vie. Lisez ce livre avec l'intention d'accomplir de nouveaux miracles, ou déposez-le immédiatement.

Ces paroles ahurissantes apparurent sur le papier de ma machine à écrire un bon matin de mai alors que l'air était lourd à l'approche d'une pluie imminente. J'étais en train de recevoir des informations pour un livre sur la vérité, un livre qui vient à travers moi, mais pas de moi. La source de cette merveilleuse vérité est, me dit-on, la Conscience divine, et j'établis ce lien avec la Conscience divine par l'entremise de la Fraternité de Dieu. Cette Fraternité est un groupe d'esprits avancés présents dans le plan d'existence voisin du nôtre et ayant reçu pour mission de Dieu d'être le Conseiller, le Consolateur et l'Esprit Saint promis par Jésus de Nazareth à ses disciples avant son ascension au ciel.

Bien que beaucoup parmi vous puissent trouver étrange que je "reçoive" l'information destinée à ce livre d'une source appelée Conscience divine, je vous assure que ce que j'ai fait n'est ni étrange ni unique. La Fraternité m'assure que n'importe qui, avec un peu de pratique, peut faire ce que j'ai fait. Je n'ai aucun moyen de vous prouver que ce que je dis est vrai. Cependant, je suis une personne honnête, et je vous pose par la présente un honnête défi. Lisez ce livre. Votre esprit réagira à ce que vous lirez. Votre âme lancera un cri en reconnaissance de cette vérité, de son pouvoir et de l'irrésistible invitation de vérifier par vous-même l'authenticité de ces vérités.

Et comment fait-on pour établir par soi-même le bien-fondé de ces vérités? Vous devez d'abord fixer vos objectifs. Ils reflètent la vérité en laquelle vous croyez maintenant;il ne faut donc pas les ignorer. La Fraternité, ou le Conseiller si vous préférez, explique mieux que moi comment procéder.

Entrez en contact avec cette partie de vous qui est votre véritable moi selon ce que vous comprenez de vous-même. Puis énoncez les buts qui vous sont les plus chers dans la vie. Aucun but ne saurait être trop banal, trop personnel, trop physique ou matériel. Ces buts ne regardent que vous ici et personne d'autre. Écrivez-les donc uniquement pour vous. Cela fait, nous allons poursuivre la lecture de ce livre de vérité afin de vous permettre de confier ces buts aux forces encourageantes qui vous aideront à créer la vie que vous désirez vivre.

Je déterminai mes buts personnels de la façon expliquée ci-dessus. Même si la majorité de ces premiers objectifs sont de nature trop personnelle pour être partagés ici, je vais vous en confier un qui me semblait plus important que les autres à ce moment-là. J'avais écrit : « Je veux plus d'énergie. » J'avais si peu d'énergie alors dans ma vie de tous les jours que le simple fait de vaquer à mes occupations quotidiennes était devenu la seule chose que j'arrivais à faire. La Fraternité me complimenta pour le but que j'avais choisi et fit jaillir en moi la vérité divine dont mon esprit avait besoin. Je fis le premier pas nécessaire, et ceux de la Fraternité donnèrent suite à leur promesse.

La deuxième étape à suivre pour établir le bien-fondé de ces vérités consiste à les ancrer fermement en votre âme à mesure qu'elles vous sont révélées. La Fraternité révèle dans ce livre une méthode pratique et ingénieuse pour y parvenir. Je peux attester du fait que cette méthode fonctionne, car tandis que ma vérité fusionnait avec moi, je découvrais un nouveau but à ma vie, un but que je n'avais pas demandé ni anticipé. Et avec ce but vint un flot constant d'énergie. Mon premier objectif, comme on peut facilement le voir, équivalait à mettre la charrue devant les boeufs. J'avais demandé à profiter des effets d'une vie guidée par un but spirituel avant de me rendre compte que j'avais d'abord besoin d'un tel but.

Lorsque je fis pour la première fois l'expérience d'écouter ma voix intérieure, je reçus des messages provenant d'esprits attachés au plan terrestre qui sentaient le besoin d'entrer en contact avec les êtres qu'ils aimaient sur le plan terrestre. Mais je n'avais pas fait cette expérience simplement pour prendre des messages des esprits du plan d'existence voisin. Je voulais trouver un enseignant, un conseiller qui pouvait m'aider à améliorer ma vie. Je demandai à entrer en contact avec une telle personne, et c'est alors que je découvris l'existence de la Fraternité de Dieu. Des âmes avancées dont le travail est inspiré par celui qu'ils appellent le Frère des Frères, Jésus, commencèrent à me conseiller sur toutes les questions et tous les problèmes que j'avais dans ma vie. Jamais ne leur est-il arrivé de me faire sentir coupable de quelque chose. Jamais ne m'ont-ils laissé entendre que je n'avais qu'à me "secouer" lorsque j'étais dans une mauvaise passe. Ils sont bien ce qu'ils affirment être : des Conseillers qui peuvent nous aider depuis l'autre plan d'existence à réaliser notre plein potentiel.

Devenir Un avec la vérité de la Conscience divine exige tout un travail d'équipe.

Nous apportons la vérité à l'individu qui collabore en ayant l'esprit et le coeur ouverts.

En mettant par écrit vos objectifs, vous avez fait le premier pas pour vous démontrer à vous-même le bien-fondé de ces vérités et collaborer au travail d'équipe grâce auquel vous deviendrez Un avec le Dieu de l'univers.

Il n'y a pas moyen d'être la personne que vous désirez être si vous refusez d'accepter cette vérité que nous vous offrons maintenant. Ce n'est qu'en collaborant avec nous que vous pourrez vous débarrasser des pensées et sentiments médiocres qui viennent à vous par la vérité issue d'une conscience humaine bien terre-à-terre. (Les croyances collectives de l'humanité, qu'elles soient vraies, fausses ou partiellement vraies, sont dites provenir d'une conscience humaine par la Fraternité.) Votre désir d'intégrité spirituelle, votre aspiration à la réalisation spirituelle ne pourront être satisfaits si vous ne collaborez pas avec nous pour absorber cette vérité dans votre propre esprit.

Il n'y a qu'une seule façon d'absorber cette vérité

dont nous parlons, et c'est de la faire pénétrer dans les espaces vides laissés par les désirs profonds en vous. Ces aspirations forment la divinité que vous êtes. Ces aspirations disent à l'esprit ce dont elles ont besoin et ce qu'elles veulent.

Toutefois, notre vérité nous vient souvent d'une conscience issue de la terre, une vérité qui semble nous satisfaire pour le moment, qui semble bonne, mais qui finira par nous décevoir.

La conscience terre-à-terre affaiblit le merveilleux esprit que Dieu demande de vous. Même si ces vérités inférieures entraînent un certain découragement, elles vous signalent aussi que vous devez avoir la vérité supérieure, la meilleure qui soit.

La vérité supérieure émanant de la Conscience divine vous conduira à des enseignements totalement nouveaux pour vous. Alors votre vie changera pour le mieux et vous deviendrez la personne puissante que vous voulez être. Les gens qui ne comprennent rien à la Conscience divine hésitent à croire que des conséquences extrêmement salutaires peuvent en résulter pour eux. Comme ils n'ont pas évacué tout doute de leur esprit, ils ne peuvent accepter cette vérité pour ce qu'elle paraît être. Mais cette leçon que nous donnons permettra au lecteur de retirer le bandeau couvrant ses yeux et d'accepter cette vérité en son esprit et son coeur où elle s'épanouira.

Seules de nobles choses se produiront alors, et seule la bonté jaillira en vous. Les merveilleuses fleurs de Dieu s'épanouiront en vous. L'enseignant, la vérité et le lecteur s'uniront pour travailler ensemble dans votre temple intérieur. Ce temple fera éclore les dons de votre héritage spirituel. Ces vérités que nous vous apportons proviennent du Dieu de l'univers qui vous les offre à vous, ses propres enfants spirituels, les fils et les filles du Très Haut, les véritables enfants de Dieu.

Vous n'êtes jamais trop jeunes ou trop vieux ou trop indignes pour accepter ces vérités. Mais pour les accepter, il vous faut peu à peu les faire vôtres, déployer vos ailes d'enfants de Dieu. Recevez ces vérités; vous, qui que vous soyez, recevez-les car elles sont votre héritage. Vous accepteriez de recevoir un héritage terrestre, n'est-ce pas?

Alors acceptez cet héritage spirituel. Cet enseignement pénètre en vous et vous libère du vide existentiel, de l'angoisse qui vous ronge. Vous ferez la preuve que la vérité est réelle.

La Fraternité dans son rôle de Conseiller vous promet que plus vous ferez des progrès dans votre intégration de la vérité, moins vous aurez de doutes sur l'identité de ceux qui vous la donnent et sur sa provenance. Elle vous assure également que vous deviendrez tout ce que vous désirez être si cela favorise votre avancement spirituel. Elle soutient que vous apprendrez à vous servir de cette vérité pour satisfaire vos besoins et combler vos désirs. Vous pouvez aussi demander à recevoir l'énergie que Dieu apporte. Vous serez alors invincible parce que vous prendrez avec Dieu le plan que vous avez dressé ensemble avant votre naissance et vous le mettrez à exécution. Personne ne peut vous résister lorsque vous faites équipe avec Dieu.

Jamais auparavant cette vérité n'avait-elle été écrite. Cette vérité avait été dite, mais elle n'avait pas été comprise. Nous allons essayer de tirer le meilleur parti possible du niveau de langage que cette auteure peut maîtriser pour exprimer la plus grande de toutes les vérités. Cette entité qui écrit, qui interprète et qui vous apporte ce message de la Fraternité de Dieu, vous le transmet au mieux de ce que la langue anglaise permet, mais cela demeure insuffisant pour la tâche à remplir. La Fraternité se charge de la responsabilité de fournir des exemples, de donner des anecdotes et de collaborer avec la Conscience divine pour communiquer ce matériel avec le maximum de précision possible.

Nous vous ferons voir les applications pratiques possibles de cette vérité, et nous ouvrirons votre esprit par notre enseignement pour illustrer le tableau d'ensemble des possibilités. De cette façon, nous serons en mesure de présenter, pour ainsi dire, la vérité illimitée.

Accordez toute votre attention à la vérité de votre meilleur Frère et Conseiller - Jésus-Christ. Il va maintenant se servir de cette machine à écrire pour vous transmettre à vous, lecteur, lectrice, sa propre vérité. Tel est le cadeau tout spécial que nous vous offrons tout autant qu'à celle qui écrit ces lignes. Jésus prend maintenant lui-même le contrôle des touches de cette machine à écrire.

Paroles de Jésus

Voici la vérité qui soulage l'humanité de ses larmes de douleur. Les gens versent des larmes pour la vérité issue de la conscience humaine selon laquelle la vie n'a que tristesse et chagrin à offrir. Mais la vérité que j'apporte ici écartera et remplacera cette tristesse. Cette vérité te dit, à toi qui lis ces mots, que tu es l'enfant de Dieu - Son fils, Sa fille - tout comme je suis Son fils.

Nous allons aujourd'hui parler ensemble comme les membres d'une même famille - comme d'un frère à un autre frère, d'un frère à une soeur. Prends-moi au mot ici. Il ne me revient pas à moi seul d'être le fils de Dieu. Cela te concerne tout autant, toi, toi, et toi aussi. Personne n'est exclus. Jamais personne ne sera oublié, peu importe où il en est dans sa croissance spirituelle.

Dieu nous enserre tous de Son amour, de Ses tendres soins et de Sa douce miséricorde. Jamais l'idée ne viendrait à Dieu de négliger certains d'entre nous ou de n'accorder ses bienfaits qu'à quelques élus. Le vide existentiel, le manque d'attention ou le chagrin que certains ressentent est dû à une incompréhension qu'ils entretiennent sur le sérieux des intentions de Dieu à notre égard.

Ce Dieu merveilleux, cette ineffable Grandeur, ce Principe de Vérité, cette éclatante Lumière qui nous guide ne change jamais. Il est toujours le même. Accepte ce qu'Il offre. Accepte ce qu'Il a pour toi. Accepte ce qu'Il t'apporte.

Mais il y a plus. Sache que Dieu veut être Un avec toi. Sache que peu importe ce que tu penses être, peu importe où tu crois être, peu importe à quel moment dans ta vie tu décides d'accepter cette vérité, ce Dieu que tu penses connaître t'accueillera. Tourne-toi donc vers Sa lumière. Approche-toi de Sa vérité. Sache que Dieu te veut maintenant, tel que tu es, où que tu sois. Cette vérité te mènera à la compréhension de base dont tu as besoin pour progresser jusqu'à la vérité suivante.

Ma vie sur terre fut entièrement consacrée à une quête de Dieu. Au cours de ma vie, j'ai cherché la vérité, je l'ai acceptée et je suis devenu Un avec elle. Ma vie avait pour but de montrer aux autres le chemin menant à Dieu, à la vérité. Rien ne les a jamais obligés à faire de moi un Dieu comme ils l'ont fait.

Ceux qui me condamnaient m'ont conduit à la crucifixion, mais ceux qui voulaient que je sois l'incarnation de tous leurs espoirs, firent de moi un Dieu. Les deux groupes ont fait fausse route, car ni l'un ni l'autre n'a eu la bonne idée. Mais Dieu s'est servi de la crucifixion pour apporter Sa plus grande vérité à l'humanité - que Dieu nous touche avec la vie même si nous semblons morts. Absorbez cette vérité dans vos entités spirituelles afin de pouvoir comprendre que Dieu est bien ce qu'Il dit être.

Personne n'a besoin de se tenir à l'écart, de se poser en juge, ou de redouter la merveilleuse personne de Dieu le Père. Ce Père dont j'ai parlé durant ma vie terrestre exprime la nature du Dieu que les gens avaient besoin de comprendre, autant à cette époque que présentement.

Beaucoup crurent que je suis monté au ciel rejoindre Dieu parce que j'étais Dieu. Cette idée largement répandue n'est absolument pas la vérité. Je suis monté au "ciel" parce que j'ai pu manifester mon corps entier sur l'autre plan. Cet accomplissement est à la portée de n'importe qui, pourvu qu'on veuille le faire.

Mais le point essentiel que je désire communiquer est que Dieu est là pour que l'on s'unisse à Lui. Voilà mon Chemin, ma Vérité, mon Enseignement. Aucune autre vérité ne pourra avoir prise sur toi avant que cette vérité ne soit fermement acceptée en toi - que toi et Dieu êtes Un, parce que Dieu te veut et parce qu'il y a entre vous cette relation qui est éternelle, que tu l'admettes ou non. Toi et Dieu êtes UN. Pour que ce fait soit reconnu, pour que cette compréhension soit appliquée, je vous apporte cette vérité.

Prenez et mangez - c'est-à-dire absorbez cette connaissance en l'acceptant; ceci est mon corps - le but premier de ma vie sur terre; qui est rompu - il s'est allié avec la vérité de Dieu, mon Père; pour vous, les entités spirituelles avec lesquelles Dieu veut se réunifier en esprit, en dessein et en bonté créatrice.

Il n'y a aucune vérité qui soit plus grande que celle que je vous ai donnée. Fais-la pénétrer dans ton esprit, conserve-la dans ton coeur, exprime-la par ton corps. Alors, tu seras l'enfant de Dieu, prêt à te servir de toute la vérité de Dieu à laquelle tu as droit.

Voici celui que vous appelez Jésus de Nazareth, le sauveur, celui qui montre la voie à suivre, l'enseignant, le rabbin. Voici celui qui a été crucifié pour que l'humanité comprenne mieux ce qu'est la vérité de l'esprit. Voici votre propre frère, celui qui vous embrasse maintenant, celui qui saisit votre main offerte, celui qui fait équipe avec vous et avec la Fraternité pour vous apporter ce nouveau livre sur la vérité, vous qui lisez maintenant ceci. Prenez et mangez, ceci est mon corps qui est rompu pour vous et pour beaucoup d'autres. Ceci est notre communion, ceci est notre transsubstantiation, notre enseignement selon lequel nous serons ensemble la famille de Dieu. Associez cette vérité avec votre âme même. Associez cette vérité avec votre formidable potentiel de croissance.

Le temps est venu de nous consacrer à la tâche commune d'apporter à tous la vérité. Cette opportunité vous donnera la puissance dont vous pourriez avoir besoin au cours des jours à venir. La terre subira un grand changement, un changement qui, avec le temps, lui assurera une plus grande beauté et plus de pureté, mais un changement qui sera difficile à vivre pour ceux et celles qui n'ont aucune foi.

Mais pour ce qui est de toi qui prends ma vérité à coeur, nous irons ensemble à la rencontre de ce changement et nous l'accueillerons avec courage et avec la capacité de continuer à vivre normalement. Nous définirons ensemble ce qu'il faudra pour emmener les gens en des endroits sûrs où ils pourront à nouveau prospérer.

Cet enseignement que nous sommes tous Un avec Dieu est mon plus précieux don pour toi en ce moment. Accepte cette vérité que je t'apporte, et tu connaîtras aussi les autres vérités. Détourne-toi de cette vérité fondamentale selon laquelle nous faisons partie de la famille de Dieu, et les autres seront sans valeur pour toi.

Une fois le message de Jésus terminé, un autre

esprit de la Fraternité de Dieu prit le relais pour la suite de la communication.

Nous allons maintenant nous efforcer de faire assimiler à l'être intérieur la vérité que Jésus vous a donnée.

La vérité que Jésus a donnée révèle au temple de votre être la vérité qui le concerne. Il n'y a aucun temple extérieur dont la valeur puisse se comparer à celle du temple intérieur. Les temples extérieurs se font les interprètes de leur propres vérités individuelles, mais le temple intérieur va directement à Dieu, avec notre aide toutefois. « Jésus est la seule voie menant à Dieu », est-il écrit dans la Bible. Voilà une vérité qui est souvent mal comprise. Cette vérité, si on en comprend mal le sens, incline à rejeter le temple de notre être.

Jésus enseigna la vérité qu'il sait être vraie. Cette vérité nous met dans la même catégorie que Jésus. Cependant, elle signifie également que nous avons les mêmes responsabilités que Jésus. Ces responsabilités nous obligent à devenir l'esprit que Dieu nous donne le pouvoir d'être. En d'autres termes, nous devons devenir ce que notre potentiel nous permet d'être. Personne ne peut se dérober à cette responsabilité. Il ne saurait être possible de n'accepter qu'une petite partie de cette vérité. C'est tout ou rien avec cette vérité. Soit vous l'intégrez en votre être et vous vous y conformez, soit vous la niez et vous n'en faites qu'à votre tête. Il n'y a aucun compromis possible.

Aucune personne s'alliant à cette vérité ne perdra son chemin. Celles et ceux d'entre vous qui acceptent cette vérité ne s'uniront pas non plus avec des entités négatives, avec des pensées négatives ou avec des idées négatives. Au lieu de cela, vous recevrez la puissance, car votre ego se dissipera pour être remplacé par la vérité de la Conscience divine.

Vous aurez la conviction qu'aucune tâche n'est trop ardue, et qu'aucune tâche méritant d'être accomplie n'est impossible. Voilà à quel point vous vous sentirez puissants, et à quel point vous le serez. Il est impossible de nier ce fait, car cela est inutile face à une telle évidence.

Vous n'avez probablement jamais eu à avoir activement affaire avec le Dieu de l'univers. Ou tel est peut-être le cas pour vous. Sinon, il y a une surprise qui vous attend. Plus une seule pensée mauvaise ne vous viendra à l'esprit. Votre talent ne sera plus gaspillé. Vos talents, votre énergie et une tendresse toujours plus grande se déploieront au service des autres. Toutes choses vous apparaîtront sous un jour nouveau. Ce merveilleux changement fera s'évanouir votre précédente vie et une nouvelle surgira. Vous serez une toute nouvelle personne, vivant une meilleure vie, car cette expérience sera pour vous source de croissance. Et cette croissance, à la différence du corps physique, se prolongera durant toute l'éternité.

Faire équipe avec le Dieu de l'univers - la conception la plus vaste de Dieu que l'on puisse avoir - constitue le plan de base à comprendre avant de pouvoir faire un pas en avant. Si vous ne pouvez faire vôtre cette idée, ou bien vous entrez dans votre propre temple secret - le lieu où réside votre moi secret - pour travailler sur cette idée, ou bien vous cessez tout simplement de lire ce livre. Le reste de ce livre n'aura aucun sens pour vous à moins que vous ne puissiez accepter cette vérité absolument fondamentale que Jésus a écrite.

Nous devons vous soumettre à ce défi avant de vous communiquer d'autres vérités. Le point d'accès à la vérité est la compréhension qu'avec Jésus nous devenons Un avec Dieu. Que nous ayons une crainte respectueuse à l'égard de Jésus ou même que nous l'adorions serait une pensée inacceptable. Que nous devrions essayer d'égaler Jésus et de le suivre comme s'il était notre propre modèle est également inadmissible. Il s'agit là d'un principe fondamental.

C'est en ces termes que la Fraternité de Dieu mit fin à ce premier chapitre. C'est à nous, dit-elle, que revient la responsabilité de donner suite à nos plus grands espoirs de développement de notre potentiel en cette vie.

Stimulateurs de pensée

1. Lorsque nos buts sont clairement énoncés, des forces favorisant leur expression affluent vers nous pour nous aider à les réaliser. Nous énonçons parfois "l'effet" recherché plutôt que l'utilité de notre but. Écrivez quatre

buts qui vous tiennent à coeur peu importe qu'ils soient importants ou modestes, sans poser de jugement sur leur mérite. Le fait d'accepter vos buts est la première étape pour faire équipe avec la Fraternité et la présence de Dieu.

2. Toute vérité issue d'une conscience terrestre est pleine de pensées et de sentiments médiocres. Qu'est-ce qui se rattache à la conscience terrestre et pourquoi n'est-elle pas à la hauteur de nos attentes?

3. Le Dieu de l'univers nous offre le moyen de satisfaire à nos aspirations profondes en nous alliant à la vérité de la Conscience divine. La Conscience divine oeuvre uniquement pour notre bien spirituel. Quelles assurances la Fraternité nous donne-t-elle lorsque nous choisissons de devenir Un avec la Conscience divine.

4. Dieu veut être Un avec nous et nous accepte exactement tel que nous sommes. Jésus nous dit comment nous pouvons réaliser notre unité avec Dieu. Comment fait-on?

Travail intérieur : Confiez toutes vos pensées sur la manière de devenir Un avec Dieu au Conseiller/Consolateur de la Fraternité de Dieu. Imaginez-vous en train de faire équipe avec Dieu à l'exemple de l'association entre Jésus et Dieu. Avec la puissance de Dieu s'exprimant à travers vous, faites l'expérience de votre bien en action.

Le bras affectueux de Dieu

2

Pourquoi ai-je besoin d'aide pour connaître et accepter ma vérité?

La Fraternité de Dieu, ce groupe d'esprits avancés qui se tiennent prêts à nous conseiller, nous instruire et nous mener jusqu'à la vérité de la Conscience divine, est inspirée et guidée par Jésus-Christ dans son travail. « Nous sommes la preuve la plus tangible de l'existence de Dieu », m'ont-ils dit. « Nous nous associons avec vous pour être des amis sur lesquels vous pouvez compter », m'ont-ils assuré. « Ouvrez votre esprit et votre coeur à cette Fraternité qui se tient à la porte de votre temple, attendant qu'on fasse appel à elle pour vous mener vers la merveilleuse vie que vous désirez. »

Si vous avez consigné vos buts par écrit tel que la Fraternité vous l'a suggéré dans le premier chapitre, vous avez fait le premier pas pour revendiquer la vérité que Dieu a pour vous. Au meilleur de vos capacités, vous avez maintenant accepté la vérité selon laquelle vous et moi sommes Un avec Dieu. Mais revendiquer cette vérité implique beaucoup plus qu'une simple acceptation mentale. Nous avons pour la plupart besoin d'aide pour devenir Un avec la vérité de Dieu. La Fraternité explique le genre de résultats auxquels nous devons nous attendre, et comment nous pouvons faire nôtre cette vérité.

La vérité vers laquelle nous vous faisons cheminer vous amènera sur des sentiers inconnus, en un territoire inexploré. Elle fera de vous une expression du tendre toucher de Dieu. Une fois cette vérité bien établie, vous, qui lisez ceci, deviendrez ce que votre potentiel vous permet d'être.

Comment cela se produira-t-il? Cela se fera grâce à l'association de la Fraternité de Dieu, ce Conseiller promis par Jésus, avec le lecteur ou la lectrice qui s'empare de l'idée audacieuse que Dieu peut être Un avec lui ou elle. Lorsque cette lectrice ou ce lecteur aura intégré cette pensée dans son esprit ouvert, elle ou il sera prêt à accéder au reste de la vérité.

Il n'y a rien qui ne puisse pas être implanté dans le coeur et l'esprit de chacun des êtres humains s'ils acceptent de faire équipe avec la Fraternité. Nous nous tenons prêts, et nous ne pénétrons en votre esprit que sur invitation seulement. Nous tempérons votre esprit pour qu'il reçoive cette nouvelle vérité extraordinaire. La Fraternité est le bras dont Dieu se sert pour aider les gens à utiliser Sa merveilleuse vérité. Ce bras est ce que Jésus appelait le Conseiller, le Consolateur, l'Esprit Saint.

Je demandai à la Fraternité pourquoi il nous fallait obligatoirement passer par elle pour obtenir cette vérité. Pourquoi, me demandais-je, ne pouvons-nous nous adresser directement à Dieu?

Il est possible pour les esprits avancés de s'adresser directement à Dieu. Pour vous permettre de comprendre ce fait, nous conseillons vivement à chaque personne d'essayer de s'adresser directement à Dieu. Puisez au plus profond de vous le plus ardent désir qui vous anime et utilisez-le pour tenter de communiquer avec le Dieu de l'univers, avec la Conscience divine, là où toutes les vérités se révéleront à vous pour faire de votre vie une des plus merveilleuses qui soit. Mais lorsque vous réaliserez que la communication ne s'établit pas et que vous vous sentez toujours vide, vous accepterez alors l'aide que nous offrons.

Je posai ensuite une question au sujet de l'expérience terrestre de Jésus. « S'est-il adressé directement à Dieu alors qu'il vivait sur terre? »

Ce merveilleux Frère a pu communiquer directement avec Dieu au cours de sa dernière incarnation, mais il a d'abord fait appel à nous pour harmoniser sa vie avec les desseins de Dieu. Aucune vie terrestre n'est facile. Aucune vie terrestre ne parvient aisément à faire alliance avec la vérité de Dieu.

Ne sois pas déçue du fait que Jésus ait demandé notre aide. Sois heureuse qu'il ait recherché cette aide, car tu comprends maintenant toi aussi qu'il a résisté aux tentations de la même manière que toi. Il est devenu le Fils de Dieu, ce qui est la même chose que de devenir Un avec Dieu. Tu comprends donc maintenant que toi aussi tu peux devenir Une avec Dieu. Cette image vraie de Jésus est celle qui ouvre nos esprits et nos coeurs.

Les centres de pure vérité en toi t'harmonisent avec la vérité de la Conscience divine (la Conscience qui détient la vérité de Dieu). Le temps est maintenant venu de prêter attention à ces centres, car c'est là que la vérité de Dieu s'épanouira. Cette vérité se saisit de vos centres, de ce qui vous gouverne, et elle se fraye ensuite un chemin vers l'extérieur, pour finalement trouver son expression sur le plan physique. Celle-ci peut prendre la forme d'une guérison du corps. Elle peut se manifester par l'énergie qui jaillit à travers votre être. Ou elle peut être rendue manifeste par le travail d'équipe qui mène à la réalisation de vos objectifs.

Tous ceux qui veulent la vérité de Dieu peuvent être assurés d'en être remplis en faisant équipe avec la Fraternité. On doit être pleinement assurés de notre présence et avoir une confiance absolue en ce canal ouvert (qui est la méthode par laquelle la Fraternité ouvre à la conscience individuelle l'accès à la Conscience divine). Aucune personne ne peut être dépourvue de la vérité de Dieu parce que le canal ouvert, que la Fraternité peut et va former en chaque individu qui le demande, lui apportera toute la vérité qu'elle pourra alors mettre en application. Vous serez comme le vent qui souffle sur les grandes plaines. La pression exercée par ce vent laisse voir à chacun toute sa puissance, invisible mais forte.

Lorsque vous vous alliez à la Fraternité, vous recevez ce qui suit : vous recevez d'abord ce qui est vrai, ce qui est honnête, ce qui est un vérité fiable pour vous personnellement; en second lieu, vous recevez ce qui vous donnera la force de devenir le formidable esprit que vous aspirez à être; en troisième lieu, vous saurez que cette vie est bien la grande expérience qu'elle est destinée à être; quatrièmement, vous recevez la vérité qui vous permettra d'être la grande énergie, le grand talent que vous voulez être; et cinquièmement, vous recevez la meilleure des vérités - s'alliant avec la compréhension que vous êtes Un avec Dieu.

Aucune personne s'ouvrant au Dieu de l'univers et venant à Dieu par l'entremise de la Fraternité dans le but d'aider celles et ceux qui veulent et nécessitent de l'aide ne sera refusée. L'aide recherchée est vraiment à portée de main. Elle arrive aussi rapidement que la pensée qui s'élève vers nous. Il suffit de le vouloir pour faire équipe avec nous. Le temps est venu de vous joindre à cette équipe, à cette Fraternité, pour recevoir cette aide merveilleuse fournie par Dieu et soutenue par Jésus-Christ, le Frère des Frères.

La Fraternité veut maintenant vous aider à comprendre la meilleure vérité parmi celles que nous vous avons communiquées - celle dont nous vous avons parlé qui aide à devenir Un avec Dieu. Cette vérité n'est ni trop vaste pour être comprise, ni trop grande pour être utilisée dès maintenant.

Notre équipe vous enseigne comment être Un avec Dieu en vous amenant, un à un, à ressentir ce vide en vous qui désire ardemment avoir de nobles pensées. Ce désir ardent que vous ressentez, cet être lumineux en vous qui jette des coups d'oeil furtifs pour tenter de trouver le Dieu du moi intérieur, cet être se sent vite à l'aise dans cette vérité. D'abord, on ressent un besoin ou un désir inassouvi. Puis s'éveille en nous ce centre de vérité qui nous demande à grands cris d'ouvrir notre esprit et notre coeur pour faire équipe avec la substance universelle, avec la puissance universelle, avec la pensée universelle. Voilà de quelle façon le moi intérieur devient prêt à connaître la vérité.

Une fois cette ouverture achevée, et une fois acquise cette reconnaissance du désir profond qui vous habite, le reste est l'affaire de votre propre vérité travaillant en vous pour se connecter avec le Dieu de l'univers. Tout ce que vous avez à faire c'est de devenir Un avec Dieu, c'est-à-dire, reconnaître votre être intérieur ou votre centre de vérité, vous brancher sur ce désir profond d'être Un avec Dieu, puis demander à la Fraternité de vous aider à établir le lien avec la Conscience divine.

La Fraternité n'hésite jamais à répondre à nos questions. Par conséquent, lorsque je lui ai demandé comment faire pour savoir si nous sommes bien en communication avec la Conscience divine, elle avait une réponse toute prête.

Il n'y a qu'un seul moyen de savoir avec certitude si vous êtes bien connecté avec la Conscience divine et n'êtes plus ainsi dépendant de la conscience terrestre. La personne qui y parvient est alors elle-même, assurée, et tempérée comme un acier de bonne qualité qui ne casse pas sous la tension. Personne ne pensera que nous professons de fausses vérités lorsque nous faisons équipe avec Dieu. Une aura d'autorité rayonnera de nous, tout comme pour Jésus. Vous souvenez-vous de ce que l'on dit dans la Bible à propos de la façon qu'avait Jésus de parler aux gens avec autorité, ce qui n'était pas le cas des autres scribes et enseignants? Cette autorité provient de Dieu Lui-même, et non de la conscience terrestre qui peut nous faire tempêter et crier.

L'autorité dont nous parlons amène chaque personne dans le cours de son expérience de vie à être celle qui, lorsque nécessaire, endure sans broncher les accusations et les flèches verbales lancées par les autres pour la condamner. Elles tombent comme une pluie autour d'elle, mais elles ne la pénètrent pas plus que ne le fait la pluie.

Cette merveilleuse et puissante autorité que Dieu donne nous enseigne ce qui est important dans notre vie. Elle nous montre quoi faire avec la vie, avec ces relations qui exigent de nous de si grands efforts, avec cette vocation qui est si importante pour nous. Nous pourrons alors assumer nos responsabilités avec joie, vigueur et force. Plus aucune pensée ne nous semblera outrageuse si elle est l'expression de la vérité, et plus aucune tâche ne nous semblera trop ardue si elle participe de la vérité. Grâce à l'envergure de sa vision, cet esprit fera de nous l'esprit prodigieux que nous voulons tous être. Voilà comment vous saurez que vous devenez Un avec Dieu.

La vérité dont nous parlons ici nous dit que nous avons beaucoup de puissance. La puissance dont nous disposons nous dit que nous pouvons mettre nos espoirs et nos buts dans la balance, pour ainsi dire. Ces espoirs et ces buts que vous caressez en votre esprit se réaliseront si vous vous servez de la puissante vérité sur laquelle nous attirons votre attention. Toutefois, la vérité que nous vous donnons n'atteindra la perfection en vous que si la Fraternité de Dieu met cette merveilleuse vérité dans le canal ouvert qui est formé entre vous et la Conscience divine. Tel est le secret qui n'en est pas réellement un. La fraternité s'est toujours tenue prête à brancher ce canal, à aider les individus à entrer en communication avec cette merveilleuse Conscience divine.

Acceptez cette pensée, la meilleure que nous ayons à vous offrir en ce moment. Prenez-nous au mot, prenez Jésus au mot, recevez ces messages que nous vous apportons ici. Personne ne peut établir cette connexion avec la Conscience divine à moins de placer sa confiance en ce Conseiller, cette Fraternité vouée à votre bien. Ce canal que nous pouvons établir, et ce uniquement à votre demande, entre votre esprit et la Conscience divine vous élèvera à des hauteurs vertigineuses que vous n'avez encore jamais connues. Telle est la vérité que nous exprimons ici. Voilà le moyen de mettre de la puissance dans votre vie.

La puissance dont nous parlons est celle qui mène à la réalisation de votre désir le plus cher, de vos rêves et de vos ambitions, pourvu qu'ils vous ouvrent à ce qu'il y a de mieux pour vous au plan spirituel. Il n'y a pas moyen de mettre ce qui est bon pour nous en perspective lorsque nous vivons notre existence terrestre. Beaucoup choisissent une voie qui les mène à plonger dans une rivière de désespoir. Ces mêmes personnes blâment Dieu pour ce choix. Elles en rejettent la responsabilité sur le dos de Dieu et disent : « Dieu veut nous enseigner quelque chose », ou pire encore : « Il veut nous punir. » Mais elles refusent d'assumer la responsabilité de leurs choix. Cela se produit souvent.

On doit regarder les choses à partir de la perspective dont nous parlions, comprenez-vous. Il vous faut cette perspective pour voir ce qui est le bien optimal pour votre existence. Il n'y a pas d'autre moyen si ce n'est celui d'avoir recours à la Fraternité qui peut vous mener jusqu'à cette perspective. Ainsi, vous pourrez voir, par-delà le choix immédiat, le plus grand rêve qui se dessine, la plus grande ambition qui s'offre à vous. La Fraternité vous ouvrira rapidement à cette perspective afin que vous ne perdiez pas de temps à faire de mauvais choix.

Toute personne connaissant un tant soit peu la

Fraternité ne sera nullement surprise d'entendre pareille affirmation, mais celles et ceux qui n'ont jamais entendu parler de nous pourront estimer qu'une telle prétention est ridicule. Afin que leur conviction puisse grandir, nous lançons le défi suivant : Prenez les buts que vous avez mis par écrit et considérez-les sous tous les angles possibles jusqu'à ce qu'ils soient aussi clairs pour vous que la paume de votre main sous vos yeux. Puis tempérez ces buts avec la pensée du Dieu que vous connaissez, le Dieu qui est toute bonté, toute puissance et ouvert à écouter votre requête. Remettez ces buts détaillés entre les mains de ce Dieu tel que vous le concevez.

Pensez à Dieu en train de considérer ces objectifs. Pensez à Dieu en train de combiner ces buts avec vos talents et votre caractère. Pensez-y avec une telle clarté que vous finirez par avoir la certitude profonde que Dieu évalue dans Sa pensée ces buts et votre nature propre. Ouvrez votre esprit à cette idée. Ouvrez votre coeur à la tendre préoccupation de Dieu pour vous.

Maintenant considérez à nouveau ces buts sous leurs divers aspects. Tendez toutes vos pensées vers eux. Ont-ils changé? Vous semblent-ils différents? Leur importance a-t-elle diminuée à vos yeux? Retournez-les dans tous les sens dans votre esprit et regardez-les bien. Vous pourrez peut-être discerner certaines modifications. S'il y en a, ces changements sont ceux qui sont venus à vous de la Conscience divine. Nul ne peut savoir faire des choix qui seront toujours à son avantage à moins que cette perspective ne soit recherchée et prise en considération. Quiconque fait sienne cette idée et soumet ses buts à l'évaluation de Dieu obtiendra infailliblement la perspective nécessaire pour prendre la décision la plus sage.

Je demandai s'il s'agissait là de la seule façon d'obtenir cette perspective.

C'est là une façon de l'obtenir, une façon que la plupart des gens peuvent accepter et qui est réputée bien fonctionner. L'autre façon dont nous parlons consiste à demander l'aide directement de la Fraternité. Vous avez ainsi un contact direct qui vous mènera au même résultat. La méthode basée sur l'écriture ou la parole que nous vous donnons sera directe.

Prenez par exemple la forme d'écriture dont cette auteure se sert ici. N'importe qui peut faire ce type d'écriture si la volonté de le faire existe. Les mots sont écrits sur le papier grâce à notre pensée qui entre en contact avec la sienne. Il ne s'agit pas seulement de notre pensée, comprenez bien, mais de la pensée de la Conscience divine qui lui parvient par un canal ouvert que nous l'avons aidée à former. Cette méthode offre certains avantages pour celles et ceux qui veulent une preuve plus tangible de notre présence et de la présence de la vérité de la Conscience divine.

Il s'agit là d'une méthode fort simple, mais qui prend du temps à bien maîtriser. Cette auteure ne s'est pas simplement assise et n'a pas commencé à recevoir un merveilleux flot de vérités dès le début. Il lui a fallu pratiquer et il nous a fallu nous ajuster à elle. Celles et ceux qui veulent pratiquer ce genre de communication peuvent donc y parvenir aisément pourvu qu'ils y consacrent chaque jour un peu de temps, de préférence toujours au même moment de la journée. Nous pourrons alors vous dire comment travailler avec nous. Cela pourrait fort bien vous convenir.

Choisissez une période de temps donnée, peu importe sa durée, mais si possible réservez-vous chaque fois au minimum 30 minutes d'affilée. Servez-vous en premier lieu d'un papier et d'un crayon. Puis, lorsque nous aurons pu nous familiariser l'un à l'autre, nous pourrons utiliser plutôt le clavier d'une machine à écrire ou d'un ordinateur. Voici ce que vous devez faire : Placez la feuille de papier devant vous. Adoptez un état d'esprit neutre. Pensez à un endroit favori où vous êtes allé - un endroit calme et paisible, sans aucun source de distraction pour vous. Puis concentrez-vous sur cette endroit jusqu'à ce que vous ayez l'impression d'y être. Prenez de longues inspirations et expirez lentement. Observez bien votre respiration. Vous pouvez, si vous le désirez, adresser une prière à Dieu, mais demandez seulement que la lumière vous soit donnée. Pensez "Dieu", pensez "puissance", pensez "vérité". Votre préparation est maintenant terminée. Prenez votre crayon. Ce que nous faisons alors ensemble est ce qui doit être fait de personne à personne, et non d'un enseignant à toute une classe comme en ce moment. Les personnes qui veulent utiliser cette méthode de communication seront sur des longueurs d'onde différentes, et elles auront des centres de vérité différents et des niveaux de puissance différents.

Écrire selon cette méthode donnera des résultats pour quiconque souhaite le faire, et pas uniquement pour cette auteure ou quelqu'autre écrivain. Il n'est pas nécessaire de participer à une séance ou d'être guidé par une personne en particulier pour pouvoir accéder à l'autre plan et communiquer ainsi. Chaque lectrice, chaque lecteur est un esprit. L'esprit qui est en vous désire communiquer avec les esprits de ces âmes avancées, membres de la Fraternité. C'est tout ce que ça prend - le désir de le faire.

Je rappelai à la Fraternité que bien des gens ont peur des communications avec les esprits. De nombreux prêtres disent qu'il n'est pas bien de chercher à avoir de telles communications.

Il n'y a rien à craindre là-dedans. Dirigez vos pensées vers nous, vers l'idée de la lumière, de la guidance, de l'enseignement, et par-dessus tout de la vérité qui vient de Dieu. Votre pensée ira alors où vous souhaitez. Il y a bien sûr de nombreux esprits sur ce plan. Ces esprits peuvent vouloir parler avec vous. Mais vous n'avez pas plus à leur parler que vous n'avez à adresser la parole aux gens que vous croisez sur la rue lorsque vous êtes en route pour votre destination. C'est nous, la Fraternité de Dieu, qui sommes votre destination. Ces autres esprits ici sont ceux que vous croisez pour vous rendre ici.

Oui, il y a certainement beaucoup de gens qui parlent avec des esprits sur ce plan alors qu'ils sont toujours sur le plan terrestre. Mais cette communication n'est pas du même ordre que celle entre la Fraternité et vous. Le temple de votre être appelle Dieu et la vérité de ses cris, voilà ce que vous devez garder à l'esprit et non les conversations des autres esprits entendues au hasard des rencontres.

Il peut y avoir des échanges de pensées entre des esprits qui éprouvent de l'affection l'un pour l'autre. Cela ne regarde que vous. Mais n'allez pas croire que le seul fait de s'être dépouillée de son corps physique suffit pour donner à une personne une sagesse et une connaissance absolues et complètes. Ce n'est tout simplement pas le cas. Les esprits ont en général besoin de beaucoup de croissance spirituelle. Ils font une pause ici entre les incarnations (entre les vies) pour faire la revue de leurs vies passées, et pour décider ce qu'ils veulent et ce dont ils ont besoin pour favoriser leur croissance spirituelle.

La Fraternité est composée d'esprits avancés qui s'offrent pour servir ceux et celles qui sont encore incarnés sur terre. Cela est notre bon plaisir, notre responsabilité, et c'est ce à quoi nous nous dévouons. Ce travail est notre vocation. Les autres esprits présents ici qui sont à reconsidérer et revoir leur dernière vie pour faire le point ne prennent aucunement part à notre travail. Il y a parmi eux quelques esprits qui font une pause ici en raison de leur intérêt pour les êtres qui sont encore sur le plan terrestre. Ils pourraient s'ils le voulaient s'en aller vers un plan supérieur d'existence, mais ils ne le font pas parce qu'ils estiment devoir demeurer ici pour travailler avec ceux qu'ils aiment. Ces esprits font beaucoup de bien ici, mettant leur énergie et leur grande croissance à contribution pour aider bien des gens encore incarnés sur terre. En aidant ceux qui sont toujours sur terre, ils peuvent ainsi parfaire leur propre croissance.

Faire équipe avec nous vous amène à la source de tout bien, c'est-à-dire à Dieu. Voici l'essentiel. La vérité dont nous parlons en ce chapitre, la vérité qui vous aide à prendre les bonnes décisions tout au long de votre vie, est celle pour laquelle vous avez besoin de notre aide pour l'obtenir.

Je demandai si le processus de pensée grâce auquel nous soumettons nos buts et nos espoirs au Dieu de notre compréhension était le même que celui par lequel nous faisons appel à l'aide de la Fraternité.

Ce processus de pensée est la bonne façon de procéder lorsque vous ne pouvez accepter l'idée d'un Conseiller vous guidant à partir de ce plan d'existence. Ce processus de pensée donnera des résultats pour beaucoup de gens parce qu'il est valide. Notre centre de vérité à tous est ce Soi divin, cet esprit intérieur que nous identifions comme appartenant à Dieu. Ce merveilleux être intérieur que nous sommes fera équipe avec le Dieu de notre compréhension pour arriver à cette perspective. Le seul inconvénient est que si la personne a une conception vague et imprécise de Dieu, le processus de pensée sera vague et imprécis. Ce processus de pensée nécessite une conception nette et définie, soit l'alliance avec le Dieu de l'univers, le concept le plus élevé de Dieu que nous puissions concevoir.

« Ainsi », débutai-je, « vous dites que nous pouvons aller directement à Dieu, mais que le pouvoir pouvant nous y aider pourrait nous faire défaut si notre conception de Dieu est vague et imprécise. Pourquoi est-ce vrai? Pourquoi la réponse que nous obtenons de Dieu dépendrait-elle de notre façon de concevoir Dieu? » La réponse à mes questions ne se fit pas attendre.

Les conceptions vagues et imprécises atténuent la puissance émanant de Dieu. Ainsi ce qui a commencé comme étant une idée nette et précise de Dieu se dissout en une impression fugitive d'un Dieu qui est vague, qui n'est pas très bien compris, et qui projette même un Dieu qui a non seulement le pouvoir de nous juger, mais qui le fait effectivement. Ces diverses conceptions inférieures affectent les réponses obtenues car la réponse dépend de nos attentes. C'est la loi ou le principe de la pensée émise qui ramène la pensée manifestée. Lorsque nous avons une ferme conviction, le pouvoir invoqué donne sa pleine mesure. Une pensée incertaine et faible produit une réponse incertaine et faible.

Je me demandai en quoi le fait de diriger notre pensée vers la Fraternité pouvait surmonter les possibles problèmes de pensées adressées directement à Dieu. La Fraternité répondit sur-le-champ.

La Fraternité pénètre en votre esprit pour vous connecter directement avec la Conscience divine. Vous ne recevrez alors jamais de réponse imprécise parce que nous serons là pour renforcer cette réponse. C'est notre association mutuelle, notre travail d'équipe qui forme cette pensée de Dieu dans le canal qui fait jaillir la merveilleuse vérité de Dieu sans qu'elle ne soit modifié ou affaiblie.

Pour mettre ma propre compréhension à l'épreuve, je récapitulai les concepts en mes propres mots. Celles et ceux qui vont directement à Dieu prennent l'image qu'ils se font de Dieu et la placent à la source de vérité. Lorsqu'ils remettent leurs rêves, leurs espoirs et leurs aspirations entre les mains de ce Dieu tel qu'ils Le conçoivent, ils attendent pour voir ce qui en résultera. Mais ce qui se produit alors dépend de leur propre conception de Dieu. S'ils pensent que Dieu les juge pour évaluer s'ils sont dignes ou indignes, ils affaiblissent Dieu. S'il pensent que Dieu est peut-être là, mais n'en sont pas vraiment certains, ils L'affaiblissent encore plus. Ce sont les gens qui déterminent la portée du pouvoir que Dieu peut exercer sur leur vie, et non Dieu. « Est-ce juste? » demandai-je.

Oui, vous avez raison. Cependant, cette vérité est difficile à accepter, car les gens veulent croire que Dieu est comme une grande puissance qui fait se réaliser leurs rêves, mais en même temps ils rient d'eux-mêmes pour entretenir un tel espoir. Ils savent au fond de leur coeur que Dieu ne fait pas de tels cadeaux. Ils écrivent le scénario, le script par lequel ils communiquent avec Dieu. Par conséquent, la réponse ne pourra que refléter ce script.

La Fraternité est là pour offrir le concept du Dieu de l'univers - un Dieu absolument illimité. Cette vérité que Dieu est bien ce qu'Il affirme être est notre vérité. Les âmes qui entrent dans la Fraternité prennent cette vocation à coeur afin de pouvoir consolider les concepts incertains que les autres se font de Dieu. En se retournant eux-mêmes, pour ainsi dire, ils forment ce canal - et ce uniquement à votre demande - qui vous mènera à la vérité que Dieu a pour vous. La vérité pourra alors prendre la place de l'image imprécise de Dieu que les lectrices et lecteurs peuvent avoir. Ils se servent de notre image, nous l'empruntent pendant qu'ils construisent leur propre image nette et précise de Dieu.

« Il me semble que le point central de ce chapitre », affirmai-je avec quelque hésitation, « est que lorsque nous allons directement à Dieu pour être guidés et aidés, nous sommes entravés par les concepts imprécis que nous avons sur Lui. La Fraternité de Dieu se tient donc prête à nous

laisser "emprunter" son concept bien défini afin de parvenir jusqu'à la Conscience divine pour recevoir notre vérité personnelle et absolue. »

Maintenant vous comprenez. Ce concept de Dieu est la chose la plus importante à garder à l'esprit. Le premier chapitre posait comme principe que les gens doivent accepter Jésus comme leur véritable frère, et non comme un exemple impossible à suivre. Puis dans le second chapitre nous avons donné au lecteur une explication de l'intégration de la vérité en son être intérieur. Cependant, si une personne insiste pour s'adresser directement à Dieu, cette personne doit alors se servir de sa propre conception de Dieu qui posera certaines limites au processus d'intégration.

Enfin, j'étais parvenue à comprendre. Je secouai la tête d'émerveillement devant cette vérité que la Fraternité expliquait si bien. Puis j'éclatai de rire en recevant le message plein d'énergie que voici.

Maintenant la vérité se fond en vous. Maintenant vous le comprenez finalement par vous-même. Cette vérité pénètre peu à peu. Voilà ce que vous apprenez.

Stimulateurs de pensée

1. Jésus a eu recours à l'aide de la Fraternité pour s'allier avec Dieu afin de se mettre au diapason de la vérité émanant de la Conscience divine. Lorsque nous faisons équipe avec la Fraternité, nos centres de vérités s'harmonisent également avec la vérité de la Conscience divine. La Fraternité nous donne l'assurance que nous recevrons cinq choses lorsque nous nous allierons à Dieu. Quelles sont-elles?

2. La Fraternité de Dieu détient un concept illimité de Dieu. A notre demande, la Fraternité nous prête ce canal clair et puissant pour nous permettre d'atteindre la Conscience divine. Nous empruntons ce canal tandis que nous construisons notre propre connexion nous donnant accès à la Conscience divine. Quels concepts de Dieu ce

chapitre a-t-il portés à votre attention?

Travail intérieur : Notre moi ou être intérieur se prête de bon gré au travail d'équipe. Faire équipe avec la Fraternité n'est qu'une question de volonté. D'abord, nous éprouvons un besoin pressant d'être aidé. Deuxièmement, avec l'esprit et le coeur ouverts, nous invitons la substance, la puissance et la pensée universelles de Dieu à entrer en action dans notre vie. La Fraternité agit comme un bras de Dieu pour nous aider à améliorer notre propre plan de croissance. Ouvrez-vous en toute confiance à ce travail d'équipe.

Bâtir le temple intérieur

3

A quoi sert un temple intérieur, et pourquoi dois-je lui consacrer autant d'attention et de temps?

Avant de commencer à écrire ce chapitre, la Fraternité me conseilla de bâtir un temple intérieur. Je le fis donc sans tarder. Ces conseillers dévoués m'avaient à maintes reprises parlé de placer mes rêves, espoirs et ambitions sur l'autel de mon temple intérieur. J'érigeai donc en esprit un autel semblable à ceux que l'on voit dans les églises. J'imaginai un autel de couleur or, et je l'éclairai d'une lumière bleu pâle indirecte. C'est à cela que se résumait mon temple - un autel et une lumière.

Même si la Fraternité me complimenta au sujet de mon temple privé, on me suggéra gentiment d'en faire quelque chose de beaucoup plus élaboré.

Dites au temple que vous avez créé de devenir encore plus orné. Celui-ci est tellement simple! Il n'est pas nécessaire qu'il soit aussi sobre. Allez-y, prenez plaisir à créer ce qui est pour vous le plus ravissant.

J'avais imprégnée en moi l'idée qu'il ne me fallait pas demander à avoir une beauté très ornée. Pour moi un telle beauté équivalait à de l'extravagance, et j'assimilai l'extravagance au manque de spiritualité. Et voici maintenant que la Fraternité en qui j'en étais venue à placer toute ma confiance me disait d'édifier un temple d'une infinie beauté! « Juste pour moi! » pensai-je. « Pourquoi doit-il être de si belle et si luxueuse apparence? » De quelque part encore plus loin au fond de moi s'éleva une autre pensée : « Que vont dire les gens? » Ils vont dire : « Pour qui cette Jean Foster se prend-elle? »

Passant outre à mes pensées, la Fraternité se fit plus insistante.

Ce temple sera à vous seule et vous l'installerez dans un recoin secret de votre esprit. Amenez-le là, morceau par morceau, au fur et à mesure que vous penserez à quelque chose que vous aimeriez y ajouter. Insufflez en ce temple la pensée de la pure beauté. Pensez à chaque élément et mettez-les en place un à un. Construisez-le petit à petit de sorte qu'à la fin vous ayez bâti le temple en remarquant la disposition de chaque détail. Et voilà que se trouvera en vous ce temple splendide, ce lieu de beauté créé de façon si admirable en vous. Ce temple sera si clair en votre esprit que vous pourriez l'ériger en ce royaume terrestre si tel était votre désir. Mais vous ne l'édifierez pas sur terre. Vous allez l'édifier en vous. Voilà la merveilleuse vérité que nous vous donnons ici.

Ils avaient finalement apporté réponse à mon sentiment de malaise face à l'idée de bâtir un temple d'une telle splendeur.

Jamais nous ne vous détournerons du droit chemin. Ce temple sera pour vous le signe manifeste de ce que l'enfant de Dieu, l'entité qui veut être Un avec Dieu, construirait pour recevoir le grand esprit créateur qui origine de Dieu. Personne n'irait s'imaginer que vous abriteriez cet esprit créateur dans une cabane en rondins!

Je la retrouvais encore là, cette touche inattendue d'humour. La Fraternité avait assurément capté mon attention. Bâtir un temple intérieur convenable pour un enfant de Dieu - c'est le défi qu'ils m'ont donné. Des possibilités de toutes sortes fusaient en mon esprit. Je l'agrandis considérablement et j'enlevai l'autel ainsi que la faible lumière bleu pâle. La beauté que j'ajoutai, l'aménagement intérieur et l'éclairage contribuèrent tous à mon sentiment de bien-être. Chaque jour j'entrai en ce temple, parfois à plusieurs reprises. Là je suis un esprit, au repos mais vigilante. C'est là que réside mon vrai moi. Ce moi spirituel n'est pas Jean Foster. Il est un composite de nombreuses vies, de bien des leçons apprises dans ces vies.

La Fraternité continua.

Ce temple intérieur dont nous parlons si souvent n'est qu'un simple mot que nous utilisons jusqu'à ce qu'il devienne une réalité en vous, lectrice, lecteur. Emmenez-nous en votre temple, en ce lieu de retraite loin du monde. Là, nous pourrons travailler ensemble.

Dans mon temple intérieur d'une exquise beauté, mon moi spirituel rencontre le Conseiller, la Fraternité qui s'y rend à mon invitation. C'est là que je demande à recevoir la vérité de la Conscience divine, et c'est là que les membres de la Fraternité m'aident à établir cette connexion au moyen du canal ouvert qu'ils aident à former. Une fois réunis, la Fraternité, moi et le Dieu de l'univers, nous formons équipe pour mettre en action cette merveilleuse vérité individuelle dans mon expérience de vie courante.

Ils nous adressent à tous un avertissement de ne pas tout révéler de notre vie personnelle à des gens qui pourraient ne pas comprendre le travail effectué en ce temple intérieur.

Le rabaissement des rêves que vous avez ne demande que très peu d'efforts. Ce processus se produit régulièrement, tout particulièrement lorsque ces rêves sont partagés avec d'autres personnes sur le plan terrestre. Au lieu de risquer le découragement en exposant vos rêves et buts spirituels à d'autres personnes, déposez ces pensées pures dans le temple que vous bâtirez en vous. Confiez-les seulement à ceux avec qui vous savez pouvoir les partager, c'est-à-dire à la Fraternité qui considère tous vos souhaits et tout ce que vous désirez le plus ardemment comme des pensées sacrées.

Ces espoirs et ces attentes deviennent des réalités dans votre vie lorsque vous nous invitez à vous brancher sur la puissance de la Conscience divine, à la source de la vérité destinée uniquement pour vous. Cette vérité spéciale, souvenez-vous, n'est pas destinée comme ça à n'importe qui. Elle est enregistrée dans la Conscience divine comme le plan de votre vie, le plan auquel vous avez ouvert votre esprit avant de naître.

Ce plan - cette vérité individuelle dont nous parlons - entre dans le moi spirituel grâce au canal que nous formons jusqu'à la Conscience divine. L'esprit intègre alors ce plan dans son propre pattern de croissance, ou véritable schéma de croissance, qui le guide pour devenir Un avec Dieu. La manière dont une vie est vécue dépend de la façon dont ce plan s'intègre ou se combine avec le schéma de croissance.

Est-ce que ceci est clair? Votre transformation en une merveilleuse personne de Dieu en cette vie dépend d'abord de votre reconnaissance de l'existence de ce plan, et ensuite de la façon dont vous vous en servez dans le schéma de croissance. Le moi spirituel qui reconnaît la vérité émanant de Dieu entre dans la superbe équipe de Dieu à l'oeuvre dans votre âme par l'entremise de la Fraternité. Cela signifie que vous ne travaillez pas seule.

Cela vous semble-t-il trop difficile à comprendre, ou trop compliqué? C'est justement pourquoi nous sommes là, pour faire en sorte que le processus soit clairement expliqué, étape par étape, et bien compris. Une fois que vous l'aurez bien compris, vous allez tout d'un coup vous mettre à réaliser toutes sortes de choses par vous-même. Ces étonnants miracles, à ce qu'ils sembleront être, se produiront parce que vous comprendrez le principe, le Principe divin, qui fait tout fonctionner cela.

Il est impossible toutefois d'accomplir des miracles si vous ne parvenez pas à saisir notre message ici. Nous allons donc commencer au même point ensemble. Nous devrons ensuite travailler avec vous de manière individuelle si nous voulons réaliser des progrès. La vérité que nous vous donnons à exécuter vous aidera à mieux comprendre ce que nous disons.

C'est ainsi qu'il en sera. Placez le temple de votre être intérieur en votre esprit. Ce sera la place où vous pourrez vous rendre chaque fois que vous aurez besoin de repos ou de refaire vos forces. Ce temple sera pour vous exclusivement. Personne d'autre n'y est invité à moins que ne décidiez d'inviter la Fraternité à y entrer avec vous. Si vous le désirez, ce temple peut être notre lieu de rencontre.

Les pensées que vous amenez en votre temple forment la base de notre travail commun. N'y apportez donc pas de peines, de souffrances ou d'énergies qui ont mal tourné à cause de la colère ou de la haine. Regroupez ensemble ces choses négatives et jetez-les dans la poubelle à l'extérieur. Elles y seront aspirées au loin par un aspirateur géant pour être transposées en énergies inoffensives. Cela fait, lorsque vous entrerez dans votre temple, vous y arriverez purifié et prêt à réaliser votre potentiel.

Faites équipe avec nous maintenant. Concentrez votre pensée sur cette page, sur cette parole que nous vous apportons. Laissez votre esprit maintenant vide de toute pensée se remplir de ce que nous allons y mettre. Associez étroitement votre esprit à la vérité que nous vous donnons.

Alors vous serez prêt à entendre, prêt à écouter, prêt à entrer dans la Conscience divine.

A ce point-ci, la Fraternité vous mène dans une méditation guidée. Si vous vous sentez prête ou prêt à méditer, poursuivez votre lecture. Dans le cas contraire, relisez le paragraphe précédent pour préparer votre esprit à se concentrer sur ce qui suit.

Méditation

Prenez ce moment... prenez cette énergie qui est dirigée vers vous en cet instant. Prenez cet amour pur qui afflue autour de vous... et entrez maintenant dans le silence. Unissez-vous à ce silence qui pénètre en votre esprit, se répand dans tout votre corps pour vous apaiser, et pour purifier votre vrai moi. Le silence règne maintenant. Unissez-vous avec ce silence. Unissez-vous. Imprégnez-vous de ce silence.

Dieu est le seul qui puisse entrer en contact avec cet être de silence que vous êtes maintenant. La Conscience divine à laquelle vous désirez être connecté sera vôtre dans la mesure où vous l'accepterez. La Fraternité se tient à vos côtés pour vous aider à entrer dans ce canal ouvert que nous formons pour que vous puissiez y accéder.

Maintenant... Maintenant... Maintenant. Et voici que le canal ouvert vous est maintenant accessible. Il est là pour vous aider, pour découvrir quels sont vos besoins, pour s'unir à votre moi véritable. C'est ainsi que nous travaillons. C'est ainsi que nous serons là pour vous en votre temple intérieur.

De nouvelles vérités pénètrent maintenant en votre esprit. Ne leur opposez pas de résistance. Acceptez cette merveilleuse vérité en votre esprit, cette conscience de l'âme donnée par Dieu. C'est là que ces vérités seront conservées tandis que vous travaillerez avec elles. Il n'y a pas de raison de les porter à l'attention des autres. Elles sont bien à l'abri dans votre esprit. Vous seul pourrez les examiner, car elles vous sont exclusivement réservées.

Appropriez-vous votre propre vérité afin de

l'intégrer dans votre schéma de croissance et ainsi faire de cette vie ce que vous vouliez qu'elle soit avant de venir sur terre. Cette vérité vous est destinée, et aucune autre n'y ressemble vraiment.

Confiez-vous ouvertement à l'équipe des Frères. Laissez-nous entrer dans votre temple intérieur. Cet endroit, qui est le fruit de votre propre pensée, nous apprend comment travailler avec vous. Ce que vous choisissez de mettre dans votre temple nous en apprend beaucoup à votre sujet. Pour commencer, cela nous permet de voir ce que vous pensez de l'équipe que vous formez avec Dieu et la Fraternité. Nous pouvons également voir ce que vous pensez de vous-même. Il nous est alors possible de savoir comment travailler avec vous.

Pensez-vous que tout cela soit trop révélateur à votre sujet? Vous ne voulez pas en révéler autant sur vous-même? N'oubliez pas que lorsque vous quitterez la vie terrestre pour venir sur cet autre plan d'existence, seules vos pensées seront exprimées ici. Il n'y aura pas moyen de cacher vos pensées les plus intimes, car tous peuvent les percevoir à mesure que vous les formez.

Par conséquent, plus vite vous apprendrez que vos pensées doivent être ouvertes et honnêtes, sans subterfuge ni cachotterie, mieux ce sera. De toute manière, ces pensées que vous dissimulez maintenant ne sont pas celles que vous désirez conserver, n'est-ce pas? Quel bien réel vous apportent-elles? Elles vous privent de la majeure partie de votre énergie et elles dénaturent la vérité. Ce qui veut dire qu'elles ne vous aident pas à comprendre la Conscience divine, car elles se limitent à ce qui est du seul domaine de la conscience terrestre.

Du reste, la façon de manifester ce que vous désirez et ce qui vous est utile dans la vie est d'être ouvert au sein de votre temple intérieur - c'est-à-dire ouvert à vous-même et ouvert à la Fraternité qui vous mène vers l'unité avec Dieu. Le seul moyen pour nous de travailler ensemble, c'est dans l'ouverture mutuelle. Formulez d'honnêtes pensées, peu importe leur nature. Elles peuvent ne pas vous sembler nobles, mais si nous voulons pouvoir nous occuper de ces pensées plus ou moins nobles, il est nécessaire qu'elles nous soient exprimées. Alors nous serons en mesure nous en occuper.

Amenez ces pensées et d'autres dans votre temple intérieur lors de nos rencontres, et soumettez-les nous. Ainsi pourrons-nous travailler à dissiper les doutes, les colères, les peurs, les déceptions, les sentiments d'hostilité ou la tendance à vouloir se venger. Nous ferons d'abord porter nos efforts sur ces pensées afin d'évacuer de votre esprit ces vieilles choses devenues maintenant inutiles. Elles obstruent le passage créé pour la vérité qui non seulement vous libérera, mais qui vous aidera aussi à manifester tout ce que vous désirez et tout ce dont vous avez besoin.

Je rappelai à la Fraternité ce qu'ils avaient dit plus tôt relativement à la mise au rebut, hors du temple intérieur, de nos pensées et sentiments négatifs. Avaient-ils changé de position? Ils donnaient l'impression de dire que nous devrions amener ces sentiments à l'intérieur.

Le but que nous poursuivons en vous incitant à faire équipe avec la Fraternité est de vous permettre de vous débarrasser de toutes pensées et tous sentiments de nature négative. Si vous pouvez les mettre à la poubelle comme nous l'avons proposé plus tôt, tant mieux. Si vous en êtes incapable, alors amenez-les à l'intérieur où nous pourrons nous en occuper ensemble.

Cette auteure vous a présenté jusqu'à un certain niveau de précision la belle image qu'elle s'est créée de son temple intérieur. Elle doit s'abstenir de donner plus de détails puisque nous avons dit que son temple ne doit être partagé avec nulle autre personne sur terre. Elle a bâti son temple morceau par morceau, selon son inspiration, et celui-ci reflète son propre tempérament ou caractère intérieur.

En vertu du plan que nous lui avons donné et que nous vous donnons maintenant, chaque personne est appelée à accomplir cet acte en apparence fort simple consistant à se construire un temple intérieur. Mais ce temple n'est pas si facile à ériger lorsqu'il vous faut en visualiser chaque détail. C'est pourtant par chacun de ces détails que nous comptons vous faire comprendre le concept que nous présentons ici - que pour manifester vos pensées, il vous faut être capable de les voir. Nous pouvons avoir recours à cette même substance que nous avons utilisée pour créer le temple et nous en servir pour façonner la pensée que nous entendons manifester. Et c'est alors que la manifestation se produira.

Pour manifester votre pensée, placez-la dans votre temple où vous vous sentez heureux et où vous prendrez plaisir à tempérer cette pensée en tenant compte de la réalité du plan terrestre. Cet endroit est des plus importants, car vous devez vous y présenter sans intention de tricherie, sans être affligé de doutes interminables, sans éprouver de crainte du ridicule, et avec le sentiment d'être à l'abri du puissant ennemi qui engendre le désespoir.

Quiconque craint la pensée d'être aidé par la Fraternité sera impuissant à manifester quoi que ce soit. Par conséquent, établissez votre temple et faites-en votre lieu de retraite où nous pourrons travailler ensemble sur les souhaits, les problèmes, les espoirs, les buts et tous les autres sujets qui ont de l'importance à vos yeux.

Joignez-vous à cette merveilleuse occasion de donner plus de sens à votre vie, et de disposer d'une plus grande capacité d'accomplir le bien que vous souhaitez faire. Ne regardez plus jamais en arrière lorsque vous aurez commencé, car vous aurez alors quitté une fois pour toutes le passé. La conscience terrestre se dissipera et la Conscience divine prévaudra. Il ne sert donc à rien de regarder en arrière pour voir ce qui était moins que le meilleur pour vous.

D'ailleurs, il est inutile de s'accrocher à de vieilles vérités simplement parce qu'elles vous avaient un jour semblé receler quelque bien. Dites-vous qu'elles sont maintenant disparues, et que vous êtes maintenant aligné avec une nouvelle vérité émanant de la Conscience divine, un vérité qui sera vraie pour vous durant tous vos jours sur terre et qui vous amènera dans l'autre plan d'existence porté par un merveilleux enthousiasme. Soyez assuré de l'authenticité de ce que nous disons.

Pas à pas, la Fraternité nous initie à la connaissance et à la compréhension dont nous avons besoin afin d'être efficace dans notre travail pour revendiquer la vérité qui pendant si longtemps est demeurée non revendiquée. Petit à petit, nous assimilons la signification que recèlent les mots, et ensuite nous sommes prêts à nous ouvrir en toute confiance à ceux qui apportent ce message de la Conscience divine. Les Frères ne comprennent que trop bien la lenteur de la croissance de nos esprits à admettre la vérité. Ils doivent donc maintes fois répéter leur enseignement - réviser avec nous la vérité déjà expliquée - et le faire avec insistance. Ensuite, lorsqu'ils ajoutent une idée ou un concept de plus, il nous est plus facile de l'adopter.

La vérité de Dieu pénètre en vous lorsque vous venez à nous. La vérité de la terre pénètre en vous lorsque vous n'en faites qu'à votre tête en ne cherchant de l'aide qu'auprès d'autres personnes. Pour devenir une personne forte et éclairée qui discerne le vrai du faux, tournez vos pensées vers le travail d'équipe que nous faisons ici. C'est grâce à ce travail d'équipe que nous pourrons amener en votre esprit notre conception de Dieu afin de pouvoir entrer en communication avec la Conscience divine et en venir à ne faire qu'Un avec Elle.

Ayez confiance. Alliez-vous à nous pour manifester les désirs et besoins pressants que vous désirez satisfaire au cours de votre vie sur terre. Faites confiance à la Fraternité dont c'est la mission de faire ce travail, et dont le chef est celui que vous connaissez bien, Jésus de Nazareth. Ayez confiance. Telle est l'urgente requête que nous vous adressons.

Faites entrer cette nouvelle idée que nous vous avons donnée dans votre Saint des Saints, dans votre temple intérieur. Si les contours de ce temple sont toujours vagues en vous, travaillez à son édification jusqu'à ce qu'il soit aussi réel que possible. Placez en son sein les choses que vous considérez être belles et apaisantes. Cet endroit en vous sera la source de merveilleux enseignements qui deviendront une partie intégrante de votre être. Continuez à bâtir et à aménager votre temple. Servez-vous d'images resplendissantes et majestueuses pour faire de votre temple un endroit vraiment spécial. Souvenez-vous qu'il faut le bâtir méthodiquement avec vos pensées en n'omettant pas le moindre détail jusqu'à ce que vous vous y sentiez à l'aise et en sûreté.

Mettez-vous maintenant au travail. Considérez une à une toutes ces pensées. Persuadez-vous de la nécessité de ce travail, et puis faites-le. De cette façon, le travail que vous faites vous permettra de parvenir au prochain niveau de pensée sans même vous en rendre compte.

Parvenue à ce point de la réception, je croyais que le chapitre était terminé. Je fis une pause pour aller manger, et lorsque je revins, je plaçai ma feuille de travail dans la machine à écrire pour poser une question et consigner une réponse. Au lieu de la réponse escomptée, je reçus quatre pages dactylographiées de plus. La première partie m'instruisait de me préparer à recevoir d'importantes informations qui allaient venir. La seconde partie, adressée à l'intention du lecteur, était une présentation de l'entité donnant le message. Voici cette présentation :

Joignez votre esprit au nôtre. Alliez-vous à nous pour entreprendre cette prochaine phase de notre travail commun. Joignez-vous maintenant. Faites entrer ce Dieu de l'univers au centre de votre propre être (de votre JE SUIS). Vous ne Le connaissez pas, vous ne pouvez L'imaginer, car Il est sans limites. Rien ne peut contenir ce Dieu de vérité. Etes-vous prêt? Ouvrez votre esprit au concept illimité que Dieu EST. Ensuite tournez le centre de votre être en direction de ce Dieu qui est invisible et inconnu, le véritable Dieu qui nous oriente tous vers la lumière.

Soyez dans l'image que nous présentons ici. Commencez à entourer votre entité de la douce pureté que vous ressentez ici. Cette douce pureté est celle de Dieu qui entre en ce temple où vous êtes.

Cette pureté, qui est la vivante expression de Dieu, entre en vous et vous dit que vous êtes maintenant Un avec le Dieu de l'univers. A présent, vous, cette auteure et les membres de la Fraternité, vous vous alliez avec la pureté pour devenir des entités ouvertes dont les sens s'affranchissent du plan physique pour percevoir ce qui est du domaine de l'esprit. Nous nous consacrons à devenir l'expression de cette vérité, à être des entités collaborant ensemble pour faire que cette vérité devienne vôtre. C'est animée d'une grande espérance et d'une grande confiance que la Fraternité entreprend ce travail.

La pureté qui nous entoure, qui pénètre en nous, qui nous prend en main, nous permet d'entrer en communication avec Jésus qui est le Frère des Frères. Unissez-vous à cette image. Joignez-vous au messager de Dieu qui tire sa puissance de cette pure substance, ce véritable Dieu de l'univers. Alliez-vous à nous pour recevoir cette merveilleuse vérité que Jésus lui-même désire vous communiquer.

Personne ne peut considérer ce message comme étant invraisemblable ou faux car l'autorité de Jésus lui a été conférée par Dieu afin de prêcher le message qu'il désire par-dessus tout prêcher. Voici cette merveilles pensée qui s'exprime maintenant.

Alliez-vous maintenant à la Fraternité
Sermon de Jésus, le Frère des Frères

Ceci est notre vérité que nous exprimons comme suit à l'intention de ceux et celles qui liront ce livre. Ils comprendront notre sermon car ils connaissent la nature du travail que nous faisons ici. Prenez-moi au mot. Le sermon que je fais ici est celui que Dieu veut que je fasse. L'emphase qui transparaîtra ici est celle que Dieu veut que vous entendiez, lectrice, lecteur, dans les propos de Son fils, de Son ambassadeur de la vérité.

Il n'existe aucune pureté qui puisse se comparer à celle de Dieu. Cette pureté prendra sa place en vous lorsque vous remettrez l'ego que vous possédez maintenant entre les mains du Dieu de votre compréhension, peu importe qui Il est. Ce début d'éveil, cette vérité qui s'empare peu à peu de vous, s'allie avec votre esprit pour accroître votre compréhension.

Votre compréhension sera toujours plus grande lorsque immergerez votre moi spirituel dans une communion avec le Dieu que vous concevez. Maintenant que ce Dieu est présent, dites-Lui que vous voulez qu'Il prenne votre vie en main. Puis attendez. Dieu unit sa vérité à vous pour vous faire monter un à un les barreaux de Son échelle jusqu'à l'ultime concept du Dieu de l'univers et jusqu'à l'ultime et éternelle vérité.

Mais il vous faut toujours commencer là où vous êtes, avec la conception que vous comprenez maintenant. Voilà pourquoi je vous dis d'accorder votre collaboration au

Dieu de votre compréhension actuelle. Amenez cette pensée jusqu'à notre sanctuaire, jusqu'à votre temple intérieur. Là, nous travaillerons en équipe afin que vous puissiez progressivement monter l'échelle de la vérité en action, afin de pouvoir ainsi manifester la vérité dans la vie que vous menez sur terre en ce moment.

Personne ne parviendra jusqu'à l'ultime conscience la première fois que cette vérité est mise à l'essai. Gardez espoir, car un jour viendra où vous vous envolerez au-delà des derniers barreaux de l'échelle, au-delà de ces pas successifs que vous faites. Alors s'ouvrira à vous l'ultime et merveilleux Dieu de l'univers, et cela fera de nous de véritables frères, la véritable famille de Dieu.

Accordez votre attention à cette vérité. Faites-la entrer en votre esprit. Alliez-vous à elle en votre temple intérieur que vous avez si admirablement édifié. Ce sera cette vérité qui accélérera la croissance de votre esprit et précipitera son acceptation de la vérité.

Vos besoins sur plan physique font également partie du plan de la vérité. Vos pensées intimes à propos de vos besoins et de vos désirs seront prises en considération dans votre temple intérieur de la même façon qu'elles sont prises en considération lorsque deux personnes discutent entre elles de sujets importants. Ce centre de vérité, ce temple intérieur devient le lieu où se rencontrent votre esprit et le mien. La mise en application de la vérité que nous incorporons en ce livre rendra manifeste la place occupée par la vérité alliée avec l'esprit. Rassemblez ces pensées qui occupent votre esprit et placez-les au sein de votre temple. Puis pénétrez en esprit dans votre temple et invitez-nous à vous y joindre.

La Fraternité oeuvrant comme Conseiller auprès de cette auteure est effectivement la Fraternité avec laquelle je collabore et dont je fais partie. Elle collabore avec la personne qui fait entrer son moi spirituel dans son temple et qui nous invite à y entrer nous aussi. Mais il nous est absolument impossible d'entrer en ce Saint des Saints si vous ne nous avez pas invités à le faire. Il est facile de devenir membre de notre groupe. Il suffit de le désirer, de le vouloir.

Prenez cette vérité maintenant. Prenez et mangez.

Ceci est mon corps qui est rompu pour vous et pour la multitude. Prenez et buvez. Ceci est mon sang qui fut versé pour vous et pour la multitude. Cette collaboration est ce corps. La vérité en action est ce sang. Versez maintenant cette vérité en vous comme si vous buviez du vin. Voilà comment nous devenons Un, vous et moi. C'est ainsi que nous devenons Un avec Dieu.

A présent, il y a certaines personnes parmi les lecteurs qui réservent leur décision. « Cette vérité dont parle Jésus me rebute », disent-elles. « Cette vérité est trop bien présentée, ce n'est pas la vérité que je peux lire dans la Bible. Cette vérité dont Jésus parle ici ne doit pas provenir de la même source! »

Mais il y a une preuve que je suis bien le même Jésus que celui cité dans la Bible. Il y en a parmi vous qui doute de mon identité. Mais je suis qui je suis, je vous l'affirme. Il n'y a personne d'autre qui puisse vous donner cette vérité avec l'autorité que je lui confère. Prenez donc le temps de réfléchir à cette possibilité

Alliez-vous à moi; je fais partie de la Fraternité de Dieu. Faites équipe avec moi maintenant. Faites équipe avec la Fraternité pour découvrir par vous-même si ce que je dis est vrai. Alors, vous saurez par vous-même, car je viendrai à vous, et vous serez habité d'une grande énergie, d'une grande certitude que ce que je dis ici est absolument vrai.

A présent, allez vers le temple intérieur que vous êtes en train de bâtir. Mettez-vous dans la tête de continuer à l'améliorer. Puis entrez-y et profitez simplement de tout ce qui s'y trouve. Persuadez-vous qu'il n'y a plus d'objection à votre entrée dans la Fraternité, en tout cas pas d'objection digne de mention. La vérité sera vôtre, maintenant. Voilà le sermon, le message de vérité que je tenais à vous confier.

Voilà, tout est dit. Il ne vous reste plus qu'à la faire vôtre cette vérité selon laquelle je suis ce Jésus oeuvrant au sein de la Fraternité qui fera équipe avec vous pour amener la merveilleuse vérité de Dieu en votre esprit. Faites maintenant équipe avec nous.

Stimulateurs de pensée

1. Pour réussir notre transformation en personnes divines, il nous faut d'abord reconnaître notre plan de croissance et ensuite la façon dont nous devons nous en servir. Comment pouvez-vous améliorer ce plan de croissance? A quoi pouvez-vous vous attendre en travaillant avec votre plan de croissance personnel?

2. Ce à quoi la Fraternité désire avant tout avoir affaire c'est à notre pensée ouverte et honnête, même si elle est faite de déception, de peur, de colère, de sentiments d'hostilité ou de pensées de vengeance. Pourquoi de telles pensées obstruent-elles le corridor par lequel nous pouvons manifester nos désirs et nos besoins? Qu'est-ce que la Fraternité nous suggère de faire avec ces pensées?

3. Nous nous servons de notre substance de pensée pour bâtir notre temple intérieur. Nous avons recours à cette même substance de pensée pour façonner et manifester nos désirs, besoins et buts dans la vie. Notre temple devient notre centre de vérité, un endroit où nous nous rencontrons en esprit. L'utilisation de notre temple intérieur pour améliorer notre vie est le but recherché. De quelle façon utilisez-vous votre temple en ce moment?

Travail intérieur : Nous édifions notre temple intérieur en mettant chaque pensée en place pour refléter notre tempérament et notre caractère. Certains temples intérieurs sont faits de scènes extérieures, d'autres ressemblent à des cathédrales, quelques-uns sont des structures uniques, tandis que d'autres ne sont pas faits avec des substances d'origine terrestre. Construire notre temple avec le maximum de détails nous aide à apprendre à maintenir en notre esprit une pensée imagée. Le fait d'être capable de conserver à l'esprit une image-pensée détaillée parfaitement claire constitue une importante étape du processus de manifestation. Promenez-vous dans votre temple et autour... Prêtez attention à l'aspect du sol... à l'atmosphère qui règne... au mobilier... et au plaisir et à la fierté que vous ressentez en cet endroit de beauté. Avez-vous une image claire et détaillée de votre temple? Vos aides spirituels de la Fraternité de Dieu sont toujours là pour vous offrir leur assistance.

La vérité que les gens veulent et dont ils ont besoin

4

Pourquoi ne puis-je trouver ma vérité auprès des autres? Qu'y a-t-il de si particulier au sujet de la vérité individuelle?

Les gens veulent connaître la vérité qui les aidera à bien vivre leur vie, qui les délivrera de leurs peurs, de leurs interminables problèmes et de leur désespoir. La vérité dont les gens ont besoin est, comme par le plus grand des hasards, celle-là même qu'ils veulent. Ils ont besoin de la vérité qui leur donne l'assurance que Dieu est là, que Dieu est réel, et qu'Il est beaucoup plus que ce qu'ils ont jamais pu comprendre ou espérer qu'Il soit.

La vérité qu'il vous faut et celle que vous désirez, toutes deux tellement fondamentales pour une bonne vie et une bonne croissance de l'âme, sont identiques. Ce chapitre explique de quelle façon la vérité vous ouvre les yeux et le coeur, et vous enseigne ce qu'il faut savoir et ce que vous voulez connaître.

Lorsque j'ai pour la première fois demandé à communiquer avec un guide/conseiller, j'espérais trouver un esprit érudit qui pourrait m'aider à voir plus clair dans ma vie. Je voulais un esprit sage comprenant ce que Dieu attend de moi et ce que je devais faire pour me montrer à la hauteur de cette attente. Et en prime, j'espérais que cet esprit enseignant allait pouvoir me montrer comment me servir de mes talents. Et si ce n'était pas trop demander, j'envisageais aussi de demander à me sentir généralement bien dans ma peau. Je ne voulais pas avoir l'air de trop en demander. Je voulais simplement un peu d'aide pour mieux vivre ma vie.

Imaginez ma surprise lorsque la Fraternité me fit les mêmes promesses extravagantes que celles présentées au début de ce chapitre! Même si j'éprouvais un grand plaisir à les lire, je n'arrivais tout simplement pas à les croire. Je m'y efforçai. Dieu sait combien je voulais que ma vie s'améliore.

J'essayai de mettre en pratique les suggestions de la Fraternité, mais rien ne changea pour moi jusqu'à ce que je mette tout en oeuvre pour m'identifier totalement avec cette vérité. Puis cela m'aida; ma vie commença effectivement à s'améliorer, à un point tel que je trouve le changement survenu vraiment incroyable.

Ne soyez donc pas surpris lorsque la Fraternité dit : « C'est le temps de vous mettre au travail. » Les Frères comprennent notre moi spirituel parce qu'ils sont eux aussi des esprits.

Prenez-nous au mot, croyez-nous lorsque nous promettons de ne jamais vous abandonner et de ne jamais vous détourner du droit chemin. Nous, de la Fraternité, sommes incorruptibles. Alliez-vous à nous maintenant en votre esprit, et ensuite dans votre coeur. En d'autres termes, pensez que nous sommes ici, et puis croyez-le. N'hésitez pas à faire également entrer vos émotions en jeu dans cet effort. Acceptez-nous comme vos amis intimes, ceux qui interviennent dans votre existence pour vous aider à devenir ce que vous voulez être. Jamais personne ne vous aidera de la façon dont nous le faisons, alors croyez, laissez grandir en vous la conviction que nous sommes là pour favoriser ce qui est vraiment bon pour vous.

Peu importe si vous n'arrivez pas à concevoir ce qu'est la confrérie de la Fraternité. Faites-nous quand même une place dans votre esprit. Ouvrez vos yeux à cette grande possibilité que le Conseiller, le Consolateur, l'Esprit Saint dont Jésus a parlé vienne réellement ici pour travailler en vous. Vous saurez que nous sommes ici pour vous.

Dans le deuxième chapitre, nous vous avons amené la vérité selon laquelle vous avez besoin de l'aide de la Fraternité. Ce n'est pas parce que nous cherchons du pouvoir que cette aide vous est offerte. De toute façon, il n'y a pas ici de pouvoir qui puisse s'imposer aux autres. Nous sommes tout entièrement dévoués à cette vocation et nous voulons apporter notre aide pour que tous les esprits puissent arriver à s'unir avec Dieu, et ce plus rapidement qu'ils ne le font maintenant.

Afin de vous permettre de recevoir la vérité dont vous avez besoin et que vous voulez, nous devons vous faire comprendre comment nous concevons Dieu, vous faire percevoir ce grand et merveilleux concept illimité de sorte que vous puissiez y puiser ce qu'il vous faut pour établir votre propre connexion avec la Conscience divine. Grâce à votre croissance spirituelle, vous pourrez alors devenir un esprit avancé capable de s'unir à Dieu et d'établir sa propre connexion avec Lui.

La Fraternité attend de pouvoir vous aider, et nous offrons notre compréhension et notre vérité à celles et ceux qui le demandent. Il existe un moyen par lequel nous pouvons aider la personne qui lit ceci à obtenir tout ce qu'elle désire si c'est pour le bien de l'esprit. Nous parlons ici de la vérité, de la vérité qui vous apporte l'assurance que Dieu est réel et que vous serez touché par Sa grâce.

Pour recevoir les bienfaits que la Fraternité peut vous apporter, tournez-vous vers l'être intérieur qui vous gouverne. Cet être intérieur nous dit, à nous de la Fraternité, que vous voulez bénéficier de cette aide durant toute votre existence. Faites-nous une place en votre esprit. Traitez-nous comme des invités venus pour vous porter assistance. Voyez-nous comme l'équipe dont vous voulez faire partie. Adressez-vous à la Fraternité pour devenir la personne que vous désirez être - pour devenir Un avec le Dieu de l'univers.

Lorsque je vis pour la première fois apparaître ce but sur le papier de ma machine à écrire comme vous pouvez maintenant le voir, je n'étais pas tellement sûre de vraiment vouloir d'une relation aussi élevée. Peut-être d'autres hésiteraient-ils aussi, comme je l'ai fait, en face d'une telle perspective. Comme d'habitude, la Fraternité avait une réponse pour nous.

Il est impossible que vous puissiez jamais devenir plus que ce que vous êtes censé être. Jetez cette pensée négative à la poubelle. Vous êtes supposé être ce merveilleux moi divin qui amène votre talent sur terre pendant que vous vous y trouvez et sur ce plan lorsque vous venez ici. Il n'y a rien qui vous limite. Faites entrer cette vérité dans votre être intérieur et multipliez ce concept à plusieurs reprises jusqu'à ce qu'il porte votre image imprégné en lui. Alors vous croirez que vous vous unissez à nous pour devenir la personne illimitée que vous voulez être, et vous l'accepterez tout au fond de votre coeur. Cette vérité de la personne illimitée allant vers le Dieu illimité est la meilleure vérité que nous ayons pour vous.

Comme ce concept est loin de celui que j'avais de moi au tout début de mes séances lorsque la Fraternité a commencé à me guider! Entretenir à mon sujet la pensée que je suis une personne illimitée n'est pas facile. Je débutai avec mon moi spirituel, comme le suggérait le Conseiller, et je bâtis peu à peu un concept de liberté d'expression illimitée. Je m'efforce toujours bien sûr d'intégrer ce concept à ma personne extérieure, au corps que mon moi spirituel habite. L'intégration de cette conception illimitée de moi-même à mon expérience de vie est mon objectif actuel. Heureusement, j'ai à ma disposition ces bons et loyaux amis de la Fraternité pour m'aider.

Vous pouvez compter sur la Fraternité, et lorsqu'ils disent : «Faites-nous confiance », abandonnez-vous sans la moindre retenue. «Faites-nous une place au plus profond de votre coeur »,jamais n'aurez-vous à craindre d'être trahi.

Donnez-nous accès à vos doutes, à vos peurs et à vos pensées qui déstabilisent la vérité de ce travail. Faites-nous entrer dans vos endroits les plus secrets que vous n'ouvrez à personne d'autre. Alors nous amènerons avec nous la lumière de Dieu et nous éclairerons tout avec cette lumière, avec cette guidance divine, révélant Son amour, Sa confiance en vous à l'image d'une personne se tournant vers la lumière pour devenir merveilleusement belle.

Ne nous voyez jamais comme des êtres inspirant la peur ainsi que certains voient les fantômes. Il n'y a rien d'effrayant ici. Il n'y a rien qui soit en train de s'allier avec de bizarres choses imaginaires. Rien de ce qui nous concerne n'est anormal. Le moi spirituel n'est pas anormal. L'esprit est notre réalité à tous. Cette réalité ne peut être vue par des yeux terrestres, mais s'il en est ainsi c'est parce que les yeux terrestres ne sont pas faits pour voir l'esprit.

Il y a un défi constant tout au long de la vie de chaque individu. Celles et ceux qui ne perçoivent pas l'esprit peuvent quand même être heureux - s'ils acceptent cet esprit comme leur réalité. Cette emphase que nous mettons ici sur les questions d'ordre spirituel reflète la vérité, et n'est certainement pas mensongère. Enlevez les oeillères que vous portez lorsque vous parlez de l'esprit. Écartez la pensée selon laquelle il n'y a de réel que ce qui est visible. Ce n'est pas le cas et vous le savez fort bien.

Les microscopes révèlent tout un univers bouillonnant de vie à l'intérieur d'une simple goutte d'eau. Les télescopes révèlent les planètes et les étoiles invisibles à l'oeil nu. Ce même oeil nu révèle des merveilles si la personne cesse de les admirer. Mais l'esprit demeure invisible pour la plupart des gens - mais pas pour tous. Il y a certaines personnes qui non seulement voient le plan terrestre, mais qui voient également le plan où nous sommes. Elles pensent que c'est tout naturel, mais elles sont l'exception.

Cette auteure ne voit que ce qui relève du plan terrestre. Elle se joint à nous afin que nous puissions l'aider à compenser son incapacité à voir au-delà de son univers physique. Il existe un point d'aveuglement, mais il y a encore plus à voir dans la vie. L'auteure prend tout de même appui sur ce point d'aveuglement pour tendre sa conscience vers nous en se disant que nous sommes bien là, et voilà que nous sommes là pour elle!

La Fraternité parle, mais seuls quelques-uns écoutent. La vérité qui jaillit à travers nous à partir de la Conscience divine n'est pas entendue par beaucoup de gens, car ils restent sourds à ce que nous disons. L'auteur est aussi atteinte de "surdité" à notre égard, mais elle ne laisse pas cette incapacité la persuader que nous n'existons pas. Cette incapacité n'est rien de plus qu'un obstacle à surmonter, à dépasser par votre croissance. La vérité que nous vous donnons vous amène sur l'autre plan d'existence pour vous permettre de considérer ce qui s'y trouve, et pour découvrir ce que nous pouvons faire pour vous aider dans votre vie ici sur terre.

La réalité que nous sommes dévoile la vérité dont vous avez besoin et que vous voulez. Mais sans ce dévoilement, seul un vague espoir improbable demeure. Prêtez attention à la vérité que nous vous offrons selon laquelle le second plan d'existence est réel, la Fraternité est réelle, et il est possible pour vous d'ouvrir toutes les portes que vous gardez maintenant fermées et de laisser entrer la lumière de Dieu. Dès l'instant où vous ferez équipe avec nous, l'obscurité se dissipera. Voilà la promesse que nous vous faisons.

Dans notre premier livre, Connexion avec la Conscience divine, la Fraternité a consacré tout un chapitre à l'autre plan d'existence, répondant à toutes les questions que je leur posais. Elle décrivait un endroit où notre moi spirituel se rend pour faire la revue de notre vie et pour déterminer ce qu'il nous fallait faire de plus pour devenir Un avec Dieu.

Elle expliquait que les esprits se regroupent ensemble sur l'autre plan selon leurs schémas de croissance, qui correspondent en gros à l'ensemble de nos croyances. Les esprits se rassemblent à peu près de la même façon que les éléments chimiques sont attirés ensemble pour former des composés chimiques. Chaque groupe d'esprits crée son propre environnement au moyen de la pensée. Certains groupes créent un monde de beauté, de bonté et de joie. D'autres créent un univers de peur et de culpabilité où ils travaillent sans arrêt pour se mériter l'amour de Dieu. Dans l'autre plan d'existence, la pensée est la clef donnant accès à la substance. Nous créons ce que nous pensons. Cependant, la Fraternité soutient que même sur le plan terrestre nous pouvons créer ce que nous pensons. Et ses membres s'engagent à montrer à chacun comment faire pour y parvenir.

Cette auteure vous enseigne quelque chose ici. Elle s'allie à nous bien qu'elle ne puisse nous voir ou nous entendre. Le travail d'équipe est le phénomène qui vous donne le pouvoir dans votre vie de devenir ce que la vérité peut faire de vous - Un avec Dieu, puissant tout comme Dieu est puissant, riche tout comme Dieu est riche, aimé tout comme Dieu aime - au point de ne plus chercher à revenir.

Les gens réclament de l'amour à grands cris. En faisant équipe avec nous, vous ferez entrer l'amour dans votre vie, dans votre monde personnel. Soyez la personne qui profitera de cette grande récompense ici et maintenant, et non dans l'après-vie. En vous consacrant à ce travail d'équipe vous donnerez un but à votre vie et profiterez de ce que tout le monde désire au fond de son coeur.

La vérité qui viendra à vous sera parfaitement ajustée à vos besoins, et non pas d'ordre général. Il n'y a qu'une seule façon de recevoir la vérité que nous avons à donner, et c'est en tant qu'individu sur la base d'un échange exclusif de l'un à l'autre. La vérité que nous avons à offrir n'est pas conçue indifféremment pour tous. Cette vérité est pour vous, pour le bon déroulement de votre propre existence.

Il n'y a pas de vérité d'ordre général qui puisse vous faire accéder à l'unité avec Dieu. Par exemple, considérons la vérité que l'on peut apprendre auprès des Églises. Cette vérité peut être bonne ou mauvaise pour vous. La vérité religieuse est distribuée un peu au hasard, sans tenir compte de votre croissance, de vos besoins ou de vos désirs. La vérité de l'Église est répétée sans fin, et elle est celle des prêtres qui la dispensent.

La vérité est déversée sur vous, mais il se peut qu'elle ne trouve aucune résonance en votre coeur. Voilà pourquoi nous vous disons de vous en remettre à nous pour obtenir la vérité de Dieu à travers le canal ouvert que nous vous aiderons à former entre vous et Dieu. Ce travail d'établissement d'un canal est ce que nous faisons de mieux. Même la Fraternité ne sait pas de quelle vérité votre âme a besoin. Il n'y a que votre âme qui le sache avec certitude. Mais nous pouvons vous aider à obtenir ce dont vous avez besoin. Telle est la promesse que nous vous faisons.

Pour m'assurer que je comprenais bien ce que disait la Fraternité, je demandai si la vérité dont les gens ont besoin et qu'ils veulent est une vérité individuelle. Voici la réponse obtenue.

Ils veulent connaître la vérité qui n'est destinée qu'à eux seuls, et non celle destinée à la masse des gens. La vérité de masse n'est pas satisfaisante. Elle n'est pas dans leur intérêt personnel.

Les gens qui vont à l'église tentent de s'appliquer la vérité de masse, et beaucoup vont loin dans leur développement spirituel. Ils veulent faire une place à Jésus-Christ dans leur coeur, peu importe ce que cela signifie pour eux. Mai ils prennent la vérité qu'ils entendent et ils lisent la Bible pour ensuite amalgamer tout ça ensemble en ce qu'ils considèrent être la parfaite spiritualité. Ils essayent ensuite de se comparer avec cette pensée. Mais la comparaison a pour seul résultat de décourager nombre d'entre eux. Ils veulent implanter cette vérité dans leur coeur, et s'ils se rendent compte qu'il leur manque quelque chose, ils croient avoir manqué à leurs engagements envers Dieu. Puis viennent alors le sentiment de culpabilité, les perpétuelles confessions, la colère qu'ils ressentent mais qu'ils ont peur de laisser voir, et le désespoir dans leur quête de Dieu.

Il ne saurait être possible de devenir une personne en harmonie avec Dieu lorsque persistent des sentiments de culpabilité. On ne saurait s'harmoniser à Dieu lorsqu'on pense avoir manqué à ses engagements envers Lui. Il n'y a qu'un seul moyen de se débarrasser de telles idées erronées. Faites équipe avec nous pour entendre la vérité que Dieu a pour vous. Croyez en la bonté de Dieu, en Sa compréhension, en Son amour, en Sa pensée que vous serez Un avec Lui.

Croyez-vous qu'il soit possible de s'allier avec un Dieu dont on a peur? Et pensez-vous qu'il soit possible de vous unir avec un Dieu qui vous punira de ne pas être parfait? Ces concepts insensés de Dieu vous empêchent de vous approcher de Lui. La vérité que vous recherchez devient chimérique lorsque vous restez loin de Lui et L'adorez mais en demeurant convaincu d'être indigne de Son attention. La vérité que vous voulez ne vous sera pas refusée si vous vous en remettez à nous. Servez-vous de notre solide conception de Dieu, appuyez-vous sur notre compréhension, utilisez notre équipe pour accéder à la merveilleuse vérité que vous recherchez.

Je rappelai à la Fraternité qu'ils se réfèrent souvent aux Églises chrétiennes pour donner des exemples, mais qu'en est-il au juste des synagogues ou des mosquées? Voici la réponse de la Fraternité.

Elles aussi puisent leur vérité dans un livre qu'elles tiennent en haute estime. Elles ne cessent d'enseigner les mêmes choses à leurs fidèles même si la vérité de Dieu peut prendre de nouvelles formes - nouvelles pour elles, en fait. Elles ferment la porte à toute nouvelle vérité. Elles se raccrochent uniquement à ce qui a été donné il y a très, très longtemps selon le temps terrestre. Elles refusent de laisser Dieu adopter la forme de nouvelle vérités. Elles limitent ainsi Dieu, elles L'enferment dans leurs propres concepts et affirment que leurs concepts sont l'absolue vérité. Voilà pourquoi elle ne peuvent progresser ni évoluer.

Je demandai aux membres de la Fraternité s'ils pouvaient me donner un exemple illustrant comment la vérité de Dieu aide les gens à vivre heureux et prospères et à évoluer spirituellement.

La vérité dont vous parlez ici diffère évidemment d'une personne à l'autre. Le lecteur ou la lectrice doit donc comprendre qu'un exemple donné par nous n'est pas nécessairement la voie idéale convenant pour lui ou pour elle. Ce n'est rien de plus qu'un simple exemple.

Il y avait une personne sur terre qui avait finalement confié à la Fraternité le soin de l'aider à apprendre comment parvenir au véritable succès. Cet individu désirait faire de sa vie une grande réussite selon les critères terrestres. Il consacra toute son énergie à son travail, et se montra intéressé chaque fois qu'une promotion à un poste supérieur était offerte, peu importe s'il estimait avoir les qualifications nécessaires ou pas.

Puis les difficultés commencèrent pour lui car il se mit à douter de lui-même. Plutôt que d'être tournées vers la réussite, ses pensées s'orientèrent vers l'idée de l'échec. Il commença dont à connaître des échecs dans son travail. Puis il vint vers nous, vers la Fraternité, vers nos bonnes nouvelles. Il se mit à voir la vérité qu'il avait besoin de prendre - la vérité menant à la réussite. Mais cette vérité le mena à la réussite d'une façon que jamais il n'avait pu anticiper.

Car pour dire toute la vérité, et c'est justement ce qu'il fit, il n'aimait pas le travail qu'il faisait. Il l'avait choisi parce qu'il voulait connaître le succès et faire de l'argent. Ces deux motifs n'étaient pas assez forts pour durer toute une vie. En fait, ils l'éloignèrent de la pensée d'une vie prospère et heureuse. Lorsqu'il s'en remit au pouvoir de la Conscience divine, il se vit clairement tel qu'il était. Il quitta le travail qu'il n'aimait pas, et se consacra à un travail qui lui convenait réellement. Il travailla avec la véritable vérité en lui, avec une réelle énergie, et avec une juste perspective.

Cet individu fit en sorte d'utiliser le talent qu'il avait de pouvoir bien travailler avec d'autres personnes, une chose qu'il n'avait jamais faite auparavant. Cet homme travaillait avec la joie au coeur parce qu'il avait maintenant la bonne vocation, celle qui lui apportait du plaisir. Il s'est allié à nous pour que la vérité de Dieu puisse jaillir à travers lui. Sa vie prit donc un tour meilleur pour lui sur terre et il vécut heureux, prospère, en santé et rempli de l'amour que Dieu exprimait à travers lui et pour lui.

Cette personne est l'exemple même de ce que vous pourriez appeler une grande réussite, mais lorsque qu'il considéra pour la première fois cette vérité, il pensa que tout s'écroulait autour de lui. Il ne voulait plus travailler pour cette compagnie, voyez-vous. Il savait qu'il lui fallait partir de là. Il eut l'impression pendant un moment de perdre le contrôle de sa vie. Mais il persista dans sa volonté de prendre en compte cette vérité et de s'en servir dans sa vie. Puis il découvrit sa véritable vocation, celle qu'il aurait pu trouver plus tôt s'il avait été conscient de la vérité de la Conscience divine.

J'appréciai tellement cette anecdote que je leur demandai d'en raconter une autre.

Il y avait une autre entité, cette fois une femme, qui puisa sa vérité du sein de la Conscience divine dès le début de sa vie sur terre. Cette personne confia sa vie à la vérité sans faire preuve de la moindre impatience. Elle vida son propre ego pour devenir une personne remplie de la Conscience divine. Puis elle devint peu à peu la merveilleuse personne qu'elle voulait être ici-même sur le plan terrestre.

Elle avait l'esprit ouvert, voyez-vous, ainsi que le coeur ouvert. Cette femme capta immédiatement sa vérité émanant de Dieu. Elle n'accepta pas la vérité des autres personnes. Elle s'en remit à cette vérité de Dieu en dépit des pressions que les autres exerçaient sur elle pour qu'elle se conforme à leur point de vue. Il lui arriva parfois d'avoir quelques hésitations, mais elle ne renonça pas à sa propre conception des choses. Voilà pourquoi elle possédait un tel pouvoir. La vérité propre à une personne lui donne ce pouvoir. Cette femme usa donc de ce pouvoir dans son travail et dans ses relations avec sa famille, et elle n'eut jamais la moindre hésitation quant à la justesse de ses actions. Ainsi va la vie lorsqu'une personne est en harmonie avec la Conscience divine.

Comment voyez-vous les choses à partir de votre perspective en ce qui concerne les gens du plan terrestre - comment vivent-ils et comment peuvent-ils s'améliorer?

Ces personnes qui réclament de l'aide à grands cris mais qui ne savent à qui adresser leurs supplications - ce sont les plus pathétiques de toutes. Elles se plaignent, elles poussent des cris, elles implorent. Mais elles ne s'adressent jamais à la source du pouvoir. Elles ne font que décharger leur douleur dans l'atmosphère. Ces personnes pourraient retrouver la maîtrise de leur vie si elles voulaient bien cesser de s'apitoyer sur elles-mêmes assez longtemps pour nous demander de l'aide. Elles peuvent nous confier leurs angoisses ce qui nous permettra de les aider à les surmonter. Elles peuvent confier leurs handicaps à nos soins pour être aidées. Elles peuvent travailler par l'intermédiaire de la Fraternité à retrouver la santé mentale, spirituelle et même physique.

Au lieu de cela, elles pleurent parce qu'elles n'ont pas ce que les autres ont. Elles pleurent parce qu'elles ne trouvent aucun espoir pour les aider à vivre, et elles pleurent pour des raisons qu'elles-mêmes ne peuvent expliquer. Elles s'abandonnent aux larmes, refusant de joindre l'équipe qui pourrait leur apporter de l'espoir, qui empêcherait l'angoisse de s'installer ou de perdurer. Celles et ceux qui pleurent seront consolés par le Consolateur si elles veulent bien se tourner vers nous.

Les pleurs dont nous parlons ici se retrouvent aussi en d'autres situations. Même nos meilleurs gens sur terre pleurent à l'occasion. Ils pleurent parfois dans l'obscurité de leur esprit parce qu'ils ont momentanément perdu leur chemin. Ils se laissent aller à des pensées de découragement, de vengeance, s'adonnant aux paroles et aux pensées qui n'apportent aucun espoir à l'humanité. Ils se considèrent souvent comme des "chanceux" plutôt que comme des gens faisant équipe avec la Fraternité. Ils croient qu'ils ont de la "chance" plutôt que la "vérité". Puis ils se sentent coupables d'être la bonne vérité en action alors que d'autres en ont si peu.

Mais ils font bien sûr fausse route lorsqu'ils s'imaginent de telles choses. Ce qu'il convient de faire c'est d'enseigner aux autres comment parvenir à la vérité, pas d'être désolé pour eux ou de faire partie de ceux qui se croient supérieurs aux autres, ou de se joindre à ceux qui estiment devoir donner des choses aux autres pour les amener à leur niveau de manifestation. Les personnes ne parvenant pas à manifester ce dont elles ont besoin dans la vie ne pourront prospérer parce qu'elles dissipent le pouvoir qu'elles ont en elles. Ce pouvoir se dissipe dans l'expression d'infériorité de l'entité, dans l'insistance qu'elle met à ce que ce soit aux autres à pourvoir à ses besoins. Cette personne refuse toute responsabilité de manifester par elle-même ce qu'il lui faut pour combler ses besoins. C'est un enseignement qu'il faut leur donner et non des choses.

La personne qui prospère ne doit pas négliger les besoins des autres. Cependant, elle doit comprendre que ce dont les gens ont surtout besoin c'est de vérité et pas seulement de choses. Par conséquent, la personne prospère prend le bien-être des nécessiteux à coeur lorsqu'elle leur enseigne de ne pas dépendre des autres, mais de la source, du Dieu de l'univers. La vérité de la Conscience divine est là pour tous, et pas uniquement pour quelques privilégiés. Ce qui ne veut pas dire que nous ne devrions pas donner, mais il nous faut donner ce qui est de la terre tout autant que ce qui est de l'esprit. Que les entités du plan terrestre soient chair tout autant qu'esprit est pour nous une vérité.

Il y a tant de gens qui ne vivent pas leur vérité parce qu'ils ne savent pas comment la revendiquer. Ils ouvrent leur coeur aux besoins insatisfaits, mais à quoi sert-il de ne centrer son attention que sur ses seuls besoins. Ils ouvrent aussi leur coeur à leurs buts dans la vie, mais ils ne s'allient qu'avec les buts et non avec la puissance qui peut faire de leurs buts une réalité. Ils doivent faire entrer leurs besoins et leurs buts dans leur moi divin, dans leur être intérieur, dans ce qu'il y a de mieux en eux. Ces besoins et ces buts seront alors raffinés par Dieu qui fera le nécessaire pour amener leur manifestation, peu importe ce qu'ils sont.

Le Dieu de l'univers qui fait pour vous une place en Son coeur à ces questions ne vous refusera rien que vous puissiez clairement amener en votre moi intérieur si cela a pour but votre bien spirituel. Le Dieu de l'univers ne vous donnerait rien qui puisse entraver votre croissance dans cette vie. Cette stipulation n'est pas une vaine promesse. Elle n'est donnée que pour renforcer la bonté de Dieu.

Dieu a dans l'idée de vous faire connaître une vie merveilleuse. Il veut maintenir votre vie sur son parcours de croissance afin que vous puissiez prospérer. La vérité ne doit pas être réduite à de vains espoirs. Elle ne doit pas être dissoute dans la pensée que Dieu ne vous donnera pas ce que vous désirez après tout. Soyez assuré qu'il vous donnera ce que vous pouvez clairement amener en votre être intérieur, en votre moi spirituel, cette réalité qui dure à jamais. Cet endroit est votre être réel, la réelle personne à qui nous nous adressons ici. Votre corps est la demeure temporaire que vous avez en ce monde. Mais toutefois, nous comprenons que vous accordiez une grande importance à ce corps et à cette vie. Amenez donc la vérité à votre moi intérieur afin de pouvoir manifester les choses et les conditions que vous désirez dans votre vie sur ce plan terrestre.

Il y a plus encore à dire sur cette question. Ne cherchez pas plus que nécessaire pour décider de ce que vous amènerez en votre moi. Prenez les choses, les idées qui vous semblent importantes à ce moment-là. Elles seront raffinées par Dieu, comme nous l'avons déjà dit. Ces choses seront mises en perspective.

Puis vous les exposerez à la pleine lumière de la grande illumination que Dieu accorde. Elle se manifesteront avec la clarté avec laquelle vous aurez revêtu la chose ou l'idée. Alliez-vous à nous pour que la manifestation s'accomplisse au cours de votre vie. Amenez la pensée dans votre moi intérieur. Cette pensée ne doit pas nécessairement être considérée une seule et unique fois, vous savez. Cette merveilleuse procédure doit être utilisée à maintes reprises, et pas seulement quelques fois. Plus vous y aurez souvent recours, meilleurs seront les résultats, car vous verrez alors réellement ce qu'il en est, au lieu de n'en avoir qu'une vague notion.

Prenez le travail d'équipe que nous vous donnons à faire maintenant. Ce grand concept de Dieu vous appartient.

Faites équipe avec nous afin de pouvoir vous aussi vous en servir. Alliez-vous à nous pour améliorer votre propre concept, et votre foi en la bonté de Dieu. Faites équipe avec nous pour devenir la merveilleuse personne que vous voulez devenir.

Stimulateurs de pensée

1. L'intention de Dieu est de nous voir utiliser nos talents, parvenir à obtenir tout ce à quoi nous aspirons, et devenir une personne illimitée. La Fraternité nous offre son assistance pour devenir le merveilleux moi divin que nous pouvons être. Comment pouvons-nous arriver à nous exprimer pleinement et de façon aussi illimitée durant cette vie?

2. Notre système de croyances gouverne les concepts que nous concevons. Beaucoup d'entre nous s'accrochent à des conceptions de Dieu issues d'enseignements transmis depuis très longtemps. Pourquoi le fait de recevoir notre vérité individuelle directement de Dieu est-il le bon moyen pour créer la vie que nous désirons?

3. Le Dieu de l'univers ne nous refusera rien de ce que nous amènerons en notre être intérieur si c'est pour notre bien spirituel. Il y a tant de gens qui ne vivent pas leur vérité parce qu'ils ne savent pas comment la revendiquer. Comment faisons-nous pour revendiquer notre vérité et la manifester dans notre vie?

Travail intérieur : Dieu a conçu un merveilleux plan de vie pour nous. Il nous donnera sans la moindre hésitation ce que nous pourrons clairement amener en notre moi ou esprit intérieur. Présentez vos idées et tout ce que vous voulez manifester dans votre vie à Dieu en votre temple intérieur. La Fraternité pourra sur demande vous aider à raffiner ces désirs et à trouver un moyen pour en favoriser la manifestation dans votre vie actuelle.

5

Comment puis-je surmonter mes peurs, mes incertitudes et tous mes doutes à propos de Dieu?

Ouvrez vos yeux à tout ce que vous pourriez accueillir en votre âme pour faire en sorte que vos rêves se réalisent. Associez-vous en toute confiance avec la Fraternité de Dieu afin de connaître votre potentiel. Nous n'attendons qu'un appel de vous pour vous apporter notre aide, notre encouragement, et vous donner le canal de vérité pour accéder à la Conscience divine. Voilà l'engagement que nous prenons envers vous - de nous unir à vous lorsque vous nous y inviterez, de vous apporter la meilleure vérité dont nous disposons, de vous donner la chance d'être la personne que vous voulez être en cette vie.

L'esprit de la Fraternité qui me conseillait débuta ainsi le chapitre 5. Les mots de ce chapitre me vinrent en un grand torrent d'exaltation, se déversant si rapidement à travers mon esprit et mes doigts qu'il me fallut une profonde concentration pour ne rien en perdre.

Il y a définitivement beaucoup trop d'attention accordée au Dieu que certains rendent responsable de tous leurs malheurs. Ils disent qu'ils ne prient pas de la bonne manière, peut-être. Puis ils affirment que Dieu décharge Sa colère sur eux, ou que Dieu les prive de ce qui est bon pour eux afin de leur enseigner de grandes leçons. Ce Dieu inventé n'existe absolument pas. Ce n'est rien de plus qu'une idée complètement fausse.

Alliez-vous à la Fraternité pour apprendre une nouvelle façon de penser. Dieu est Celui en qui vous placez tous vos espoirs lorsque vous L'appelez le Père, Celui qui nous aime tous. Ce Dieu, Celui dont nous parlons en ce moment, nous donne le pouvoir de devenir semblables à Lui.

Mais beaucoup se détournent de ce concept parce qu'ils pensent toujours de façon négative à Dieu. Chaque jour ils le saluent en disant : « Oh! mon Dieu, Créateur du ciel et de la terre, je t'en prie, écoute le pécheur que je suis. Même si j'ai péché contre Toi, s'il te plaît pardonne-moi. » Ils s'agenouillent, s'assoient ou se tiennent debout en inclinant la tête dans une attitude d'abjecte humiliation. Jamais n'élèvent-ils la tête pour entrer en réelle communion avec ce Dieu à qui ils adressent leurs prières. Ils pensent à Sa grandeur et ils pensent à leur propre pauvreté d'esprit. Puis ils attendent de recevoir Ses grâces.

Ils ne recevront que fort peu de grâces car ceux qui se tiennent ainsi, la tête inclinée, ne se considèrent pas dignes des grâces de Dieu. Ils ne peuvent croire que Dieu les aime. Ils pensent devoir se présenter devant la présence divine en rampant jusqu'à Lui, et ils croient que Dieu sera heureux de voir leur attitude d'humilité. Mais la véritable humilité ne tient pas à cette posture extérieure. C'est ce qui se passe à l'intérieur de soi qui compte.

Ne vous présentez jamais devant Dieu, quelles que soient vos pensées à Son égard, comme une personne malhonnête qui tente de Le duper avec une attitude d'humilité qui pourrait impressionner d'autres personnes. Dieu veut que votre honnêteté s'exprime, peu importe ce qu'elle est. Présentez-vous donc devant lui sans aucune pensée de mensonge, ce qui pourrait aisément se comparer aux rites sacrificiels d'antan. Notre Dieu ne veut pas de tels sacrifices. Abraham croyait à cette idée, mais il a appris que Dieu n'attend pas une telle chose de nous. Exprimez-vous donc tel que vous êtes. Soyez la personne que vous êtes réellement lorsque vous allez vers Dieu. Soyez honnête.

Dieu peut alors vous prendre tel que vous êtes et travailler à travers vous et avec vous. Faites équipe avec la Fraternité pour mettre en pratique toute la force de cette idée. Nous vous aiderons à capter la vérité qui entrera en votre esprit pour vous aider à devenir la personne semblable à Dieu que vous voulez être.

Je mentionnai qu'il est dit dans la Bible que nous devrions nous agenouiller devant Dieu. Il y est également dit que nous devons nous confesser de nos péchés afin d'en être purifiés. Voici leur commentaire à ce sujet.

On retrouve ici et là tout au long de la Bible des

explications sur l'humilité, et il est dit que les gens devraient faire ceci et cela afin de devenir le peuple de Dieu. La Bible décrit de maintes façons différentes comment s'approcher de Dieu parce que les gens ont eu diverses expériences personnelles, et les auteurs les ont décrites en estimant qu'elles étaient bonnes pour tout le monde. Mais la chose que nous répétons sans cesse est que les gens doivent trouver leur propre façon de communier avec Dieu. Cela aussi se trouve dans la Bible. Mais beaucoup croient qu'il y a une marche à suivre universelle qui doit être respectée.

Au lieu de cela, nous disons qu'il doit y avoir une reconnaissance du fait que Dieu EST. Et c'est tout. La personne doit ensuite être absolument honnête lorsqu'elle s'adresse à Dieu. Dieu connaît vos pensées, vos sentiments intérieurs, alors pourquoi essayer de jouer les imposteurs en accomplissant des rituels auxquels vous ne croyez pas vraiment?

Je m'interrogeai sur le sens du mot "vérité". Voici l'explication que donne la Fraternité à propos de la vérité, ce qu'elle est et comment on peut la distinguer.

La vérité dont vous parlez est difficile à expliquer ici. La vérité varie d'une personne à l'autre parce que les choses auxquelles nous croyons de tout coeur ont tendance à être notre vérité. Par conséquent, comment sait-on ce qu'est la vérité? On fait des guerres, vous savez, à propos de la vérité. Pour comprendre correctement le mot vérité, il nous faut donc reconnaître que la vérité varie selon la personne qui l'exprime.

La vérité absolue est celle que le Dieu de l'univers fait connaître à chaque individu, la vérité qui aidera une personne à exprimer au cours de sa vie un schéma de croissance individuelle. C'est de cette façon que les gens évoluent. C'est ainsi que la personne lisant ceci grandit - grâce à la vérité que Dieu lui communique.

Prenez la personne qui écrit ce livre, par exemple. Cette personne, Mme Jean Foster, s'en remettra à un moment ou l'autre à la vérité qu'elle a apprise durant le temps où elle a vécu sur terre. L'auteure accorde son attention à la vérité qu'elle a apprise dans des groupes d'étude, avec les Églises qui prêchent la vérité, dans des livres exprimant la vérité. Elle est donc remplie de vérités. Mais elle ne connaît rien de sa propre vérité, de la vérité qui prospère en sa propre âme, à moins que cette vérité ne vienne à elle par l'entremise de la Conscience divine. Comprenez-vous maintenant ce qu'est la vérité?

Je répondis que je disposais apparemment d'une généreuse réserve d'informations au sujet de la vérité, mais que ce n'était que tout récemment que j'avais commencé à apprendre la vérité s'appliquant à la croissance de ma propre âme. La Fraternité poursuivit.

Nous avons le sentiment qu'il en est de même pour le lecteur. Le lecteur lit ce livre pour apprendre la vérité. Mais au lieu de cela, il apprend qu'il n'existe pas de vérité absolue provenant de sources extérieures. La vérité absolue n'existe que dans l'être intérieur, ce moi spirituel qui est pour chacun de vous la seule réalité.

Pour connaître la vérité, il est donc absolument nécessaire de s'adresser à Dieu qui détient votre propre vérité et qui vous la communiquera sur simple demande de votre part. Faites équipe avec la Fraternité de Dieu pour unir votre esprit avec la Conscience divine.

Une fois encore la Fraternité expliqua qu'elle peut accomplir cela pour nous « parce nous avons cette éternelle équipe de Frères qui veulent nous offrir leur collaboration pour vous aider. »

Nous vous donnerons la vérité qui vous orientera vers ce qui est bon pour vous. Mais ce qui compte le plus, c'est que nous viendrons à votre aide lorsque vous nous le demanderez, et nous vous donnerons la possibilité de vous servir de notre grande évolution pour votre propre croissance.

N'entretenez jamais de doutes à notre égard, car vos doutes ne pourront qu'engendrer d'autres doutes qui vous empêcheront de réaliser les désirs de votre coeur. Ils ne vous apprendront rien, car ils ne feront que soulever encore plus de doutes.

Intriguée par ces paroles au sujet du doute, je rappelai à la Fraternité qu'un précédent paragraphe disait qu'il nous fallait être honnêtes. Par conséquent, si nous soumettons nos doutes à notre conseiller, ne faisons-nous alors pas tout simplement preuve d'honnêteté? Leur réponse arriva rapidement.

Le doute vous apprend qu'il y a matière à douter. C'est ce que nous disons. Il n'y a pas moyen pour nous de surmonter le doute pour atteindre votre esprit à moins que vous n'arriviez d'abord à vous débarrasser des doutes qui vous assaillent.

Je demandai si le doute est le plus grand obstacle à surmonter avant que les gens ne se décident à demander l'aide de la Fraternité. Ils eurent recours dans leur réponse à l'une de leurs merveilleuses métaphores.

Cette équipe viendra à vous lorsque vous le demanderez, et ce même si vous avez un doute. Cependant, le doute est comme un brouillard matinal. Le brouillard est très dense et vous ne pouvez rien distinguer. Le doute est pareil à cela. Il n'y a pas moyen de percevoir, à travers ce doute, la grandeur que vous pouvez atteindre.

J'insistai à nouveau en faisant remarquer que c'est facile pour eux de dire qu'il nous faut nous débarrasser de nos doutes, mais comment au juste sommes-nous censés y parvenir?

Il ne sera pas possible de progresser si vous conservez des doutes. Si un doute s'élève dans votre esprit, vous pouvez tout simplement le connaître pour ce qu'il est, c'est-à-dire la même chose qu'un brouillard matinal. On peut savoir que le brouillard présent en son esprit va se lever. Pour comprendre ceci, servons-nous d'un exemple. Lorsque vous conduisez une voiture pour vous rendre au travail et qu'il y a du brouillard, n'allumez-vous pas vos phares et ne continuez-vous pas de toute façon à avancer à vitesse réduite. Ou bien vous dites-vous que vous n'avez aucune chance de pouvoir vous rendre au travail et demeurez-vous alors simplement à la maison?

Pour faire le parallèle entre cet exemple du brouillard et le doute, vous pouvez facilement voir, que pour aller de l'avant dans cette grande quête de vérité, vous devez avancer même si vous avez un doute. L'essentiel cependant est que le doute ne doive pas vous empêcher de vous rendre à destination, c'est-à-dire de trouver votre vérité personnelle, et ce pas plus que le brouillard ne vous empêche de vous rendre au travail. Vous savez que le brouillard va se lever. Et il doit donc y avoir cette même confiance déterminée que les doutes finiront par se dissiper.

Alliez-vous à la Fraternité pour faire disparaître tous les doutes, car plus vous mettrez votre détermination en pratique, plus vos doutes s'évanouiront. Vous ferez alors la démonstration de cette vérité personnelle dans votre vie et vous saurez que Dieu est tout ce que vous espérez qu'Il soit. Entrez dans votre temple intérieur. Invitez la Fraternité à y entrer également. Faites de nous votre confident. Soyez honnête.

Pour aider à faire en sorte que ce point soit clair en ce qui concerne la collaboration avec la Fraternité de Dieu, je leur demandai un exemple de quelqu'un à qui ce qu'ils expliquent est arrivé.

Nous connaissons une personne qui est venue vers nous avec ce genre de doutes à l'esprit, mais qui était néanmoins déterminée à découvrir sa vérité personnelle. Collaborant avec nous au meilleur de ses capacités, en dépit de ce doute initial, elle se mit à entendre la vérité qui était parfaitement adaptée pour elle. Sa vie commença à prendre un tournant vers le genre de vie qu'elle avait toujours voulu. Elle devint le genre de personne qui a la maîtrise de sa vie parce qu'elle mit en pratique la vérité qu'elle entendait.

Ses doutes s'évanouirent simplement jusqu'à disparaître complètement. Il ne restait plus que la pure énergie de Dieu - et c'est tout. Aucun doute ne subsista comme elle commença à le démontrer. C'est ce qui se produira pour vous à mesure que vous vous exercerez à entrer dans le temple en même temps que nous qui faisons équipe avec vous pour que votre vérité vienne à vous.

« Plus de vérités ont été exprimées aujourd'hui que la plupart des gens ne peuvent en entendre au cours de toute leur existence », *affirma mon interlocuteur de la Fraternité en référence à ce chapitre.*

Aujourd'hui, nous avons amené le lecteur au coeur de la vérité, jusqu'à l'entité à laquelle les gens pensent lorsqu'ils pensent à Dieu. Bien sûr, cette entité entre dans un esprit pour devenir ce que chaque personne pense que Dieu est.

Cette entité que les gens conçoivent comme étant

Dieu n'est évidemment qu'un concept partiel, car personne ne peut englober Dieu dans Son ensemble. Dieu est plus que tout être humain pourra jamais arriver à concevoir. Il est illimité. Qui est capable de concevoir un concept illimité? Qui peut concevoir un Dieu illimité entrant en son esprit. C'est bien sûr la conception que les gens s'en font qui change à mesure qu'ils évoluent.

Cette croissance dont nous parlons est celle qui touche notre moi spirituel. Cet esprit que nous sommes en réalité puise sa croissance du sein de Dieu qui offre à chacun la vérité dont il a besoin. Lorsque nous mettons cette vérité en pratique dans notre vie, la croissance survient alors. C'est là une merveilleuse vérité à comprendre. Acceptez cette vérité dans votre vie et vous cesserez alors de gâcher votre existence.

Gâcher sa vie est une lugubre et triste expérience, car lorsque vous viendrez sur cet autre plan d'existence, vous ne verrez plus alors les choses qu'à partir de la perspective de l'esprit. Vous passerez en revue votre vie terrestre et vous comprendrez que vous avez accepté la vérité émanant de la Conscience divine pour devenir celui ou celle que vous espériez être, ou sinon que vous avez refusé la vérité de la Conscience divine pour devenir une personne inférieure.

Vous êtes maintenant prêt à entrer dans la prochaine phase de vérité. En entrant en contact avec la vérité de la Conscience divine par l'intermédiaire de ce canal, collaborant de ce fait avec nous, vous recevez la vérité personnelle qui vous est tout spécialement destinée et que vous seul êtes en mesure d'utiliser pour favoriser votre croissance. Faites une place à cette vérité en votre coeur et en votre esprit. En entrant en vous, elle donnera naissance à de nouvelles pensées et à de nouveaux besoins que vous pourrez confier à la Fraternité.

Votre temple intérieur sera le lieu de rencontre où nous amènerons la vérité en votre esprit. Soyez réceptif à notre message ici. Soyez réceptif à notre aide. Prenez ce cadeau que nous vous offrons, ce canal ouvert que nous pouvons bâtir à partir de votre esprit jusqu'à la Conscience divine. Alors, nous serons de véritables partenaires.

Ce cadeau, cette bonne nouvelle que nous vous

apportons, c'est que nous pouvons vous amener la vérité de la Conscience divine. Ce cadeau n'est pas emballé dans du papier qui sera déchiré et jeté aux rebuts. Il n'est pas placé dans un beau vase ou une image attrayante. Ces objets ont leur valeur, mais ils ne peuvent satisfaire à tout jamais aux besoins de l'âme. Le cadeau que nous vous apportons se fraye un chemin à travers votre esprit, à travers votre moi spirituel, grâce au pouvoir divin que nous employons.

Ce cadeau est notre propre croissance qui se fait en votre faveur. Nous sommes doués pour le travail que nous faisons avec le Frère des Frères, Jésus. Nous savons comment vous donner l'aide dont vous avez besoin pour faire de cette existence tout ce que vous désirez qu'elle soit. Par conséquent, acceptez sans la moindre crainte notre cadeau, sans penser à ce qu'il coûte. Il n'y a aucune idée de générosité ici. Ce cadeau est donné simplement parce qu'il doit l'être. Nous voulons que cette pensée soit bien comprise. Il ne s'agit pas de générosité!

Ce cadeau est le moyen pour nous de servir Dieu qui fait évoluer nos propres esprits à des niveaux d'expression toujours plus élevés. De cette façon, le Dieu de l'univers nous enseigne simultanément à tous - à vous dans le travail d'équipe que nous vous apportons, et à nous dans le don de nos concepts du Dieu de l'univers. Votre croissance se fait en recevant, et la nôtre se fait en donnant. Nous y gagnons tous. Acceptez de travailler avec nous, comprenez cette collaboration qui vous mène à la communion avec Dieu.

Pensez à ce message, à cette compréhension selon laquelle notre travail avec vous est pour vous le meilleur moyen de faire la démonstration de la vérité divine dans votre vie. Cette compréhension vous permettra de vous aligner plus rapidement avec notre travail d'équipe que si vous mainteniez cette idée à distance pendant son étude. Videz-vous de l'ancienne vérité et ouvrez-vous à la nouvelle vérité. Cette action de donner et de recevoir la vérité évacue l'ancienne vérité qui s'écoulera ainsi hors de vous comme l'eau s'écoule du toit lorsqu'il pleut.

De cette façon, vous ne serez pas perturbé lorsque votre vérité personnelle entrera en vous. Ce sera la magnifique entrée de la vérité qui écartera l'ancienne vérité pour devenir la source de la nouvelle croissance en votre esprit. Cette nouvelle croissance est le reflet de la nouvelle personne que vous êtes réellement devenue, et non de la personne que vous étiez auparavant. Alignez votre pensée avec cette idée d'une nouvelle vérité et l'élimination de l'ancienne vérité. La vérité que votre âme attend pourra ainsi rapidement entrer en vous et s'intégrer à votre perception des choses.

Afin de vous permettre de mieux comprendre la vérité dont nous parlons, prenez la vérité de cette auteur qui a favorisé la croissance de son esprit. Cette auteur a en elle la vérité personnelle que nous avons aidé à faire entrer par l'entremise de la Conscience divine grâce à ces écrits. Cette vérité lui a permis de comprendre qu'elle est l'entité qui a fait sa ré-entrée dans la vie terrestre via un corps d'adulte. Elle s'est alliée avec nous pour parvenir à atteindre ses objectifs au cours de cette existence.

Il n'y a pas lieu de s'étonner du fait qu'elle soit entrée ainsi dans la vie car il y en a beaucoup qui le font. Peut-être est-ce votre cas lecteur, peut-être vous êtes-vous incarné dans un corps d'adulte. Personne n'ira penser que cette personne, cette auteure soit une autre que celle qui est née dans ce corps, puisque son corps est toujours le même, ses souvenirs sont identiques, et ses responsabilités sont les mêmes. Même ses amours demeurent inchangés. L'expression extérieure de Jean Foster n'a pas changé, mais elle a considérablement changé en son être intérieur. En raison de l'entrée de son esprit en ce corps, elle est devenue l'auteure qui fait maintenant partie de ce travail d'équipe.

Il est vrai qu'il y a environ six ans ma vie a subi un changement. Ma santé s'est peu à peu améliorée et ma joie de vivre s'est accrue. Les situations qui posaient problème pour moi se sont résolues d'elles-mêmes parce que je les ai abordées avec une détermination renouvelée. Je me suis libérée des sentiments et des attachements qui me liaient au passé, et je me suis mise à la recherche de nouveaux moyens d'exprimer mon intérêt grandissant à mener une vie d'abondance. Je peux difficilement trouver les mots pour exprimer le changement survenu, et rien ne me laissait douter qu'une nouvelle âme habitait mon corps. Mon mari ne s'en était pas rendu compte lui non plus. Je sais seulement qu'un jour je me suis soudain sentie plus forte, avec un meilleur contrôle sur moi-même. Ce ne fut pas avant le début de ma collaboration avec la Fraternité pour la rédaction de notre premier livre que j'appris que ce changement d'âme s'était produit.

Ne vous laissez jamais inquiéter par la perspective qu'une nouvelle entité spirituelle ne perturbe le corps ou la vie des gens. L'entité qui écrit ces lignes a simplement pris la place du précédent esprit, mais elle a continué à assumer les mêmes responsabilités. Il y a eu un changement, certes. En premier lieu, ce nouvel esprit a grandement amélioré la santé de ce corps, et cette entité intègre la vérité dans sa vie pour lui amener la paix ainsi qu'aux personnes de son entourage. Cet esprit s'est ensuite occupé du projet de vérité auquel il est venu se consacrer, à savoir la rédaction de cette série de livre.

Dans le premier livre intitulé 'Connexion avec la Conscience divine', la Fraternité expliquait ce transfert d'âmes. On y expliquait que lorsqu'une personne a le sentiment d'avoir atteint les objectifs qu'elle s'était fixés pour cette vie, il est alors possible de se retirer dans l'autre plan d'existence et de remettre le corps à un autre esprit. Ils comparaient ce don du corps au don d'organes que l'on autorise à la mort afin que quelqu'un d'autre puisse en profiter. Ils affirmaient que le fait d'accepter de donner délibérément son corps était mieux que de se suicider, car ainsi le corps n'était pas inutilement perdu. Tout ce que vous avez à faire, expliquaient-ils, c'est d'informer la Fraternité que vous êtes prêt à abandonner votre corps à un autre esprit. Si ce changement est bon pour vous au plan spirituel, l'échange pourra alors parfois se produire durant votre sommeil.

Avais-je explicitement demandé que cette échange se produise? Non, mais Dieu avait entendu mes appels à l'aide. Le moi spirituel de mon corps était désespéré, et la vie ne lui semblait plus valoir la peine d'être vécue. Selon la Fraternité, je me suis étendue un jour pour faire une sieste, et à mon réveil, l'échange était fait. Lorsqu'on me parla de cet échange, cela me sembla presque incroyable. Pourtant, je savais que, sous bien des rapports, j'étais une "nouvelle" personne, et je n'avais même pas été capable de m'expliquer ces changements. J'acceptai donc leur explication, tout comme j'accepte de croire que l'ancienne propriétaire de ce corps est heureuse de cet échange et applaudit à mes efforts. Elle continue à faire sa vie, me dit-on, même si elle apporte toujours son aide à Carl - son/mon mari. Je n'éprouve aucune jalousie à son sujet. Seulement un sentiment de tendre coopération.

Chaque personne qui nous invite trouvera rapidement un moyen de s'allier à nous pour recevoir la vérité de Dieu. Cette vérité n'entre pas en vous pour prendre le contrôle de votre vie, mais pour l'enrichir. La vérité ne vous sera jamais imposée. Il n'y a aucune raison de craindre de s'aligner avec la vérité de Dieu. Il n'y aura que de bonnes choses qui arriveront dans votre vie, et la vérité qui vous sortira de l'esclavage de l'incroyance pour vous amener à la liberté de la croyance. Autrement dit, au lieu de vous contenter des vérités associées à la conscience terrestre, cet amalgame de vérités, de demi-vérités et de faussetés que l'humanité appelle vérité, vous recevrez la vérité de la Conscience divine, qui est une vérité personnelle tout spécialement conçue à l'intention de votre âme.

Alliez-vous à nous pour être le meilleur de vous-même. N'éprouvez aucune crainte à ce sujet. Insufflez du courage en votre coeur, et ouvrez votre esprit à cette vérité. En y mettant du coeur et de la conscience, vous donnerez naissance à cette nouvelle création, cette merveilleuse personne divine que vous êtes destinée à devenir.

Maintenant, prenez-nous au mot. Prenez ce moment pour être celui ou celle qui a confiance en la Fraternité au sein de laquelle et avec laquelle Jésus ?uvre. Faites équipe avec nous pour faire en sorte que la vérité que vous recevez puisse vous amener à une toute nouvelle façon de penser et de vivre. Faites équipe... faites équipe... faites équipe.

Stimulateurs de pensée

1. Quelles idées fausses au sujet de Dieu avez-vous dissipées? Quelles sont vos nouvelles perceptions des intentions divines?

2. Lorsque nous sommes honnêtes avec nous-mêmes, Dieu nous accepte tels que nous sommes et travaille avec nous. Notre absolue vérité divine personnelle nous est alors révélée. De quelle façon selon vous cette vérité est-elle soumise à votre attention? Quelle est votre responsabilité pour recevoir la vérité?

3. Les doutes nous empêchent d'obtenir la réalisation des désirs qui nous tiennent à coeur. Il n'y a pas moyen de discerner notre grandeur potentielle à travers le doute. Le doute peut se comparer à un brouillard matinal. Que savons-nous au sujet du brouillard qui nous aide à ne pas nous laisser arrêter par le doute?

4. La Fraternité est le bras de Dieu qui nous offre l'occasion de devenir la personne que nous voulons être plutôt que de retourner au plan spirituel après avoir gâché une vie. Grâce au travail d'équipe, Dieu nous enseigne à tous en même temps. Quel but la Fraternité poursuit-elle en faisant équipe avec nous? Qu'est-ce que l'expression "faire équipe" signifie pour vous?

Travail intérieur : Entrez dans votre temple intérieur. Invitez la Fraternité à y entrer également. L'expression "faire équipe" est le terme utilisé par la Fraternité pour désigner notre association. Soyez honnête avec ces conseillers. C'est la pratique quotidienne de notre collaboration avec la Fraternité qui nous permet de discerner l'absolue vérité. Plus nous nous y exerçons, plus notre communication s'affine et plus les doutes se dissipent permettant ainsi de mener à bien notre plan de vie. Faites équipe!

6

Je veux profiter au maximum de la vie, mais comment dois-je m'y prendre pour réaliser cet objectif?

Un matin alors que j'étais assise devant ma machine à écrire, prête à recevoir le texte de ce chapitre, mon esprit/conseiller de la Fraternité me fit comprendre que je n'étais pas prête. « Va dans ton temple, et calme ton esprit. »

Au bout d'un moment je leur demandai d'entrer. Immédiatement, ils me dirent de jeter au vent toutes mes pensées et tous mes sentiments négatifs. « Le vent », me dit le Frère, « les emportera au loin et Dieu les convertira en une fraîche énergie positive. » Je m'approchai d'une fenêtre dans mon temple qui donnait sur un panorama à vous couper le souffle.

Je jetai mentalement par la fenêtre ce qui me tracassait et le vent s'en empara et l'emmena au loin. Je ne savais pas que j'en avais autant à jeter. Il y avait des sacs entiers de choses - des paroles d'une autre personne, beaucoup de paroles. Je les vis s'envoler au vent à travers cette splendeur, et j'étais contente que Dieu puisse convertir ces déchets en une substance utile. Je ramassai même les quelques mots qui restaient sur le tapis avec un balai et je les rejetai à l'extérieur par la fenêtre.

Quels inestimables conseillers que ces esprits avancés! Libérée de ce fardeau, j'étais maintenant capable de recevoir l'information suivante.

Alliez-vous avec la Fraternité de Jésus-Christ pour entrer là où Dieu vous enseignera la vérité. Vos problèmes ne vous pèseront alors plus sur les épaules, le gigantesque outrage qui vous enserre dans son étau relâchera son emprise sur vous. Donnez-nous votre pensée pour devenir cette personne entière, ce potentiel que vous voulez devenir. Toute la grandeur de votre personnalité apparaîtra alors au grand jour, et vous développerez vos talents.

De nombreuses entités n'ont qu'une conception

limitée de Dieu. Elles croient que Dieu leur cachera la vérité parce qu'elles ne la méritent pas. Elles se considèrent indignes, et se soumettent à l'idée selon laquelle Dieu leur envoie des souffrances dans le seul but de les préparer à la noblesse. Quel bon Père céleste accepterait de faire ces choses?

Cette médiocre conception de Dieu fait que les gens se rendent, pour ainsi dire, à la porte mais ne l'ouvrent pas. Ils ne font que se tenir là dans l'espoir que Dieu la défoncera et s'emparera d'eux, mais ils ne saisissent jamais la poignée et n'ouvrent jamais la porte. Dieu les y attend pour les accueillir et leur donner les dons de l'esprit. Il nous semble incroyable à nous de la Fraternité que les gens n'ouvrent pas la porte pour recevoir les bienfaits de Dieu.

Faites partie de celles et ceux qui saisissent la poignée. Ouvrez la porte. Puis, si vous le demandez, la Fraternité, inspirée par Jésus, vous apportera l'aide dont vous avez besoin pour entrer en communication avec la Conscience divine. Joignez-vous à nous pour établir cette connexion avec la merveilleuse présence de Dieu. Faites équipe avec la Fraternité qui demeure ici comme le Conseiller, le Consolateur, l'Esprit Saint qui vous donnera tout ce dont vous avez besoin pour forger cette merveilleuse connexion avec la Conscience divine.

A ce point dans la transmission, on me présenta à un Frère qui se chargea de la suite de l'écriture pour donner certains renseignements spécifiques au sujet de la croissance spirituelle.

Pour vous aider à comprendre le travail de la Fraternité, unissez-vous à moi, l'entité spirituelle qui a vécu sur terre avec Jésus, le Frère des Frères. Mon nom à cette époque était Marc, le disciple de Jésus. Je désire expliquer comment fonctionne le canal permettant d'accéder à la Conscience divine.

Pour faire équipe avec la Fraternité, il vous faut avoir la pensée pure que la Fraternité existe réellement. Lorsque vous vous serez totalement identifié à cette idée, vous pourrez alors accepter la vérité que nous vous apportons par la voie du canal qui vous connecte à la Conscience divine.

La vérité qui se déverse en votre esprit provient

directement de la Conscience divine, et elle pénètre en vous pour vous aider dans votre croissance. Elle fait de vous une meilleure entité, capable alors de devenir un esprit puissant. Consentez à cette idée. Puis après l'avoir acceptée de tout votre coeur, vous pourrez alors chercher à comprendre de nouvelles vérités.

Harmonisez la vérité avec votre esprit en la faisant circuler dans la conscience de votre moi spirituel. Cette vérité se fusionnera à vous si vous travaillez pour qu'il en soit ainsi. Rejetez tout doute. Détournez-vous de l'ancienne vérité. Puis mettez cette nouvelle vérité dans votre âme où elle s'ancrera comme si elle avait toujours fait partie de vous. Maintenant vous êtes prêt à avancer plus loin dans votre recherche.

Tournez-vous vers le cadeau de vérité que nous vous offrons maintenant. Lorsque vous aurez fait entrer suffisamment de vérité en votre âme, vous pourrez collaborer avec le Dieu de l'univers pour établir votre propre canal. Et là, vous trouverez la compréhension qu'il vous faut pour relier ce canal directement à la Conscience divine. La Fraternité en sera ravie, car elle veut que vous deveniez un gradué et n'ayez ainsi plus besoin de son enseignement. Ils savent que lorsque vous parviendrez à créer votre propre canal d'accès à la Conscience divine, vous serez alors capable de voler de vos propres ailes. Ils pourront alors consacrer leur attention à d'autres personnes qui, tout comme vous auparavant, peuvent chercher de l'aide avec l'énergie du désespoir.

La croissance se produit parfois lentement, particulièrement si le doute persiste à miner la vérité. Mais la croissance peut aller très vite lorsque l'esprit et le coeur sont ouverts. Faire équipe avec cette Fraternité est la bonne chose à faire pour toutes celles et tous ceux qui se sentent mal à l'aise, hésitants et incertains. Quant aux personnes qui n'ont plus de doute mais qui croient avoir peut-être emprunté le mauvais chemin, nous tenons à les rassurer que tout est bien, que Dieu est bien Celui qu'Il dit être.

Comprenez qu'il est possible de forger votre propre canal. Vous comprenez maintenant le but spirituel que nous poursuivons ici - pour être Un avec Dieu, vous devez être en mesure de construire votre propre canal.

Je demandai à Marc quelle différence il y avait entre le fait de s'adresser directement à Dieu et celui de forger un canal d'accès à la Conscience divine. Voici ce qu'il a dit.

La différence est qu'en vous adressant directement à Dieu, vous dites à Dieu ce qui vous préoccupe, mais vous n'écoutez guère ce qu'Il a à vous dire. Or, lorsque vous accédez à la Conscience divine, vous vous attendez à entendre la vérité qui est la meilleure pour votre âme. Lorsque vous accédez à la Conscience divine, vous pouvez par exemple faire état de vos besoins, de vos buts, ou encore de vos espoirs et de vos rêves. Mais ce que vous recevez alors est la vérité dont votre âme a besoin pour faire en sorte que tout se passe bien dans votre vie en relation avec ces choses. Vous vous servez ensuite de la vérité absolue de Dieu, alors que vous adresser à Dieu comme vous le faisiez dans le passé ne fait que vous encourager à ne conserver qu'une vague notion de qui Il est.

Il y a une chose de plus à dire à ce sujet. Faire équipe avec la Fraternité est le moyen le plus sûr d'accéder à la Conscience divine pour débuter votre véritable travail. Vous savez alors que vous progressez lorsque vous pouvez vous-même établir ce canal. La Fraternité n'est nullement jalouse de vos nouvelles aptitudes. Au contraire, les membres de la Fraternité sont enchantés de votre progrès. Leur travail est favorisé lorsque vous faites des progrès.

Je demandai pour quelle raison Marc offrait ce message particulier. Peut-être cet esprit qui était jadis un disciple de Jésus a-t-il un savoir spécial?

La vérité particulière que j'apporte dans ce livre est la même vérité avec laquelle je travaille sur ce plan d'existence. Mon travail ici concerne les esprits qui font équipe avec la Fraternité pour obtenir de l'aide en vue de construire un canal entre la conscience individuelle et la Conscience divine. Ce travail se poursuit en permanence, mais lorsque la croissance des gens est suffisante, ils passent au niveau avancé de construction de leur propre canal. Puisque je fais ce travail, je peux observer leur croissance. Soyez vous-même une des entités qui progressent de cette façon.

L'entité qui écrit ce livre reçoit aujourd'hui la vérité

selon laquelle elle est maintenant prête à établir son propre canal d'accès direct à la Conscience divine. Elle a affirmé que cette idée n'était pas la meilleure qu'elle ait entendue jusqu'ici. Mais j'insistai pour dire qu'elle est prête. Sa réaction a donc été de hausser mentalement les épaules et de me dire qu'elle poursuivrait cet effort. Nous, de la Fraternité, pensons devoir parfois l'encourager à persévérer, mais comme elle écrit présentement ce livre, elle doit connaître ces expériences afin d'être mieux placée pour les décrire en peu de mots.

Acceptez maintenant d'aller de l'avant. Ce travail que nous faisons ici ensemble vous aidera à progresser bien au-delà de tout ce que vous pourriez imaginer. Alliez-vous à moi maintenant pour recevoir un message qui vous aidera à vous identifier avec la vérité que nous vous donnons ici.

Démontrez votre vérité
par Marc

Entrez dans votre temple où nous nous unirons pour vous amener la vérité de la Conscience divine. Consacrez-vous tout entier à la construction de ce canal, que ce soit avec notre aide ou comme maintenant par vous-même. Prenez ce moment pour vous y recueillir dans la solitude, pour réfléchir, et pour vous unir en esprit avec la Fraternité, avec la Conscience divine. Unissez-vous... Devenez Un avec la Fraternité, Un avec la pure force pensante de la Conscience divine.

Ne doutez jamais de l'existence de la Conscience divine. Cette merveilleuse Conscience s'adresse à vous nuit et jour pour vous dire la vérité dont vous avez besoin et que vous voulez connaître. Votre moi spirituel réclame à grands cris cette vérité absolue. Immergez-vous totalement dans cette aventure de communication directe avec la Conscience divine. Alliez-vous à ceux qui peuvent vous aider à vous identifier à cette idée selon laquelle la Conscience divine vous donnera toujours l'absolue vérité. Accordez à votre âme ce qu'elle réclame - la vérité qui l'aidera à évoluer.

Visualisez votre moi spirituel en train d'entrer dans votre temple intérieur pour y prendre plaisir à regarder ce que vous avez construit et décoré. Sentez-vous à votre place en cet endroit. Tournez la tête d'un côté et de l'autre pour admirer la beauté des lieux. Puis pénétrez-vous de l'idée que le Dieu de l'univers désire que vous, Son propre enfant, vous consentiez à vous adresser à la Conscience divine. Dirigez toute votre attention vers cette Conscience en adoptant cette attitude d'écoute attentive que procure le canal ouvert. La Fraternité vous aidera à établir ce canal, mais si vous êtes prêt à le faire, forgez-le vous-même.

Accordez votre attention à ce canal. C'est alors que le courant de pensée commencera à circuler. Peut-être avez-vous un crayon pour noter les pensées qui vous viennent. Vous disposez peut-être aussi d'une machine à écrire ou même d'un ordinateur que vous pouvez utiliser. Certains personnes peuvent entendre les pensées avec leurs oreilles intérieures et les répéter dans une enregistreuse. Nous vous conseillons d'utiliser cette méthode ou toute autre méthode qui fonctionnera pour vous. En notant ou en enregistrant ce que vous recevrez, vous pourrez ainsi y revenir, et alors les mots pourront vraiment se graver dans votre esprit.

Ce que je dis ici répond à votre besoin pratique de comprendre de quelle façon la vérité parvient jusqu'à vous et l'effet qu'elle a sur vous. Mais il y a plus encore. Unissez-vous à nous pour comprendre de quelle façon vous pouvez, une fois accomplie votre fusion avec la vérité, faire entrer l'énergie de Dieu dans votre être et la faire travailler pour vous. Cette énergie peut produire des pensées dans le monde physique.

Mais pour maîtriser cette énergie, il vous faut ajouter certaines choses à la croissance de votre propre esprit. Vous devez tout d'abord avoir la conviction que Dieu dispose d'une réserve illimitée de cette énergie. Puis vous devez croire en l'existence de cette réserve avec la même ferveur que vous croyez en l'existence du Dieu de l'univers. Vous en êtes maintenant venu à accepter ce concept illimité de Dieu, n'est-ce pas? Finalement, acceptez cette chose fort simple, à savoir l'idée que Dieu est la source de l'énergie qui produit tout ce que vous voyez. C'est la même énergie qui produit les idées, les ondes de pensée, et l'inspiration dont les gens peuvent se servir pour développer leurs talents.

Vous devez considérer avec grand soin le concept de

l'énergie et l'intégrer dans la fibre même de votre esprit. Autrement, vous ne pourrez faire la démonstration de cette vérité dans votre vie. Il ne vous saurait être possible d'utiliser une chose en laquelle vous ne croyez même pas. C'est un peu comme dans le cas de l'homme et de la femme qui s'aiment l'un l'autre. L'homme aime cette femme, mais elle ne peut accepter de croire qu'il l'aime vraiment. Il ne peut lui faire voir son amour, ni le peser ou le décrire convenablement. L'homme essaie à maintes reprises de le lui prouver, mais elle refuse de croire en son amour. Il s'ensuit que ces deux personnes, qui auraient pu être heureuses ensemble, se séparent. La femme n'a pas su croire avec assez de conviction à son amour pour que son esprit s'en imprègne complètement.

C'est la même situation qui se produit lorsque vous combinez la vérité relative à l'énergie de Dieu avec votre âme. Si vous refusez d'y croire, ou si vous insistez pour avoir une preuve visible, vous rejetez alors le meilleur cadeau que Dieu a à vous offrir. Il se tient là, prêt à vous offrir ce présent, et tout ce que vous avez à faire c'est de l'accepter. Pourquoi hésitez-vous?

Voilà le message que j'avais pour toi qui lis ceci. Telle est la bonne nouvelle que je voulais ajouter à ce chapitre. Ce texte qui ouvre vos yeux aux possibilités de démonstration est le meilleur que je puisse offrir. Mais aucune démonstration ne surviendra si vous ne pouvez accepter sans réserve mes paroles et les intégrer à votre âme.

C'est ainsi que Marc termina son message, et un nouveau messager me fut immédiatement présenté.

Prenez le temps à présent d'entendre notre bon frère, Hénoch, qui désire vous apporter le prochain message. Cet esprit était celui qui avait son propre temple sur terre, le temple grâce auquel il acquit un grand renom et une grande puissance. Mais il voulait plus que la puissance terrestre. Il voulait la puissance spirituelle. Hénoch consacra donc sa vie au Dieu qu'il connaissait à cette époque, à sa vérité telle qu'il la concevait alors. Et lorsqu'il s'allia ainsi de tout son être à ce Dieu, il fit l'expérience de nouvelles pensées et d'un nouveau bonheur. Il élargit alors sa conception de Dieu au Dieu illimité et tout-puissant qui ne devait plus lui inspirer aucune crainte, mais uniquement de l'amour. Ensuite il s'unit avec ceux qui lui parlaient à partir de cet autre plan d'existence pour lui enseigner que la vérité qu'il voulait connaître allait lui être révélée plus tard. Hénoch s'ouvrit à cette vérité pour devenir cet esprit puissant dont le seul désir ensuite fut de partager avec les gens cette compréhension qu'il avait désormais de Dieu. A présent, écoutez cet esprit.

La façon de devenir Un avec la vérité
par Hénoch

Pour devenir Un avec Dieu, il faut s'identifier au véritable moi, et non jouer le rôle de quelqu'un qui s'identifie au présent ordre social ou qui veut imposer son autorité aux autres. Pour vous apparenter à Dieu, vous devez renoncer au moi, ce qui veut dire renoncer aux pensées qui vous rattachent au mode de pensée de la conscience terrestre. Ce mode de pensée n'a qu'une valeur limitée parce qu'il ne durera pas assez longtemps pour vous permettre de trouver l'ultime satisfaction que vous recherchez.

Par conséquent, donnez vos nouvelles pensées au Dieu que vous connaissez, et puis laissez votre esprit s'ouvrir encore plus à la possibilité d'un Dieu encore plus grand. Ayez la conviction que ce Dieu plus vaste désire être votre partenaire. Accordez votre plus grande énergie à cette pensée. Alors il est assuré que vous serez allié avec le Dieu de l'univers.

Unissez-vous à Dieu, vous ne pouvez échouer. Vous connaîtrez alors la puissance, la grande joie, la merveilleuse liberté d'être et de faire tout ce que vous désirez. Pouvez-vous penser aussi grand que cela? Joignez-vous à moi qui fait partie de la Fraternité, et laissez-moi vous aider à ouvrir votre esprit. Donnez-moi votre meilleure pensée de Dieu. Voilà! Vous pensez que vous voulez en savoir plus? J'entends vos pensées. Comprenez que je connais votre désir de croissance.

Dites-moi le fond de votre pensée à propos de ce que vous voulez être et faire. Une fois de plus, entrez dans votre temple avec vos buts, vos rêves et l'ensemble de votre plan de croissance. Nous allons les examiner ensemble, vous et moi. Puis, je vais les élever jusqu'à Dieu par l'entremise du canal que je vous aiderai à forger jusqu'à la Conscience divine. Votre centre de vérité prendra alors ces buts et ces rêves sous sa responsabilité. Dès lors vous recevrez la vérité qui vous montrera comment les réaliser. Ne craignez pas cette procédure. Il doit y avoir une telle procédure pour que nous puissions bien nous comprendre.

Les gens ont besoin d'une procédure qu'ils peuvent comprendre. Se contenter de simplement penser que vous confierez vos buts à Dieu pourrait bien ne pas être suffisamment clair. « Comment fait-on cela?» pensez-vous. « Comment vais-je les élever? Dans un seau, dans un ascenseur? » Dieu sait combien il est difficile pour vous sur le plan terrestre de saisir des concepts abstraits. Il vous enseigne donc comment faire en ayant recours à ce Conseiller, à cette Fraternité. Tel est le message que j'avais pour vous.

Il y a neuf références à Hénoch dans L'Ancien Testament, dans la Genèse, et il y a quatre références à son sujet dans le Nouveau Testament. Hénoch fut nommé comme étant de la neuvième génération après Adam, et il fut le père de Mathusalem. Dans la lettre de Paul aux Hébreux, verset 11:5, il est fait mention d'Hénoch. « C'est à cause de sa foi qu'Hénoch a été enlevé sans avoir connu la mort : on ne le trouva plus parce que Dieu l'avait enlevé; mais l'Écriture dit qu'avant cet enlèvement il avait été agréable à Dieu. »

Prenant la suite du message d'Hénoch, mon esprit/conseiller régulier continua ainsi :

Alliez-vous à cette tonalité de la Fraternité, à cette tonalité de pensée pure. Accordez votre attention réfléchie à nos paroles ici. Unissez-vous... Le temps est venu maintenant pour vous de passer à l'action. Unissez-vous... Vous devez aujourd'hui franchir cette étape de croissance.

Lorsque vous offrez vos pensées à Dieu, la vérité dont vous avez besoin pénètre dans votre esprit. Cette vérité se fusionne ensuite à votre âme. Tel est le plan. Telle est la tendre vérité éternelle de Dieu.

Le fait de vous allier à nous vous donne du pouvoir puisque la Fraternité détient la clef de la croissance de votre âme. Nous comprenons votre besoin d'avoir un canal d'accès ouvert à la Conscience divine, et nous vous fournissons ce canal. Ensuite vous commencez à travailler à la croissance de l'âme. La vérité émanant de la Conscience divine entre en vous, et elle vous enseigne ensuite ce qu'elle veut que vous compreniez. Puis l'association que nous formons vous mène à la démonstration de ce nouveau pouvoir. Mettez de l'ordre dans vos pensées. Fixez-vous des objectifs. Amenez la pensée pure que vous projetez en votre esprit à produire les choses que vous désirez.

À présent, maintenez cette pensée dans sa réalité de la manière qui vous convient le mieux. L'énergie de l'univers que Dieu fera entrer en jeu pour vous transformera cette pensée en réalité. Pour certaines personnes, cela se produit beaucoup trop lentement, mais pour d'autres c'est tout le contraire. Le taux de transformation de la pensée en réalité n'est déterminé que par votre compréhension de la façon dont cette merveilleuse énergie fonctionne. Avec le temps et l'expérience, votre maîtrise de ce phénomène s'affirmera. Croyez en ce message, car sans une démonstration, il n'y aura guère d'espoir de vous inciter à lire le reste de ce livre, ou de vous faire comprendre d'autres vérités à venir.

Croyez en notre travail, le travail de la Fraternité et le travail de Dieu. Croyez aussi en notre capacité de mener à bien cette démonstration. Alliez-vous à nous pour que cela puisse se produire. Donnez-nous votre concentration totale. Tendez l'oreille à ce que nous disons, accordez-nous du temps, ouvrez-nous votre entité qui désire tellement s'unir à Dieu et manifester les bonnes pensées approuvées par Dieu.

Unissez-vous pour comprendre tout ce que ce chapitre vous a apporté. Ce chapitre n'a pas été facile, car son propos arrive sur la scène terrestre pour contredire ce que la plupart des gens voient dans leur expérience de vie. Mais souvenez-vous, cette présente vie terrestre n'est qu'une expérience parmi de nombreuses autres incarnations. Ce n'est pas la totalité de la vie. La totalité de la vie est l'expérience totale que votre moi spirituel a vécu depuis des éternités.

Nos pensées vous accompagneront tous alors que vous vous efforcerez de saisir ce que nous vous enseignons ici. Vous disposez de beaucoup plus d'aide que vous ne pouvez l'imaginer. Les esprits de Dieu sont en grand nombre de ce côté-ci, et ils savent comment vous aider. Vous allier à nous vous aidera à surmonter les obstacles, vous mènera au coeur de la démonstration, et vous permettra d'atteindre vos objectifs. Alors, unissez-vous sans plus tarder pour arriver à votre destination.

Stimulateurs de pensée

1. Lorsque nous allons vers la Conscience divine, nous obtenons la vérité de notre propre âme qui nous aide à bien réussir notre vie. La Fraternité nous offre un moyen sûr de contacter la Conscience divine pour commencer notre véritable travail. De quel bienfait et de quelle vérité issus de la Conscience divine faites-vous l'expérience dans votre vie?

2. Lorsque nous libérons notre esprit du fardeau des anciennes vérités et des vieux doutes, la vérité de la Conscience divine peut alors s'imprégner dans notre conscience profonde. Notre croissance est plus rapide lorsque notre esprit et notre coeur sont réceptifs. Comment pouvons-nous nous débarrasser du doute lorsqu'il surgit en notre esprit? Que faites-vous pour garder votre esprit et votre coeur ouverts à la Conscience divine?

3. L'énergie de Dieu est la même énergie qui produit des idées, des ondes de pensée et l'inspiration. Expliquez comment l'énergie divine procède pour manifester notre pensée en réalité. Que faut-il pour avoir la pleine maîtrise de cette énergie?

Travail intérieur : Alliez-vous à la Fraternité pour pénétrer dans l'endroit où vous recevrez votre vérité personnelle de la Conscience divine. Dieu se tient à la porte, prêt à vous donner Ses bienfaits. Il nous suffit d'ouvrir la porte. Invitez les assistants spirituels à vous conseiller sur la façon de recevoir votre vérité personnelle pour favoriser la croissance de votre âme au cours de cette existence.

Une croissance qui n'arrête jamais

7

J'accepte la vérité de Dieu. Que dois-je faire de plus pour que ma vie soit une réussite?

Au tout début de mes communications avec la Fraternité, le message que je recevais constamment était que "c'est la croissance qui compte avant tout". Cette affirmation me semblait juste. Je croyais en la nécessité de la croissance spirituelle. Mais pourquoi, me demandai-je, mes conseillers ne cessaient-ils pas de le répéter? J'en vins finalement à me rendre compte que la croissance exige beaucoup de travail spirituel. Au début, je pensais qu'il suffisait de l'accepter mentalement, mais la Fraternité m'enseigna que la croissance est un processus ininterrompu résultant des expériences personnelles. Même lorsque vous et moi intégrons en nous la vérité personnelle qui nous vient par l'entremise de la Conscience divine, nous devons la protéger et la cultiver. Autrement, la vérité de la conscience terrestre ralentit notre croissance.

Le message de la Fraternité surgit une fois de plus alors que nous entamions un nouveau chapitre.

La croissance qui ne cesse jamais se combinera à votre moi spirituel et fera de vous une nouvelle personne. Accordez-nous votre attention à ce sujet. La vérité qui vous parvient à travers le canal ouvert est votre vérité à vous et ne convient à personne d'autre. Il vous sera donc facile de la reconnaître. Vous identifier complètement avec cette vérité est votre premier objectif. L'apprivoiser la fera vôtre à tout jamais.

Votre croissance est sans limite tout comme Dieu l'est. Elle se poursuit sans fin, au-delà de votre présente vie terrestre et se continuera en d'autres vies. Cette croissance vous amène toujours plus loin dans la connaissance de la vérité jusqu'à ce que vous deveniez Un avec Dieu. Lorsque vous atteindrez cette unité, cette parfaite liberté d'expression, vous parviendrez au même point atteint par Jésus lorsqu'il était sur terre. Dirigez maintenant votre esprit vers nous tandis que nous examinons plus à fond ce concept.

La croissance spirituelle, qui est votre but, ne vous engagera pas dans rien que vous ne souhaiteriez pas vivre. Au contraire, elle vous empêchera de gâcher votre vie à ne vous occuper que de la vérité issue de la conscience terrestre. Accordez votre attention, avec un esprit ouvert, au concept suivant.

Il y a une croissance spirituelle qui se produit, et il y a de la vérité qui se déverse sur vous mais qui ne s'implante pas nécessairement en vous. Ce livre, par exemple, peut avoir une influence sur votre vie par la vérité dont il abreuve votre âme. Mais si vous détournez votre esprit de cette vérité lorsqu'elle se présente à vous, celle-ci se dissipera dans l'énergie qui la porte. Vous devez donc comprendre qu'il vous faut tendre toute votre attention et votre intérêt sincère pour chaque fois capter cette vérité, et pas uniquement une seule fois.

Nous vous expliquerons quelle erreur vous êtes peut-être en train de commettre. La vérité de Dieu ne parviendra jamais jusqu'à votre âme si vous refusez de l'accepter au dernier moment. Ce refus vous empêchera de laisser les concepts de vérité parvenir jusqu'à votre être intérieur, votre centre de vérité où la croissance peut se produire.

L'histoire racontée dans le Nouveau Testament au sujet du reniement de Jésus par Pierre me vint à l'esprit. Je demandai si le reniement de Pierre pouvait se comparer à ce que nous faisons à l'égard de la vérité.

Le reniement dont vous parlez concernait le rejet par Pierre de la vérité que Jésus lui avait donnée. N'allez pas imaginer que Pierre comprenait tout ce qui se passait lorsque Jésus fut arrêté. Pierre était loyal, mais il était aussi un être humain qui avait peur. Au bout d'un certain temps Pierre corrigea son reniement et accepta la vérité de Jésus en son propre être. Toutefois, cette histoire n'a pas de rapport avec ce que nous disons ici au sujet de la vérité. Voici un exemple pour vous aider à comprendre la différence.

Jésus, l'enseignant, communiqua de vive voix la

vérité aux gens, et certains le crurent, d'autres pas. Mais la vérité dont nous parlons est celle qui a toujours été à la disposition des gens lorsqu'ils se tournent vers Dieu. Cette vérité se manifeste parfois sous une forme visible, parfois sous forme de sons et parfois elle est perçue intuitivement. Mais elle se manifeste toujours.

Même si la vérité a toujours été accessible pour les gens qui la cherchent, ils ne l'ont intégrée en leur esprit que dans une mesure limitée, sans plus. Tout ce que ce genre de pensée fait c'est d'inspirer de façon temporaire; ça ne débouche pas sur une croissance permanente de leur esprit.

Jésus nous a laissé une parabole sur la vérité tombant en sol infertile, n'est-ce-pas? Puis il a dit que cette vérité entrait dans l'esprit des gens, mais qu'elle ne produisait pas d'effet durable parce qu'ils n'en prenaient pas soin. Seuls les bons jardiniers, pour ainsi dire, profitaient des bienfaits de la vérité. C'est donc ce que nous vous disons maintenant, à vous, à votre être intérieur. La vérité, celle qui pénétrera tout au fond de votre âme et favorisera votre croissance, doit être invitée; elle doit être présentée à votre être intérieur, et il faut veiller à ce qu'elle s'implante bien en vous.

Ma question suivante concernait ce que vous et moi devons faire pour surveiller cette vérité. Voici la réponse obtenue.

Cette surveillance n'est pas aussi difficile que beaucoup se l'imaginent. La vérité que vous avez voulue et attendue se répand sur vous. Lorsque vous la comprenez, la vérité peut transformer du tout au tout l'ensemble de votre vie. Accepterez-vous cette transformation? Cultiverez-vous la vérité qui vous amènera de toute évidence à devoir renoncer à bien des choses pour en accepter de nouvelles? Cette vérité vous transformera jusqu'à la moelle. Accepterez-vous ces changements comme si de rien n'était?

Vous voyez maintenant ce que nous voulons dire lorsque nous vous disons que parfois la vérité n'a pas d'effet durable même si vous lui avez ouvert votre esprit. Personne qui veut connaître la vérité n'en sera privé. Mais celles et ceux qui acceptent la vérité et l'intègrent en permanence à leur croissance iront plus loin que tous les autres. Ils s'allieront à la Fraternité pour qu'on les aide à conserver et continuer à recevoir cette vérité en eux. Ils se libéreront de leurs doutes et de leurs peurs pour faire de la place pour cette nouvelle croissance. Ils affirment sans hésiter leur conviction que Dieu existe, que Jésus existe, et que son équipe de Frères/Conseillers existe.

Unissez-vous à la pensée que nous vous donnons ici, à défaut de quoi la vérité qui se déverse en votre être intérieur pourrait bien se répandre sur le sol et se disperser en tous sens. A présent, il vous faut comprendre. La Fraternité se dévoue sans compter pour vous aider à faire plus que simplement recevoir la vérité. Nous voulons vous faire comprendre que la vérité que vous laissez entrer en vous est celle qui vous fait évoluer, ce qui n'est pas le cas de celle que vous vous contentez d'entendre ou de lire.

Il y a un autre point important. Observez les aiguilles d'une horloge. Elles tournent avec une telle lenteur pour mesurer le temps, mais ces aiguilles sembleront se mettre à tourner à une allure folle si vous vous joignez à notre équipe. Cet exemple des aiguilles d'une horloge est un bon moyen de mieux vous montrer la puissance de notre énergie. La vérité n'est plus donnée en pure perte lorsque cela se produit. Le temps semble s'écouler à toute vitesse lorsque la puissante énergie de Dieu s'empare de vous.

Vous allez faire équipe avec cette énergie pour mieux profiter de la vie, pour devenir Un avec la vérité. Personne ne pourra vous arracher cette glorieuse vérité parce qu'elle fera partie de vous au même titre que la peau sur votre corps. Cette puissante vérité vous amènera à de nouvelles idées, à de nouveaux endroits, à une nouvelle énergie qui donnera un nouvel essor à votre vie ainsi que vous le souhaitez. Puis la vérité que vous porterez comme une seconde peau deviendra partie intégrante de votre âme et vous mènerez alors votre vie en accord avec cette vérité. Alliez-vous à nous pour faire entrer cette vérité que nous vous donnons.

Cette vérité que vous porterez comme une seconde peau deviendra, par l'usage que vous en ferez, une caractéristique permanente de votre âme. Ce n'est qu'alors que votre transformation se produira. Vous ne serez plus la même personne qui se contentait d'essayer de s'ouvrir à la vérité. Vous l'aurez alors complètement intégrée en vous.

A présent, accueillez une autre idée dans votre esprit. Conservez en vous l'idée de cette croissance accomplie. Vous êtes dorénavant une nouvelle personne, pourrait-on dire. Vous êtes prêt à vous adresser encore à la Conscience divine pour recevoir d'autres vérités personnelles. Dès lors, vous serez amené à considérer de nouvelles idées, de nouveaux concepts qui ne vous sont jamais venus à l'esprit auparavant. Une fois de plus, votre vie est bouleversée parce que toute nouvelle vérité nécessite une nouvelle transformation. Mais celle-ci n'est pas catastrophique. C'est elle qui stimule votre croissance. Voilà comment ça fonctionne, petit à petit.

La croissance de votre âme n'a jamais de fin. Elle se poursuit vers une croissance toujours plus grande. Puis, un jour vous devenez Un avec Dieu, et vous savez alors comment être le potentiel que Dieu vous avait toujours destiné à être. Nous parlons ici de votre être spirituel, et non du corps. Il n'est probablement pas possible pour vous de devenir tout ce que vous pouvez potentiellement être au cours de cette existence. Néanmoins, un plus grand nombre de bonnes choses que vous ne sauriez même imaginer vous arriveront au cours de cette vie lorsque vous accepterez la vérité selon laquelle nous vous aiderons à évoluer.

Les nouvelles personnes - celles qui accumulent une nouvelle croissance - expriment de façon tangible leur vérité parce qu'elles ne peuvent tout simplement faire autrement. Le besoin irrésistible de l'exprimer est là. Il n'est plus possible d'être la personne déprimée que vous étiez auparavant, celle dont le regard sur la vie était rempli de crainte face à ce qui pourrait se produire si vous faisiez ceci ou cela. Soyez la personne qu'il vous est possible d'être. Acceptez la vérité qui se présente à vous, celle qui vous permettra de réaliser la croissance dont vous avez besoin pour fonctionner dans cette vie avec toute la grandeur et toute l'énergie possibles.

N'hésitez pas à accomplir les tâches qui semblent impossibles aux autres. Soyez la personne que les autres disent qu'il n'est pas possible d'être. Mettez la vérité en pratique pour faire ce que les autres estiment être trop difficile ou impossible. Entrez dans la Fraternité pour faire équipe avec nous. Entrez dans le temple de votre être intérieur où nous vous aiderons à devenir invincible.

« La nouvelle croissance arrive à celles et ceux qui la cherchent.» Telle est la règle ou la loi inscrite dans le Livre des livres écrit par Dieu Lui-même. Les autres lois sont : « La nouvelle croissance doit être utilisée », et « Aucune personne à la recherche de Dieu ne se verra refuser l'accès à Dieu. »

Réfléchissez au concept de Dieu comme étant l'équipe qui joue le jeu. Vous observez le jeu de cette équipe pendant un moment, puis vous décidez que vous aimeriez y participer. Vous faites appel à nous pour vous entraîner en vue de devenir un bon joueur. Ainsi nous travaillons tous pour gagner la partie dont le but est de devenir Un avec Dieu. Ce concept est facile à comprendre, n'est-ce pas?

Ce Dieu merveilleux, qui oeuvre sans cesse pour le bien de l'équipe, fera de vous l'un des membres de Son équipe. Ne vous contentez pas de demeurer assis dans les gradins à regarder la partie. Faites plus que simplement applaudir au spectacle. Entrez dans la mêlée, pour ainsi dire, là où se passe l'action. Il y a une récompense qui vous y attend - la merveilleuse croissance dont vous bénéficierez. Cette croissance vous met sur la voie du but ultime de l'union avec le grand Dieu de l'univers qui est toute Bonté, toute Miséricorde, l'ultime Concept de ce qui est beau, meilleur et parfait.

Je vous en prie, méditez sur tout ce chapitre. Ensuite, nous pourrons passer à l'étape suivante, peu importe ce qu'elle sera. Ce que sera cette étape dépend d'où vous en êtes rendu dans votre développement spirituel. Mais où que vous soyez rendu, nous sommes là avec vous pour vous aider dans cette merveilleuse croissance qu'il n'en tient qu'à vous d'entreprendre.

Stimulateurs de pensée

1. La mise en oeuvre de notre plan de croissance spirituelle nous empêche de gâcher une existence. Notre plan de croissance nous fait cheminer vers une plus grande

vérité jusqu'à ce que nous devenions Un avec Dieu. Que signifie pour vous l'idée de "devenir Un avec Dieu"?

2. La vérité que nous acceptons en notre être détermine de quelle façon se déroule notre croissance spirituelle. Comment acceptez-vous la vérité en votre être? En quoi le fait d'accepter la vérité est-il différent de lire ou d'entendre des choses sur la vérité?

3. Souvenez-vous que la croissance est la finalité même de notre existence. Celles et ceux qui ont recours à la vérité connaissent une nouvelle croissance. La nouvelle croissance nécessite encore plus de vérité pour ne plus jamais être hésitant ou avoir peur de la vie. Quelle croissance avez-vous remarquée dans votre vie? Quelle nouvelle croissance voulez-vous intégrer dans votre vie?

Travail intérieur : On nous encourage à cultiver et protéger notre nouvelle vérité de la même façon qu'un jardinier entretient son jardin. La Fraternité sera là et nous aidera à cultiver notre nouvelle vérité, si elle y est invitée. Le temps que nous passons dans notre temple intérieur améliore notre lien avec la Conscience divine et prépare notre esprit à recevoir la vérité personnelle.

8

Y a-t-il un moyen de s'attirer de vrais amis et un(e) véritable partenaire de vie?

Trois vérités universelles, ayant toutes quelque chose à voir avec la tendresse, sont présentées dans ce chapitre. La tendresse, selon la Fraternité, est ce qui unit nos esprits à Dieu.

La première vérité nous présente un Dieu compatissant qui comprend et comble nos besoins. La seconde nous montre comment nous pouvons, durant notre vie sur terre, nous trouver des amis qui soient sur la même longueur d'onde que nous au plan spirituel. La troisième révèle un moyen pour déterminer quelle personne est à la fois notre véritable partenaire de vie et compatible avec nous.

Les informations relatives à la première vérité universelle proviennent d'un Frère qui tire ces notions de la lecture d'un ancien manuscrit écrit au temps où les Juifs étaient en route pour la Terre promise.

La vérité que nous présentons ici est la base de ce chapitre. Cette section sur la tendresse est destinée à rappeler aux gens que Dieu n'est pas un esprit distant et inaccessible flottant dans les cieux, loin des affaires pratiques de la vie terrestre. Dieu s'occupe des affaires des hommes et des femmes lorsqu'ils s'ouvrent à Lui.

Joignez-vous à nous pour apprendre comment ce Dieu de l'univers présentait cette grande vérité dans les premiers jours où il a commencé à l'enseigner. Dieu désire que Son peuple - celles et ceux qui consacrent leur esprit et leur temps à Sa vérité - s'ouvre aux grandes vérités qui le concernent. Il a donc écrit à ce sujet par l'entremise des hommes de l'époque. Ces messagers éclairés écrivaient fidèlement les notions que Dieu introduisait en leur esprit. Mais lorsque ces vérités furent communiquées à d'autres personnes, elles ne les considérèrent que comme des pensées intéressantes, et non comme des concepts à adopter et mettre en pratique. Cette vérité aidait les gens à comprendre que Dieu voulait qu'ils fassent partie de Sa famille. Mais ils pensèrent qu'ils étaient la seule et unique famille à laquelle Dieu songeait en disant cela. Ils ont tout mélangé, voyez-vous, et n'ont rien compris.

Nous devons maintenant aller au coeur de la question. Ouvrez votre esprit. Le Dieu de l'univers a donné Ses bienfaits aux gens vivant sur le plan terrestre. Ils n'ont pas compris ce qu'ils recevaient parce qu'ils pensaient que ce Dieu de l'univers était Celui qui se trouvait quelque part dans le ciel. Ils ne pouvaient concevoir que Dieu pouvait même s'intéresser à leurs problèmes de survie et à leurs difficultés pour arriver jusqu'à la Terre promise.

Voici ce que le Dieu de l'univers leur avait écrit :

« Acceptez le message que je vous transmets, Mes enfants bien-aimés, pour le faire entrer en votre coeur et votre esprit. Le Dieu que vous adorez est le même qui vous apporte la vérité dont vous avez besoin pour faire votre voyage jusqu'à la Terre promise. Cette vérité vous permettra d'accéder à l'espoir, aux bienfaits que j'ai préparés pour vous. Mais vous devez inscrire ces vérités en votre âme afin que vos actes soient en accord avec ce que je vous donne.

La vérité dont vous avez maintenant besoin est celle qui vous permettra de traverser sain et sauf cette période et d'entrer dans celle qui suivra. Cette vérité comblera tous vos espoirs et tous vos désirs en ce nouvel endroit. Alliez-vous à cette pensée, cette vérité, ce message que je vous apporte par l'intermédiaire de cet écrivain. Le but de toute cette vérité est de vous donner à tous le pouvoir dont vous avez besoin pour faire ce qui est bon pour vous.

Prêtez attention à Mes paroles, à Ma bonne vérité. Le Dieu que JE SUIS est le même que chacun de vous EST. Le Dieu que JE SUIS entre en chacun de vous pour s'unir à vous dans le but d'exprimer toute la profondeur de l'enseignement que je vous communique. Cette vérité vient à vous pour vous faire comprendre que nous habitons ensemble cette expression de vie, pour qu'ainsi vous sachiez que vous n'êtes pas seul. Par conséquent, alliez-vous à moi pour savoir que nous entreprenons d'entrer ensemble dans la

Terre promise.

Accordez maintenant votre attention à la vérité que les gens ont besoin de comprendre. Pour mener à bien cette grande entreprise commune, nous devons former ensemble une association qui débute maintenant et qui n'aura jamais de fin. Votre foi en Mes paroles est ce qui nous unit et cette union ne connaîtra pas de fin car notre relation sera indestructible.

Soyez maintenant réceptif à la prochaine idée que je vous présente. Acceptez la vérité tout entière, car le fait de tenter de vous limiter seulement à la première partie équivaudrait à faire de vous un chariot sans roues.Ce chariot n'ira nulle part. Mais avec les roues il pourra aller n'importe où. Acceptez dont toute cette vérité en votre être.

Donnez-moi votre coeur, vos émotions, votre tendresse, votre amour, votre grande affection. Ces émotions seront le gage d'une relation durable entre nous parce qu'elles témoignent d'une véritable amitié. Ainsi pourrez-vous avoir un ami éternel, un ami qui ne vous laissera jamais tomber, qui sera pour toujours à vos côtés. Cette vérité signifie que ces tendres sentiments seront désormais présents en vous. Il n'y aura plus de vide en vous, plus de désirs inassouvis, car je serai là. Voilà la promesse que je vous fais, à vous que j'aime. »

Les cyniques demanderont si cet ancien manuscrit fut écrit en anglais. Mon conseiller de la Fraternité donna l'explication suivante au sujet de la langue utilisée.

Le manuscrit fut écrit dans l'écriture couramment utilisée à cette époque. Ceux qui furent éduqués en Égypte mirent leurs talents à profit et ce sont eux qui ont transcrit les paroles sur les parchemins utilisés alors. Ces pensées furent formulées dans les termes utilisés en ce temps, mais ils n'auraient aucun sens pour vous. Nous avons donc repris la vérité véhiculée dans cette langue, sous forme de pensée, et cette auteure l'a écrite dans la seule langue qu'elle connaît, c'est-à-dire l'anglais. C'est toujours ainsi que nous procédons. Il n'existe pas de langues sur ce plan, il n'y a que la pensée. Il est difficile de vous expliquer comment fonctionne ici la communication lorsque vous vivez sur le plan terrestre, mais lorsque vous vous unirez à nous au niveau personnel, nous vous amènerons la vérité de la Conscience divine sous la forme de pensées.

Alliez-vous à nous pour savoir que Dieu avait l'intention de vous communiquer ces vérités depuis le début de Sa relation avec l'humanité, qui a transformé ces vérités pour les adapter à d'autres. Par conséquent, beaucoup d'idées n'émanant pas de Dieu se glissèrent dans le livre du Pentateuque (les cinq premiers livres de l'Ancien Testament), et c'est ainsi que commença une série d'erreurs dans la pensée humaine.

Ces vérités sont importantes, car beaucoup de celles et ceux qui comme vous lisent ce livre les reconnaissent comme étant celles que Dieu vous confie maintenant ou celles qu'il vous a communiquées dans une vie passée. Vous réagissez donc à cette vérité avec l'ensemble de votre être. Ces grandes vérités sont plus importantes que ce que nous seuls pourrions vous apporter. Vous devez savoir qu'elles vous parviennent par l'entremise de cette auteure à qui nous lisons ce manuscrit. Ouvrez votre coeur à cette vérité, cher lecteur. Ces vérités sont les vérités éternelles qui transformeront votre vie sur terre et celle de beaucoup de gens.

Les vérités qui vous permettent de découvrir vos vrais amis et votre véritable partenaire émanent de la Conscience divine pour vous aider à vivre votre vie dans le plus grand bonheur. La vérité selon laquelle Dieu se soucie de votre bien-être est le message central de ce chapitre. Le Dieu de l'univers, dans sa toute-puissance, s'occupera de vos besoins individuels pour vous aider à prospérer sur tous les plans. Tel est le miracle qui s'offre à vous, si les miracles vous intéressent. Le Dieu de l'univers, dont c'est la responsabilité de prendre soin de l'ensemble de l'univers, se préoccupe de votre bien-être et de celui de tous les autres.

Vous désirez tous entrer en contact avec des gens qui vous feront prospérer dans votre vie. En apprenant à vous servir de l'énergie universelle, vous saurez comment aller à la rencontre des gens qu'il vous faut connaître. Ils vous trouveront irrésistible lorsque vous accepterez cette vérité et la mettrez en pratique.

Il n'y a aucun moyen pour vous de savoir au premier coup d'oeil quelle personne est sur la même tonalité ou a le même pattern d'énergie que vous. Toutefois, en acceptant cette vérité que nous vous donnons maintenant, vous pourrez immédiatement voir quelle est cette tonalité. Ouvrez donc votre esprit à cette merveilleuse vérité.

La tonalité que vous possédez est unique. Elle peut cependant se combiner avec d'autres tonalités qui ont certaines tensions similaires. Mais il est difficile de juger à partir de votre perspective quelles personnes possèdent une tonalité se combinant bien avec la vôtre. Ouvrez votre coeur à ce message. Faites maintenant entrer en votre esprit l'énergie venant de la Conscience divine. Dites-vous que vous êtes un esprit, car c'est bien ce que vous êtes en réalité. Puis soyez dans la tonalité en considérant votre propre pensée personnelle, celle que vous présentez aux autres. Quelle est cette pensée? Collaborez maintenant avec celle-ci. Laissez votre esprit coopérer.

A présent, examinez la pensée qui vous traverse normalement l'esprit lorsque vous faites la rencontre d'autres personnes, soit par exemple celles que vous connaissez bien ou encore celles que vous rencontrez pour la première fois. Pour ce faire, pensez à l'une de ces personnes que vous connaissez. Puis conservez la pensée qui vous vient à l'esprit en relation avec cette personne.

Donnez votre pensée à la personne en question. Puis attendez. Au bout d'un moment, mentionnez le nom de cette personne. Donnez ce message à la personne comme si elle se tenait devant vous. « Allie-toi avec moi, (son nom), pour être l'ami que je veux avoir et dont j'ai besoin dans ma vie. » Ensuite, prenez mentalement la main de cette personne et attendez. A présent, prenez cette image que vous avez de la personne et laissez-la se charger d'énergie en concentrant toute votre pensée sur cette image.

Ce procédé est un peu comme de prendre une photo avec un appareil-photo, sauf que votre temple privé sert de pièce de développement. La photo est prise avec vos yeux spirituels, ceux qui voient plus clairs que les yeux du corps. La photo est prise, conservée dans votre esprit, puis elle est chargée d'énergie par Dieu, et ensuite développée. Lorsque vous voyez finalement l'image apparaître, prenez-la dans vos mains. Cette photo est la véritable image de la personne que vous pensez peut-être aimer avoir comme amie.

La photo que vous tenez dans votre main ne représente pas seulement des traits distinctifs corporels. Vous voyez donc clairement cette personne, et non une image que la conscience terrestre développe. Alliez-vous à nous maintenant pour savoir si vous désirez vraiment être l'ami de cette personne. Pour vous fusionner avec notre vérité, ouvrez maintenant votre esprit. Travaillez avec nous. Identifiez-vous à la vérité que nous vous apportons. Voilà comment procéder pour savoir s'il est possible ou non que cette personne devienne le ou la véritable ami(e) que vous recherchez.

La conscience terrestre vous dira de vous lier d'amitié avec toutes sortes de personnes, mais la Conscience divine vous dira de ne vous lier qu'avec les personnes qui sont compatibles avec vous, celles dont la tonalité ou le caractère satisfont aux conditions requises pour s'harmoniser avec votre tonalité. Pourquoi cette méthode est-elle meilleure que la méthode de la conscience terrestre? Vous lier avec des personnes ne possédant pas de qualités semblables aux vôtres produira une amitié ou un mariage décevants. En étant avec de mauvais amis ou un mauvais partenaire, vous ne serez pas la personne vraiment épanouie que vous désirez si ardemment être.

Les relations que nous cultivons dans le cours de chaque existence peuvent être soit à notre avantage et nous aider à atteindre nos objectifs, soit à notre désavantage et ainsi nous empêcher de les atteindre. Que ces amitiés puissent ou non être à notre détriment n'est pas la chose essentielle. Dans le contexte de la conscience terrestre, les bons amis seront là pour vous lorsque tout va bien aussi bien que dans les moments difficiles, mais ils ne seront pas en mesure de vous donner beaucoup de force pour vous aider à passer au travers.

Considérez maintenant la procédure d'union avec laquelle nous avons débuté. L'union avec d'autres personnes au niveau spirituel ne prendra pas plus de temps que la méthode de la conscience terrestre pour faire leur connaissance au gré de plusieurs rencontres. De nouveaux partenaires feront leur apparition dans votre vie lorsque vous utiliserez cette méthode de la Conscience divine, car ils seront irrésistiblement attirés vers vous. Maintenant, faites bien attention à ceci : chargez la pensée d'énergie lorsque vous la pensez. C'est peut-être une question, ou vous vous demandez quelque chose au sujet de la personne ou vous avez une quelconque réaction face à la posture de l'autre personne ou à un contact que vous avez eu avec elle.

Je demandai s'ils pouvaient donner un exemple tiré de la vie terrestre auquel nous pourrions nous référer.

L'usage de cette méthode vous mènera aux meilleures partenaire de vie possible, par exemple. On a beaucoup tendance à "tomber en amour" dans la vie terrestre, mais il est rare que vous disposiez de la vérité issue de la Conscience divine pour vous éclairer sur la personne que vous aimez.

C'est pourquoi il y a tant de divorces. Les gens se choisissent un partenaire et passent ensuite des années avec cette personne sans mesurer les tonalités. Mais ceci peut être fait lorsque les personnes se rencontrent pour la première fois. Voilà comment éviter de jumeler des personnes mal assorties ce qui ne peut que leur causer du tort.

L'acceptation de cette vérité vous ouvrira les yeux face aux personnes qui peuvent être pour vous aujourd'hui source de bonheur, mais qui ne seront pas longtemps à vos côtés. Ainsi, en intégrant cette vérité à votre être intérieur, vous éviterez les possibles chagrins pouvant survenir parce que vous avez fait de mauvaises associations.

Je demandai si, par cette méthode, nous portons un jugement sur les autres, et la Fraternité répondit ceci.

Il ne s'agit pas d'un jugement dans le sens de qualifier les gens de mauvais ou bons, de sauvés ou non! Cette vérité nous permet de savoir quelle est notre propre tonalité, notre propre caractère. Ensuite nous pouvons nous lier avec d'autres personnes qui sont compatibles avec cette personne intérieure qui est notre réalité. Notre but ici est d'enseigner aux personnes du plan terrestre comment utiliser cette vérité afin de pouvoir amener dans leur vie les entités qui devraient y être.

Que fait-on des personnes qui sont déjà dans notre vie? Pouvons-nous utiliser cette vérité universelle pour évaluer nos relations?

Vous pouvez utiliser cette méthode pour découvrir pourquoi les relations ne semblent pas bien fonctionner. Cette procédure vous dira par exemple pourquoi l'enfant et son parent ne s'entendent pas. Nous vous offrons cette idée pour vous permettre de mieux comprendre la nature de vos problèmes avec les autres, et non pour vous inciter à renoncer à vos responsabilités, bien au contraire. Cette meilleure compréhension devrait vous motiver à vous allier à nous pour apporter ce qui est nécessaire à la personne présente dans votre vie. Mais cette méthode vous révélera aussi que l'intimité à laquelle vous aspirez pourrait ne jamais être possible. Ainsi vous ne serez point déçu ou morose à propos d'une relation qui ne marche pas très bien avec quelqu'un qui, selon vous, devrait être plus proche de vous.

Cette méthode de vérité permet à la perspective émanant de la Conscience divine de pénétrer dans la conscience de la personne qui l'utilise. Servez-vous de cette vérité pour évaluer chaque relation, si tel est votre désir, puis adressez-vous à la Conscience divine, et non à d'autres personnes, pour obtenir plus de lumière afin de mieux comprendre. Vos amis ou votre partenaire actuel, avec qui vous ne vous entendez peut-être pas très bien, continueront quand même à faire partie de votre vie jusqu'à ce que la vérité se manifeste. Cela signifie que lorsque vous aurez pleinement intégré en vous la vérité sur la façon d'amener les bonnes personnes dans votre vie, alors les bonnes personnes viendront immanquablement à vous. Les autres pourront demeurer, mais elles n'auront plus aucun contrôle sur votre vie pour faire votre bonheur ou votre malheur.

Ne présumez jamais de ce que seront les gens sur la foi de leur visage ou du contact que vous avez avec eux. Ils peuvent ne pas être sincères, et vous pouvez toujours discerner la nature de leur moi profond lorsque vous suivez la procédure que nous vous avons donnée. Prenez conscience dans votre moi intérieur de cette première pensée qui vous vient. Laissez le soin à Dieu de retoucher cette image qui vous dira ensuite si vous êtes ou non compatible avec cette personne.

A présent, travaillez avec nous d'une autre manière. Concentrons-nous sur cette méthode de vérité pour choisir le bon ou la bonne partenaire. Pour être une épouse heureuse ou un mari heureux, prenez l'utilisation de cette nouvelle méthode de vérité à coeur. Faites-nous également une place dans votre esprit et dans votre coeur.

Le mari ou l'épouse que vous recherchez devra avoir les mêmes buts que vous dans la vie. Mais ces buts ne pourront être atteints si le mari ou l'épouse choisissent leur partenaire sans tenir compte de la nécessaire compatibilité.

Alliez-vous à nous pour pleinement intégrer la vérité selon laquelle vous pouvez choisir le bon ou la bonne partenaire. Voici de quelle façon la Conscience divine y parvient.

Méditation pour trouver un(e) véritable partenaire de vie

Pénétrez dans votre temple intérieur. Installez-vous dans une position confortable et tournez votre attention vers la vérité qui se manifeste en cet endroit. Vous êtes maintenant prêt. Soyez conscient de cet état d'esprit grâce auquel vous maintenant prêt. Imprégnez votre être de la lumière qui entre à flots par la fenêtre.

A présent, visualisez l'image de la personne que vous croyez vouloir épouser. Identifiez-vous à cette image au point où elle s'intègre à l'architecture même de votre temple. Puis tenez-vous prêt à entrer dans cette image.

Faites un pas en direction de l'image. Continuez à avancer jusqu'à ce que vous entriez en plein dans l'image. Puis demeurez-y pendant que la vérité de la Conscience divine vous éclaire.

Cette image, celle de votre partenaire en puissance, se fusionnera avec votre esprit, ou alors rien ne se passera. Si vous éprouvez une quelconque résistance, un désir de vous séparer en deux personnes, alors cette fusion parfaite de vos deux esprits ne se produira jamais. Mais si vous croyez que l'image visualisée est bien celle que vous désirez former, celle avec laquelle vous voulez vous unir, et que la chose se produit tandis que vous la conservez à l'esprit, alors choisissez cette personne comme partenaire de vie pour le reste de votre existence.

En relisant cette méditation, je pensai que

l'attraction envers l'image dépendait peut-être un peu trop des émotions. Je demandai si l'attirance sexuelle pouvait à elle seule être responsable du désir de fusion avec l'autre personne.

Ceci ne se produira pas parce que l'image que visualisez en votre temple intérieur devient esprit tout comme vous lorsque vous entrez en votre temple. Il est peu probable que vous désiriez toujours une interaction sexuelle en ce temple lorsque vous êtes tous deux des esprits. C'est en vous réunissant ainsi tous les deux dans le temple sous forme d'entités spirituelles que vous pourrez vraiment évaluer les possibilités d'une fusion mutuelle.

L'image que vous formez de l'autre personne en votre temple intérieur doit comporter ce que vous voyez en elle. Il ne saurait être possible que cette image demeure parfaite dans votre temple. L'entité a des besoins de croissance. C'est d'ailleurs précisément le motif de sa présence en cette vie terrestre. Par conséquent, la personne que vous verrez dans le temple sera celle qui EST, pas celle qui erre sur terre en présentant aux autres une personnalité terrestre et en s'attendant à être jugée sur la base de ce que les autres voient et touchent. L'image que nous avons sur terre est une chose, mais il en est tout autrement dans le monde des esprits. Il en est ainsi pour nous tous.

Vous pourriez croire qu'il est quelque peu étrange de faire une fusion avec une image. Mais l'image n'est qu'un symbole que nous utilisons. La réalité, c'est l'esprit du (ou de la) partenaire auquel nous nous destinons. Lorsque vous verrez cette réalité, vous déciderez alors sous forme d'esprit si vos deux âmes pourront ou non être bonnes l'une envers l'autre. Ce qui importe avant tout ici c'est que vous n'accordiez pas d'attention au métier, à la mine extérieure de la personne ou à l'ensemble de son aspect physique; vous devez vous centrer sur le moi spirituel.

Vous intéresser seulement à une partie de cette vérité ne produira pas de résultats. La vérité dispose d'un canal ouvert avec lequel vous devez entrer en communication. Pour comprendre quoi que ce soit, mettez-vous en contact avec la Conscience divine qui vous expliquera tout ce qu'il vous faut savoir - et ce uniquement à votre intention - en des termes que vous pourrez accepter et utiliser.

A présent, ouvrez-nous à nouveau votre esprit pour recevoir encore une autre idée sur la façon d'attirer la bonne personne comme ami(e) ou vrai(e) partenaire de vie. Si vous voulez bien évacuer votre propre sens de l'ego pour laisser le Dieu de l'univers s'exprimer à travers vous, vous deviendrez irrésistible pour celles et ceux qui sont compatibles avec vous. Pensez : « Ouvrez mon esprit à Votre présence, oh! mon Dieu, Vous qui déversez Votre vérité sur moi en cet instant.»Vous indiquerez ainsi au Dieu de l'univers que vous êtes prêt à pleinement intégrer en vous cette question de compréhension de votre propre vérité.

Puis attendez que votre esprit devienne parfaitement silencieux et calme. Consacrez régulièrement du temps à faire cet exercice. A présent, ouvrez votre regard intérieur à ce que vous enseigneront les esprits avancés qui vous aideront à exprimer la vérité divine existant en vous - la Fraternité qui marche à vos côtés lorsque vous nous y invitez. Nous serons là à l'instant même pour vous aider à exprimer votre propre vérité personnelle émanant de Dieu qui vous rendra irrésistible vis-à-vis des personnes que vous désirez avoir comme compagnons dans votre vie.

Remettez-vous entre nos mains ici. Faites équipe avec nous maintenant. Nous allons prendre la juste mesure de votre être pour savoir de quelle façon nous pourrons le mieux vous aider. Mais ensemble nous parviendrons à créer ces relations que vous désirez le plus - les véritables relations d'amour qui font d'une vie la merveilleuse expérience qu'elle devrait être.

Nous voulons vous faire comprendre comment fonctionne la compatibilité. Chaque personne possède une tonalité qui est particulière ou unique. Elle est différente de celle de toutes les autres personnes. N'allez jamais croire que deux personnes puissent être unies en une seule personne ou occuper le même espace, car cela n'est pas possible. Mais il peut y avoir compatibilité. N'ouvrez jamais votre énergie à une autre personne ou ne lui demandez jamais de le faire à votre égard à moins d'être certain qu'il y a compatibilité.

La Fraternité utilise les termes "tonalité" ou "caractère" d'une façon que j'identifie aux fréquences radio. Je leur demandai un commentaire à ce propos.

Cette tonalité est merveilleuse en ce qu'elle exprime ce que vous êtes sous forme d'esprit sans prendre d'énergie de quiconque. La tonalité est ce qui invite l'autre à s'exprimer. Il est difficile d'en expliquer la nature parce que tout n'est qu'esprit sur notre plan d'existence, et cette tonalité y est très naturelle. Sur votre plan, elle n'est pas tout à fait la même.

La tonalité est assurément du domaine spirituel, mais elle ne se rattache pas à la partie physique de votre être. Il vous est donc impossible de voir la tonalité; vous ne pouvez que sentir sa présence. Mais ne vous en faites pas. Chacun sait intuitivement lors d'une rencontre avec une autre personne si elle peut être compatible ou non avec elle. Mais l'information que nous vous donnons ici fera disparaître toute incertitude à ce sujet.

Vous pourrez alors rassembler vos forces et vous concentrer sur les individus qui seront vos amis personnels parce qu'ils deviendront ce qu'ils sont naturellement - compatibles avec votre tonalité, avec votre centre vibratoire intérieur. Le centre vibratoire ne peut cependant se comparer à des ondes radio. Le centre vibratoire se fonde sur l'expression plus ou moins merveilleuse que fait chaque entité de la vérité. Voilà ce qu'il en est.

Jusqu'à quel point exactement, me demandai-je, ces personnes compatibles sont-elles essentielles à la réussite de notre vie et de notre croissance spirituelle?

Unissez-vous à nous pour comprendre leur importance. Les entités vivantes qui - comme vous - acceptent pleinement cette vérité vont s'attacher rapidement à d'autres personnes qui les aideront réellement à évoluer au cours de cette vie. Mais celles qui errent d'une personne à l'autre durant leur vie terrestre n'évolueront pas aussi vite parce qu'elles se concentrent tant sur ces relations éphémères.

Prenez le mariage, par exemple. Cette relation peut épuiser l'énergie des partenaires ce qui ne les mènera nulle part s'ils ne sont pas compatibles. Une suite de relations instables perturbera souvent gravement l'expérience de vie d'une personne, et celle-ci la gâchera complètement. Ne gâchez rien qui puisse contribuer à votre croissance spirituelle. Adoptez les vérités que nous offrons afin d'accroître notablement vos chances de réussir à réaliser votre but dans la vie.

Rendez-vous maintenant dans votre centre de vérité. Servez-vous de ce centre que vous avez construit en vous, ce somptueux temple si bien décoré et si charmant. Prenez le temps d'y entrer avec votre propre image parfaite de la vérité que nous vous donnons. A présent, intégrez cette vérité dans l'esprit que vous êtes. Faites-lui une place dans votre esprit et dans votre coeur. Unissez-vous parfaitement à cette vérité.

Mais lorsque vous quitterez votre temple, amenez cette vérité avec vous et mettez-la en pratique dans votre expérience de vie. Ce qui s'y révélera se joindra à vous pour vous aider à trouver dans votre vie ces personnes qui seront les tendres et chaleureuses présences qui enrichiront votre vie tout autant que vous enrichirez la leur.

Servez-vous de cette vérité qui est présente pour vous. Tenez-la près de votre coeur. Ne craignez pas de perdre des amis ou encore un mari ou une épouse. Ces personnes que vous perdrez seront celles qui ne seraient jamais devenues si intimes dans votre vie si vous aviez pu mettre en pratique la vérité que nous vous donnons maintenant. Ainsi, voyez-vous, vous n'accueillerez désormais plus que les personnes dont la tonalité est compatible avec la vôtre.

Si notre mariage s'enlise dans les difficultés, est-ce là la procédure à utiliser pour découvrir si notre conjoint est bien le bon pour nous?

Dans chaque cas qui se présente, unissez-vous à nous. Puis mettez en application la procédure de vérité que nous vous avons donnée. Une fois rendu dans votre temple intérieur, avec l'image de cette personne à l'esprit, nous vous aiderons à voir votre époux ou votre épouse avec un regard qui va au-delà des aspects physiques, du sourire et du toucher. Nous vous aiderons à comprendre la nature de cette entité au niveau spirituel. Voilà comment vous saurez si une relation instable est due à une quelconque méchanceté ou bien à une incompatibilité fondamentale. La connaissance de ce fait est importante. Mais vous ne pourrez jamais comprendre si vous ne faites pas immédiatement une place à cette vérité en votre esprit.

Cette équipe de Frères vous donne son énergie lorsque vous l'acceptez. Nous pouvons donner cette nouvelle énergie à toutes les personnes qui le demandent. Elle vous aidera à devenir le genre de personne que vous voulez être - irrésistible pour celles et ceux que vous souhaitez attirer. Nous vous apportons cette vérité afin que votre vie puisse être remplie de bonheur et de présences tendres et chaleureuses.

Stimulateurs de pensée

1. Selon la Fraternité, la tendresse unit notre esprit à Dieu. Dieu exprime par Sa tendresse le désir d'avoir une relation indestructible avec nous. Qu'y a-t-il dans la tendresse de Dieu qui touche votre esprit intérieur?

2. Le Dieu de l'univers est un Dieu bienveillant qui comprend chacun de nos besoins, dont notamment celui d'avoir de bonnes relations d'amitié. Qu'avez-vous appris d'utile pour vous en matière de création de bonnes relations d'amitié?

3. La tonalité et la vibration nous ont été expliquées pour nous permettre de mieux en comprendre l'importance lorsqu'il s'agit de considérer la compatibilité spirituelle. Qu'exprime notre tonalité? Quel rapport y a-t-il entre notre vibration et notre tonalité?

4. Si nous désirons avoir un(e) partenaire de vie compatible, Dieu nous aidera à trouver une personne tendre et chaleureuse qui enrichira notre vie, tout comme nous enrichirons la sienne. Quel processus la Fraternité nous suggère-t-elle de suivre pour choisir un époux ou une épouse compatible avec nous?

Travail intérieur : La Fraternité peut nous aider à voir au-delà des choix de la conscience terrestre fondés sur la personnalité et l'apparence physique en nous faisant percevoir le niveau spirituel des personnes que nous choisissons d'introduire dans notre expérience de vie. A mesure que nous apprenons à mieux nous servir de l'énergie universelle, nous arrivons à attirer des gens qui sont sur la même longueur d'onde spirituelle que nous et qui peuvent partager notre bonheur.

Mettez de l'enthousiasme dans votre vie

9

Comment la Fraternité peut-elle aider les gens à faire preuve d'enthousiasme?

La Fraternité de Dieu dit que, pour arriver à comprendre clairement comment vivre notre vie avec enthousiasme, nous devons saisir la différence qu'il y a entre la vérité universelle et la vérité personnelle. « La vérité personnelle », explique-t-elle, « est ce que nous recevons directement de la Conscience divine. » Cette vérité nous est personnellement destinée, puisqu'elle est conçue tout spécialement pour la croissance de notre âme. « La vérité universelle est destinée à servir à tout le monde peu importe les différences individuelles. » La Fraternité continua ainsi.

Pour avoir de l'enthousiasme, on doit s'allier avec la vérité que la Conscience divine apporte. Il ne s'agira pas là d'une vérité universelle; ce sera une vérité personnelle. Il ne nous est donc pas possible de nous unir aux lecteurs dans leur ensemble pour leur enseigner comment mettre de l'enthousiasme dans leur vie. Il vous faut recevoir la vérité personnelle de la Conscience divine par l'entremise du canal ouvert. Alors, et alors seulement, l'enthousiasme deviendra-t-il une réalité dans votre vie. La joie jaillira de vous, et elle sera éternelle car elle fait partie intégrante de votre esprit.

Ceci est notre meilleur chapitre, croyons-nous, car il y en a tant parmi vous qui, pour une raison ou l'autre, perdent leur joie de vivre. L'enthousiasme doit faire partie de votre vie car autrement il n'y a pas de collaboration possible pour favoriser l'atteinte de vos objectifs. Ce que nous voulons dire par là c'est que personne ne peut faire son chemin seul dans la vie. La collaboration avec d'autres est essentielle - la collaboration avec nous, avec les gens compatibles dans votre vie, et avec le Dieu de l'univers, par notre entremise et au moyen du canal que vous pouvez vous-même créer.

C'est grâce à cette collaboration que nous pouvons vous transmettre la vérité dont votre âme a besoin. Cette collaboration est bien sûr de nature personnelle, comme nous vous l'avons souvent répété, et elle est toujours à votre disposition que vous y ayez recours ou non. L'enthousiasme dont nous parlons est donc nécessaire dans la vie sur terre pour vous permettre de faire l'effort de capter la vérité que nous offrons.

L'abandon - tout l'opposé de l'enthousiasme - est ce qui paralyse toute collaboration. Mais cette paralysie ne durera pas si vous savez comment faire avancer les choses. La vérité que nous donnons est toujours là pour vous, et nous entrons sur demande par la porte de votre temple, la porte que vous y avez aménagée tout spécialement pour nous. Nous entrerons rapidement et joyeusement comme toujours.

Prenez donc ce message à coeur. L'abandon survient dans les moments d'accablement. Mais cela ne se produira pas si vous prenez les problèmes un à un. C'est ainsi qu'il faut procéder avec les problèmes. Prenez votre travail, par exemple. Vous avez peut-être l'impression que votre travail est extrêmement difficile ou ennuyant ou terrible à faire.

Alliez-vous à nous pour effectuer des changements qui amélioreront la situation à votre travail. Allez dans votre temple intérieur où nous sommes tous réunis pour y présenter ces difficultés d'emploi. Mettez-vous y bien à l'aise et invitez-nous à vous écouter. Nous viendrons à vous avec des sourires et tout le réconfort nécessaire. A présent expliquez-nous vos problèmes. Parlez à voix haute si vous le désirez. Alliez-vous à nous et à la vérité que nous apportons.

Maintenant que vous nous avez tout dit au sujet de votre job, nous allons vous offrir nos suggestions. Prêtez bien attention à l'ensemble de notre opinion à ce propos. Puis nous allons vous connecter avec la Conscience divine pour laisser circuler en vous la vérité absolue qui vous est tout spécialement destinée. Écoutez-la en vous, ou bien faites comme cette auteure et assoyez-vous pour l'écrire ou la taper à la machine à mesure qu'elle pénètre en votre esprit.

Prenez la vérité qui vous est venue et mettez-la en

pratique. Cela peut vouloir dire de vous chercher un nouvel emploi; vous aurez à faire un bon usage de cette vérité pour mettre ce qu'elle suggère en pratique. Mais si vous vous détournez par crainte du changement, alors votre problème n'est pas lié à votre emploi, mais à votre peur du changement qui est mauvais dans votre vie. Soyez attentif à ces indices sur votre propre nature. Nous pourrons ensuite parler ensemble de ce qui vous inquiète le plus - la peur du changement. Voyez-vous comment ça fonctionne?

Je m'informai au sujet d'une personne que je connais qui a souvent tendance à faire de graves dépressions. Selon ses médecins, elle n'a pas de problèmes au point de vue physique,et elle ne sait pas vraiment ce qui provoque ces dépressions. Je demandai à la Fraternité comment pouvait fonctionner pour elle ce système qu'elle décrit.

Cette personne doit commencer par lire ce livre depuis le début. Lorsqu'elle découvrira pas à pas la vérité, elle saura alors ce qui ne va pas dans sa vie. Elle peut identifier en gros ce qui fait problème pour nous aider à la conseiller. Peut-être dira-t-elle qu'elle est insatisfaite de sa vie, qu'elle ne semble avoir aucun but dans la vie. Elle pourra alors s'adresser à nous avec cette idée.

Nous l'écouterons exprimer en quoi consiste sa situation désespérée. Puis nous l'aiderons à mettre le doigt sur le problème réel. Ensuite, nous lui dirons : « A présent, tournez votre attention vers l'intérieur de votre propre être. Qu'y voyez-vous? » Elle pourra répondre : « Du désespoir. » Nous établirons alors un contact plus profond avec elle pour la connecter avec la vérité de la Conscience divine qui s'écoulera en son esprit à travers notre canal ouvert.

Cette personne dira alors peut-être qu'elle s'est incarnée pour être cette merveilleuse épouse et mère qu'elle souhaitait devenir. Mais à présent il n'y a rien. Nous lui confions alors cette grande vérité en lui disant quelle était sa véritable mission sur terre, et quel est son plan de croissance spirituelle. « Pourquoi n'étiez-vous pas venue uniquement pour faire ces choses? » lui dirons-nous peut-être. « Vous disposez de l'énergie nécessaire pour devenir bien plus que cela. Pourquoi croyez-vous ne pouvoir faire plus? Pourquoi ne pas vous unir à cette vérité qui vient à vous? »

Cette vérité s'adressera de façon tout à fait privée à son âme. Lorsqu'elle sortira de son temple intérieur, elle saura qu'il y a plus dans la vie que ce qu'elle avait imaginé. Elle regardera autour d'elle, ouvrira les yeux. Mais elle reviendra à maintes reprises en son temple pour demander à entendre sa vérité, et elle entrera ainsi chaque jour en son temple, et parfois plus d'une fois par jour, pour s'y recharger d'énergie jusqu'à ce qu'elle ait un regard neuf et plein d'enthousiasme sur la vie.

Savez-vous que ce travail intérieur est la solution à tous les problèmes de la vie? La vérité qui entre en cette personne réactivera la compréhension qu'elle a de son plan, de ce plan ineffablement joyeux qu'elle est venu exécuter sur terre. Lorsqu'elle aura cette image à l'esprit, sa dépression tombera comme une coquille vide. Cette personne se mettra alors à vivre une nouvelle existence.

Il y a beaucoup encore à dire dans ce chapitre avant d'en avoir fini avec le sujet de cette surprenante énergie qui jaillit pour mettre de l'enthousiasme dans notre expérience de vie. Soyez réceptif à cette vérité dont la promesse vous stupéfie sans aucun doute. Mais ne vous en détournez pas, car vous tourneriez alors le dos à une mine d'or que vous pouvez utilisez pour améliorer votre vie.

Comprenez maintenant cette vérité se rapportant à la meilleure de toutes les perspectives : la parfaite exécution de votre plan de croissance. Pourquoi ne pas le mettre à parfaite exécution? Votre âme ne se satisfera de rien de moins, n'est-ce pas? Après tout, si vous avez vécu autant d'existences, c'est justement pour stimuler la croissance de votre âme. Voilà comment favoriser cette croissance : en appliquant votre plan à la perfection. Pourquoi donc se satisfaire de rien de moins que ce but?

Alliez-vous à la Fraternité que Jésus lui-même inspire, dirige et supporte de son énergie. Même s'il est naturel de douter, vous devez vous efforcer d'accepter notre énergie miraculeuse. Comprenez-vous? Cette vérité fera toute la différence dans votre vie. Par conséquent, doutez si vous ne pouvez vous en empêcher, mais ne laissez pas s'évanouir la vérité, car vous avez besoin de ce qu'elle vous apportera.

Méditation pour vous aider à comprendre

Ouvrez maintenant vos yeux et votre coeur à votre moi intérieur. Allez une fois de plus dans votre temple. Adoptez une attitude de calme intérieur. Puis invitez-nous à entrer par la porte latérale. C'est avec plaisir et ravissement que nous y entrons parce que vous êtes disposé à accepter une nouvelle vérité en votre esprit. A présent, écoutez.

La vérité que vous recevez ouvre vos yeux à la possibilité de devenir ce que vous voulez être. Qu'est-ce exactement? Placez l'image de ce que vous voulez être dans cette période de temps spécifique. Combinez cette image avec votre propre entité spirituelle. Percevez-vous comme faisant partie de ce but que vous avez. Voilà! Pouvez-vous ouvrir votre esprit à cette possibilité? Si tel n'est pas le cas, essayez de nouveau. Prenez bien votre temps. Faites entrer votre entité, votre moi spirituel émanant de Dieu, dans ce magnifique temple que vous avez déjà construit. Prenez plaisir à contempler votre temple. Examinez sa beauté sous différents angles avant de nous inviter à y entrer pour le partager avec vous.

Imaginez-vous le genre de personne que vous aimeriez être. Tracez-en une image bien nette en votre esprit. Cette image n'appartient qu'à vous seul, à moins que vous n'ayez décidé d'y intégrer celle d'une autre personne. Regardez bien. Y voyez-vous l'image de quelqu'un d'autre, peut-être celle de quelqu'un que vous admirez? Cette image ne fera pas l'affaire, car nous ne pouvons nous servir de l'image d'une autre personne. Dirigez votre attention sur votre propre image. Laissez-la jaillir des tréfonds de votre esprit, là où vous conservez ces rêves pour la réalisation de vos espoirs en cette vie. Unissez-vous à votre esprit. Unissez-vous à ces rêves profondément enfouis que vous avez. Unissez-vous à eux afin qu'ils montent à la surface.

« Oh! » direz-vous peut-être, « ce rêve est un peu trop ambitieux pour mon âge, n'est-ce pas? » Eh bien! regardons ce qu'il en est au juste. En quoi est-il trop ambitieux? Faites-nous part de vos objections. Nous allons ensuite étudier cela plus attentivement. Puis vous allez soit le réviser, soit le conserver. « Eh bien! » direz-vous peut-être, « voici mon rêve. Vous m'avez dit d'amener au grand jour ce rêve que je caresse. A présent, qu'est-ce que je fais avec? »

« Pourquoi? » dirons-nous alors. « Ce rêve est tout à fait merveilleux. Pourquoi ne travaillez-vous pas à sa réalisation? »

« Mais je suis trop âgé pour entreprendre quelque chose de nouveau », protesterez-vous alors sans doute. Rien ne saurait être trop difficile pour les personnes participant à notre merveilleux travail d'équipe. Personne n'est trop vieux ou trop jeune, personne n'est trop faible ou trop peu sûr de lui ou d'elle.

« Les choses que j'ai à faire pour réaliser ce rêve me semblent trop importantes et difficiles », nous répondrez-vous alors peut-être.

« Soyez la personne que Dieu veut que vous soyez », lancerons-nous. « Nous vous aiderons en toutes choses pour que ce rêve se réalise. »

Puisque nous parlons à chaque personne, nous pouvons travailler de manière individuelle pour persuader ou éclairer les gens. Cet exemple de conversation que nous vous avons donné n'est rien de plus qu'un simple exemple. Ce n'est pas la conversation que nous aurons avec vous car vous êtes une personne spéciale, et nous nous adresserons à vous personnellement, et non comme si nous parlions à un grand groupe.

De nombreux lecteurs se demandent peut-être : « Est-il réellement possible de parler à la Fraternité de façon aussi directe? » Je demandai aux Frères s'ils voulaient bien offrir un commentaire à ce sujet, et voici leur réponse.

Ce genre de conversation est possible et fort probable si le lecteur a pris la peine de lire le livre jusqu'à ce point et s'il a tenté d'intégrer en son être la vérité transmise. Mais nous allons offrir au lecteur des éclaircissements additionnels à propos de cette façon de converser.

Entrez dans le temple de votre être. Avez-vous minutieusement construit ce temple dans chacun de ses détails? L'avez-vous rendu lumineux? Si vous ne l'avez pas fait, entrons-y ensemble, nous par la petite porte latérale et vous par votre entrée habituelle. Nous voilà en train de visiter ce temple. Il y a certains endroits qui ont besoin d'être égayés, on le voit bien. Voilà! Nous projetons des rayons d'or et d'argent dans ces endroits sombres. Aimez-vous ces reflets étincelants? C'est assez beau, croyons-nous. Nous pouvons en faire plus si vous le désirez. Observez-nous et dites-nous si vous voulez que nous agrandissions le temple ou que nous le fassions reluire d'une manière ou d'une autre.

Tandis que nous y sommes ensemble, dites-nous ce que voulez nous voir faire. Pouvez-vous nous entendre lorsque nous parlons? Pouvez-vous sentir les mots que nous dirigeons par la pensée vers vous? Peut-être préférez-vous écrire ou dactylographier comme le fait cette auteure. Nous travaillerons avec vous de la manière qui vous convient le mieux. Nous pouvons ainsi vous promettre la conversation que vous désirez.

Alliez-vous à nous pour améliorer vos aptitudes à communiquer. Plusieurs possibilités s'offrent à nous pour faire ce travail et nous travaillons avec chaque personne pour trouver la méthode qui fonctionne bien. Dans le cas de cette auteure, nous sommes entrés dans son esprit ouvert tandis qu'elle nous parlait de ses problèmes d'énergie. Cherchant la meilleure voie pour lui transmettre nos pensées, nous avons communiqué par écrit, d'abord avec un crayon, puis grâce à une machine à écrire et maintenant par l'entremise d'un ordinateur. Cela peut également vous convenir. Mais peut-être que non. La méthode utilisée n'est pas la chose la plus importante. Ce qui compte le plus, c'est la communication que nous établissons.

Soyez attentif à vos propres besoins en cette matière. Participez à cette communion que nous faisons en votre temple intérieur. Développez ce mode de communication afin de recevoir des conseils et d'être guidé par la Conscience divine à laquelle nous pouvons vous connecter. Tel est notre but.

Nous allons maintenant passer à la question de l'enthousiasme qui jaillit en vous lorsque vous nous faites intervenir dans votre vie de la façon déjà décrite. Notre entrée en scène dans votre vie fera naître en vous des pensées qui seront de nature à vous encourager à réaliser vos buts et vos ambitions. Cette intervention vous fera également découvrir la vérité qui se fusionnera avec votre centre de croissance, avec votre âme. Alors cette enthousiasme ne vous quittera plus.

C'est en toute assurance que vous profiterez de la compagnie des vrais croyants, de cette Fraternité. L'enthousiasme que vous ressentirez par l'application de cette vérité à votre propre être vous fera vivre la plus belle expérience de vie que vous puissiez maintenant imaginer. L'enthousiasme dans la vie est une force secrète, vous le savez. C'est par l'actualisation de votre vérité que vous deviendrez la réalisation même de vos buts et de votre potentiel.

Reconsidérez la vie que vous vivez maintenant et la façon dont vous assimilez la vérité. Est-elle complète? Peut-elle être meilleure? Ne vous fiez pas à la vérité des autres personnes qui n'ont que leur propre vérité à offrir, car vous ne connaîtrez alors qu'une expérience temporaire et non un réel accomplissement. Considérez uniquement l'espoir que nous vous apportons - non pas un espoir vide, mais un espoir fondé sur Dieu Lui-même. Aucune autre expérience ne peut se comparer à celle d'être uni à la vérité du Dieu de l'univers.

A présent, permettez-nous de vous mettre en garde contre les embûches que vous pourriez rencontrer à ce stade. Personne d'autre ne doit interférer avec votre vérité personnelle, car on pourrait ainsi l'anéantir. Les autres personnes ne peuvent comprendre votre vérité, voyez-vous, car elle ne leur est pas destinée. Elles pourraient donc la tourner en ridicule ou tenter de la dénigrer. Elles pourraient se moquer de votre "terrible temple" et vous inciter à l'enlever ou le démolir. Elle pourraient vous encourager à vous fier à la conscience terrestre que les gens peuvent considérer plus acceptable que la vérité individuelle provenant de la Conscience divine. Intégrez en vous la compréhension que nous vous apportons ici, car autrement vous pourriez rater la meilleure occasion de votre vie - de cette vie-ci à tout le moins.

Maintenant que nous vous avons montré comment vous servir de la vérité pour mettre de l'enthousiasme dans votre vie, nous devons ajouter encore ceci. Vous devez passer encore plus de temps dans votre temple que vous ne l'avez fait jusqu'ici. Ce temple doit être votre lieu de repos et de ressourcement. Combinez cette idée avec votre centre de vérité, à savoir que le temple que vous avez construit fera désormais partie en permanence de votre être et que c'est de là que viendra la vérité de la Conscience divine.

Alliez-vous à nous pour communier avec le désir de chercher et recevoir la vérité de la Conscience divine. Unissez-vous à nous dans ce travail fort important parce qu'il n'existe aucune autre moyen de vivre dans l'enthousiasme et la joie. Vous êtes la personne la mieux placée pour façonner votre vie. Collaborez avec nous pour façonner votre expérience de vie afin de vivre quelque chose de vraiment merveilleux et magnifique. Voilà notre message, notre meilleure vérité que nous ayons pour vous.

Ceci conclut ce chapitre. Méditez sur ces paroles en votre temple intérieur, mettez-les vous-même en pratique et intégrez-les à votre centre de vérité afin de connaître ce grand enthousiasme pour la vie dont nous parlons.

Stimulateurs de pensée

1. Lorsque nous invitons notre vérité divine à s'exprimer en nous, nous sommes remplis d'enthousiasme et de joie. Ces qualités nous aident à revendiquer notre vérité et à l'utiliser dans notre vie. Comment croyez-vous que la Fraternité vous aidera à effectuer les changements requis dans votre vie? Comment faites-vous pour savoir en votre coeur si vous êtes prêt à changer?

2. Il nous arrive parfois de nous sentir déprimés face à ce que devient notre vie. Des craintes peuvent surgir lorsque nous anticipons un changement et nous renonçons avant même d'avoir éprouvé de nouvelles idées. La Fraternité explique que l'arrivée d'un changement signifie que nous entrons dans une nouvelle phase d'action dans notre vie. Comment nos conseillers spirituels peuvent-ils nous aider à passer d'une attitude d'abandon à une attitude

d'enthousiasme dans notre vie personnelle?

Travail intérieur : La Fraternité de Dieu nous aide à mettre notre propre vérité en pratique, à renouveler notre enthousiasme et à réaliser nos buts spirituels. Le fait de nous associer aux membres de la Fraternité en notre temple intérieur et de profiter de leur compagnie nous permet de recevoir notre vérité personnelle qui nous aide à réaliser notre potentiel. Rien n'est trop difficile à accomplir dans notre vie lorsque nous utilisons l'énergie de la Conscience divine.

Tonalité, tension et vérité

10

Comment fonctionne la loi de l'attraction?

Dans le chapitre 8 intitulé "Invitez la tendresse dans votre vie", les mots tonalité et tension ont été utilisés mais n'ont pas été expliqués en détail. La Fraternité désire donc maintenant vous en donner une explication plus détaillée et vous dire que les deux sont entre vos mains, entre vos seules mains. Dieu ne peut changer votre tonalité ou se charger de maintenir la tension adéquate. La Fraternité peut cependant vous aider à comprendre et à connaître votre propre tonalité. Puis, lorsque vous, et vous seul, décidez de la changer, elle peut vous aider à le faire.

Alliez-vous à nous pour comprendre la tonalité de votre âme. Cette tonalité que nous avons tous est la partie en nous qui émet une vibration que reçoivent les autres tonalités de l'univers. La tonalité individuelle est unique, mais elle peut être associée aux vibrations des autres entités qui pénètrent dans le champ d'énergie d'un être humain si les tonalités sont compatibles. Personne n'est pleinement conscient de cette tonalité, mais chaque entité spirituelle possède néanmoins une tonalité.

Unissez-vous à nous pour comprendre cette question. Si vos vibrations sont compatibles avec les nôtres, nous pourrons très bien travailler ensemble. Mais lorsque les vibrations d'une personne ne s'harmonisent pas bien avec les nôtres, notre bonne collaboration suffit à nous unir en dépit de nos différences. C'est la Fraternité qui fait l'effort de s'ajuster à l'individu, mais si les tonalités ne sont pas compatibles entre vous et une autre personne vivant sur terre, vous ne pourrez vous harmoniser ensemble.

Pour fonctionner avec une autre personne sur terre, vous avez recours à la raison pour faire triompher votre point de vue. Certains ont même recours à la force. La compatibilité des vibrations n'est possible que lorsque deux personnes s'unissent sans avoir à faire d'effort en ce sens, comme lorsqu'elles sont mutuellement d'accord sur quelque chose sans avoir d'abord à en débattre.

Unissez-vous à nous pour apprendre ce qu'est votre tonalité, comment mettre à profit cette compréhension et comment élever la fréquence vibratoire de votre tonalité. Le fait de savoir quelle est votre tonalité vous aidera à comprendre où vous en êtes dans l'échelle vibratoire. En apprenant à vous servir de ce champ de force, vous pourrez vous associer au bon groupe de personnes auprès desquelles vous trouverez soutien et réconfort.

La tonalité de chaque personne peut être ajustée au niveau et à la fréquence que vous désirez qu'elle soit. Mais il n'y a que vous qui puissiez faire cet ajustement. Notre travail ici consiste à vous aider à découvrir quelle est au juste votre fréquence vibratoire. Ensuite, nous pourrons travailler avec vous à partir de là pour effectuer tout ajustement que vous aimeriez faire.

Est-il possible, demandai-je, de nous sentir à l'aise en présence d'autres vibrations, mais d'être néanmoins mécontents de faire partie de ce groupe de personnes?

En vous alliant à nous, vous pourrez découvrir votre propre groupe. Vous aimerez alors ce niveau de vibrations, ou bien vous voudrez de meilleures vibrations. Puis, nous vous guiderons pas à pas - car c'est ainsi que nous apprenons tous - pour apprendre à émettre les vibrations qui vous permettront de vous joindre au groupe que vous admirez (à ce moment-là).

J'en déduisis donc que nous pouvons être mécontents du groupe dont nous faisons partie - nos amis, nos connaissances, nos proches - mais nous ne pouvons en sortir à cause de ces vibrations qui nous ont réunis ensemble. Je demandai si cette déduction était juste.

Le fait de travailler avec nous ouvrira vos yeux à toutes les possibilités de la vie. Et vous apprendrez que la seule façon de faire progresser votre âme est à partir de la réalité vers l'apparence des choses ici sur terre. La réalité, rappelez-vous, c'est votre entité spirituelle, car elle est indestructible. Pour que vous soyez en mesure de mieux comprendre la nature de votre entité spirituelle, nous allons vous expliquer en quoi consiste cette tonalité.

La tonalité est cette fréquence d'énergie qui s'est peu à peu établie en votre entité au fil des incarnations. La vie actuelle est une chance de plus qui vous est donnée pour faire progresser cette tonalité vers l'objectif que vous vous êtes fixé. Votre tonalité déterminera votre fréquence vibratoire, et de ce fait quelles seront vos associations, vos partenaires et vos pensées les uns envers les autres. Votre vibration détermine votre niveau de participation dans le travail de la force ou énergie divine. En vous alliant avec la Fraternité, vous parviendrez au niveau où vous souhaitez être.

Il me semblait que ce que les Frères disaient c'était qu'un niveau vibratoire était meilleur qu'un autre, et je signalai cet élément à l'attention de la Fraternité.

Vous pourrez en juger par vous-même. Nous ne portons pas de jugement sur votre âme. Votre alliance avec nous vous aidera à vous voir tel que vous apparaissez sur la toile de fond du Dieu de l'univers. De cette façon, vous percevrez la bonne vérité qui vous permettra de voir plus clairement ce qu'il en est.

Vous comprendrez que l'esprit reflète vos décisions et qu'il fait progresser votre compréhension de la puissance du Dieu de l'univers. La tonalité est ce par quoi s'établit le contact avec les autres entités de l'univers. La tonalité est ce qui, dans l'ordre des choses, est inaltérable sauf lorsque vous voulez vous fusionner avec la vérité de Dieu. La seule façon d'avoir la tonalité permettant la fusion avec le Dieu de l'univers est de travailler pour parvenir peu à peu à réaliser cette fusion. Celui ou celle qui le comprend, mais qui recule ou stoppe complètement, ne fera pas progresser sa tonalité.

Lorsque vous faites cela, vous faites comme l'homme qui aurait pris la bonne route pour aller à la capitale, mais qui, dès qu'il aperçoit la ville au loin, décide de s'arrêter pour la regarder un peu. Il prend un moment de repos pour se dire combien il est merveilleux d'en être si près. Puis, son excitation qui était si grande se refroidit. Il pense à l'endroit d'où il vient et regrette d'avoir quitté tant d'amis et de connaissances. Il se dit que, s'il y retournait, il pourrait toujours faire le voyage un autre jour jusqu'à la capitale.

Puis, une fois revenu chez lui, il perd bientôt la carte qui lui avait permis de trouver son chemin jusqu'à la grande ville. Le grand projet emballant perd de son attrait, et il ne lui reste plus que la banale routine de sa vie; puis, il sombre dans l'ennui et le dégoût pour ce qu'il a fait. Il se remet à fréquenter ses anciens amis et ne parvient plus à s'extirper de leur influence négative. Il se sent pris au piège, lié à des partenaires dont il ne veut pas. C'est ainsi qu'il renonce à son rêve et s'enfonce dans le petit train-train quotidien dénué de tout bonheur et de toute joie. Nous appelons ça s'allier au désastre, car la chance s'est présentée à lui, mais il s'en est détourné.

L'homme qui s'est ainsi détourné de sa chance a préféré se laisser guider par son ego qui refusait le changement, et il s'en est remis à la conscience terrestre pour obtenir sa vérité. Il a renoncé à son but d'aller jusqu'à la Terre promise de l'unité avec le Dieu de l'univers. Il a fait volte-face n'ayant qu'une faible tonalité et, par conséquent, de faibles vibrations. Il a choisi, voyez-vous, de ne pas élever le niveau de ses vibrations.

Mais il aurait pu tout aussi bien dire à ses amis qu'il n'allait plus jamais les revoir parce qu'une fois rendu dans la grande ville, il n'allait plus jamais revenir. Mais il n'a pas eu le courage de faire face à ses amis et de prononcer les paroles qui auraient mis fin à leur relation et relégué au passé leur amitié.

Je demandai à la Fraternité en quoi la tonalité et ses vibrations différaient de la croissance de l'âme qui avait été décrite plus tôt.

La croissance de l'âme est ce qui est manifeste, car vous vivez votre vie en fonction de l'évolution où vous êtes parvenu. Mais la tonalité n'est pas manifeste parce qu'elle est cette partie temporaire de vous qui favorise la croissance ou la freine. Cette tonalité est un peu comme d'être dans le bain ou en train de nager. La tonalité est ce qui vous entoure dans l'eau, l'énergie qui ouvre la voie au corps pour qu'il s'y engouffre. La tonalité n'est pas visible, mais elle sonde le chemin devant et autour de nous pour trouver de nouvelles avenues de croissance. La tonalité est stimulée par votre volonté et votre désir. La croissance, d'autre part, s'allie à votre âme et fait partie en permanence de vous. La tonalité peut monter et baisser.

Il m'avait toujours semblé que l'on admirait les gens qui conservent leurs vieux amis. Garder ses amis est censé être la marque d'un vrai caractère. La Fraternité répondit immédiatement.

Cela est vrai dans le cas de certaines personnes, à savoir qu'elles devraient toujours garder le contact avec de vieux amis. Mais ce n'est peut-être pas vrai pour tout le monde. Tout dépend de la vérité intérieure qui vient de la Conscience divine. Vous devez obtenir votre vérité personnelle auprès de la Conscience divine et ne pas dépendre des autres pour découvrir la vérité qui vous concerne. La vérité absolue, rappelez-vous, est toujours une vérité personnelle et elle provient toujours de l'intérieur de soi.

Nous enseignons ce qu'est la tension dans ce chapitre pour vous aider à comprendre comment votre esprit établit sa connexion avec l'esprit de Dieu. Une personne peut exercer un contrôle sur sa tension tout comme elle peut contrôler la tension qu'elle exerce sur l'anche d'un instrument de musique ou sur l'archet d'un violon. La tension que vous exercez sur votre propre entité spirituelle intérieure est ce qui lui permet d'établir sa connexion avec la Conscience divine. Pour faire cela correctement, il faut comprendre ce qu'est la tension.

La tension, lorsqu'appliquée à l'entité spirituelle, est ce qui fait vibrer en beauté sa tonalité. La comparaison avec un instrument de musique aide à mieux comprendre ici. On joue de la tonalité, pour ainsi dire, à l'intention de l'univers. Vous appliquez de la tension sur votre propre esprit en vous alliant à la Fraternité ou en exerçant sur votre esprit la tension qui le fera se tendre pour établir une communication avec l'univers et chercher à découvrir le canal permettant d'accéder à la Conscience divine. Ce canal est toujours ouvert, prêt à répondre à quiconque désire ce contact. Votre sondage pour découvrir ce canal est comme l'antenne d'une radio. Il sent quelle est votre fréquence vibratoire et la met sur la longueur d'onde de la Conscience divine.

Ce sondage intérieur pour détecter votre vibration

devient le centre de convergence de votre attention grâce auquel le canal s'établit. Tout ce processus de sondage et de connexion se fait à la vitesse de la pensée. Croyez-le ou non, la pensée est encore plus rapide que la lumière. La pensée est instantanée, se fusionnant avec ce qui lui est identique. Par conséquent, lorsque vous pensez à peu près n'importe quoi sans but déterminé, vous abaissez la vibration de votre entité spirituelle. Ce sont les vibrations élevées qu'il faut viser à émettre, car ces vibrations permettent d'accéder plus facilement à la Conscience divine que les vibrations de fréquence inférieure.

Les gens ne vont-ils pas trouver difficile de comprendre la relation que la tonalité, la vibration et la tension peut avoir avec eux-mêmes? Je demandai à nouveau à la Fraternité de donner un commentaire à ce sujet.

Ces concepts ne sont pas aussi difficiles à comprendre que vous pourriez le penser. Les gens comprennent ce qu'est une vibration parce qu'ils peuvent ressentir ce qu'est une vibration en entendant un son. Ils savent ce que c'est. Ils comprennent que, pour fonctionner, la radio et la télévision dépendent de divers types d'énergie vibratoire pour recevoir les programmes diffusés. Pourquoi serait-il alors difficile de comprendre que notre moi intérieur, que la plupart des gens n'ont jamais vu, émet et reçoit lui aussi des vibrations. Non, je crois que le lecteur arrivera très bien à comprendre cette question de vibrations.

Permettez-moi de récapituler si vous le voulez bien. Notre esprit émet différentes tonalités et vibrations qui font de chacun de nous un être unique. La tonalité est le reflet de nos pensées, et nous pouvons augmenter ou diminuer l'intensité de la tonalité. Je demandai si cet énoncé était juste.

C'est effectivement correct. L'augmentation signifie que nous progressons vers notre but d'unité avec le Dieu de l'univers. L'émission peu fréquente de vibrations élevées veut simplement dire que nous laissons beaucoup d'espace entre ces vibrations où les parasites de la vie et les interférences d'autres vibrations peuvent alors s'infiltrer.

Implanter la vérité dans votre entité spirituelle aide à résorber ces espaces et à accroître ces vibrations. Alliez-vous à nous pour comprendre.

Permettez-moi de poursuivre ma récapitulation. Notre objectif est donc d'accroître l'intensité de ces vibrations en nous unissant à notre vérité personnelle émanant de la Conscience divine. A mesure que nous accroissons ces vibrations, notre vie s'aligne sur le dessin divin sans que nous n'ayons à subir l'interférence des autres personnes qui pourraient saper notre inspiration ou nous drainer notre énergie.

L'image est correcte. Cela signifie que nous sommes entièrement responsables de notre destinée. Ne vaut-il pas la peine de s'unir à cette vérité? Les notions que nous présentons dans ce livre vont s'intégrer à votre perception des choses et vous mener à la meilleure vérité qui soit pour vous, la seule qui puisse vous aider - la vérité personnelle émanant de la Conscience divine.

La vérité à laquelle nous nous référons dans le titre de ce chapitre forme la base de toute compréhension à ce sujet. Elle est absolue et vous appartient en propre. Le fait de vous allier à nous vous aidera à laisser tomber votre ancienne terminologie qui pouvait faire entrave à votre progrès spirituel, et cela vous donnera l'autorité nécessaire pour entreprendre ce travail dont nous vous parlons. Notre travail d'équipe vous aidera à comprendre tout ce que nous disons ici. Unissez-vous maintenant à nous pour connaître la vérité, la tension et la tonalité de votre âme.

Stimulateurs de pensée

1. Notre tonalité est ce que nous avons créé dans notre être spirituel au fil de nombreuses incarnations. Notre tonalité détermine notre niveau vibratoire. Que détermine notre niveau vibratoire?

2. La croissance de notre âme s'accomplit lorsque nous vivons notre vie conformément à notre plan de croissance. Notre tonalité vibratoire est différente de la croissance à laquelle notre âme est parvenue. En quoi leurs fonctions respectives diffèrent-elles?

3. La tension peut élever l'entité spirituelle à une très belle tonalité vibratoire. La tension est ce que nous appliquons en travaillant avec la Fraternité, en méditant dans notre temple intérieur et en nous engageant à mettre en pratique la vérité de la Conscience divine.

Travail intérieur : Notre volonté de fusionner notre tonalité avec la vérité de Dieu est un processus graduel. Notre ego peut refuser de se fusionner avec la vérité de Dieu pour ainsi nous faire replonger dans le mode de fonctionnement de la conscience terrestre. Ouvrez-vous dans votre temple à recevoir l'aide de la Fraternité pour élever votre tonalité vibratoire et ainsi accéder à la meilleure vérité que la Conscience divine a pour vous.

Un nouvel espoir remplace les vieilles platitudes

11

Que dois-je faire pour être complet?

L'esprit/conseiller de la Fraternité commença ce chapitre de son propre chef, sans incitation de ma part.

Les gens veulent à nouveau espérer que Dieu est bien Celui qu'Il dit être. Ils ne veulent plus entendre parler des vieilles platitudes que beaucoup croient inadéquates ou fausses. Il veulent ce qui est sûr, ce qui leur appartient, ce qui leur apprend comment se servir de la puissance de Dieu dans leur vie.

Le travail d'équipe est la réponse à cette attente. C'est par le travail d'équipe que vous accéderez à la puissance divine dans votre vie. La vérité qui vous parvient par l'entremise de la Conscience divine est essentielle pour recevoir cette puissance. Considérez donc la vérité absolue comme l'ingrédient numéro un dans ce travail d'équipe.

Le second ingrédient dans le travail d'équipe est l'aide que vous pouvez obtenir de la Fraternité, ce conseiller, cet enseignant promis par Jésus avant qu'il ne quitte le plan terrestre. La Fraternité a le bon enseignant ou conseiller pour vous, qui communiquera avec vous pour vous aider à faire équipe avec lui. Le troisième et dernier ingrédient du travail d'équipe, c'est vous, bien sûr, votre être ouvert, vos pensées ouvertes, votre confiance en notre travail.

Grâce au travail d'équipe, vous pouvez faire affluer la puissance de Dieu dans votre vie. C'est en cela que réside le moyen de créer ce qui est bon pour vous dans votre vie actuelle - pas dans une future vie, pas dans un quelconque avenir, pas lorsque les êtres immergés dans la vérité de la conscience terrestre pensent que vous êtes devenu parfait. C'est par le travail d'équipe avec nous que la puissance de Dieu se manifestera dans votre vie, et avec cette puissance naîtra à nouveau l'espoir de la grandeur que Dieu nous a tous promis.

Lorsque la puissance de Dieu circulera librement dans votre vie, vous porterez en vous un nouvel espoir comme une chandelle pour éclairer l'obscurité. Un nouvel espoir surgira en vous et dans votre expérience de vie comme ces choses dont vous avez besoin, que vous désirez, et qui vous apportent la vérité éternelle à utiliser lorsque nécessaire. La vérité éternelle, par exemple, peut être utilisée pour redonner son intégrité au corps. On peut s'en servir pour apporter la prospérité dans sa vie. La vérité éternelle peut maintenant sortir du monde nébuleux des mots que l'on lit dans des livres pour entrer dans le royaume des choses pratiques sur terre. Oui, tout ce que nous disons et bien plus encore est possible pour celles et ceux qui emploient la méthode que nous avons décrite.

Grâce au travail d'équipe, vous pourrez profiter de nombreux avantages. Ainsi, par exemple, les platitudes ne retiendront plus votre attention, car vous comprendrez qu'elles proviennent de la conscience terrestre et non de la Conscience divine. Ce qui est positif, ce qui est utile, ce qui vous est offert par le travail d'équipe peut maintenant devenir une réalité dans votre vie.

Les gens qui veulent désespérément être Un avec Dieu ont tendance à se couper de la réalité. Ils n'arrivent jamais à connaître le Dieu qu'ils cherchent. Ils en parlent avec optimisme mais ils ne se confient pas à Sa puissance, à Sa grande énergie. Voilà ce dont il est question avec ce nouvel espoir. C'est pourquoi nous y consacrons tout un chapitre. Le nouvel espoir pourrait s'avérer n'être qu'un vague espoir, et non une réalité d'espoir. C'est la puissance de Dieu qui fait toute la différence. Elle fait passer les gens du vague à la réalité. Voilà notre message.

Il y a certaines personnes qui n'ont même jamais exploré la possibilité d'une relation avec Dieu - du moins, pas de façon consciente. Mais même ces personnes découvrent ce nouvel espoir dont nous parlons ici. Les gens qui pensent ne pas avoir besoin de Dieu s'éveillent en cet instant même à ce nouvel espoir avec celles et ceux d'entre vous qui le désirent consciemment. Les gens doivent inévitablement aspirer à connaître Dieu car ils sont Ses rejetons et ils ne peuvent donc faire autrement que vouloir revenir vers l'être avec qui ils sont unis.

L'équipe de Frères de même que celui que vous appelez Jésus, le Christ, vous guideront maintenant dans un méthode ou un processus par lequel vous pouvez vous unir à la vérité qui fera de ce nouvel espoir votre propre réalité.

S'unir à la vérité
par Jésus et la Fraternité

Unissez-vous à nous dans le temple que vous avez édifié en vous. Ce temple devrait maintenant être devenu un endroit d'une grande beauté et très orné. C'est là que nous venons à votre invitation pour faire de ce nouvel espoir une réalité qui doit faire partie intégrante de votre vie si vous voulez qu'il serve à quelque chose. Alors, entrez dans votre temple. Entrez-y maintenant. Soyez dans ce lieu charmant que vous avez édifié et conçu. Invitez-nous maintenant à entrer par la porte que vous avez ménagée pour nous.

Nous venons, y entrant avec joie, réalisant que vous nous proposez un merveilleux lieu de rencontre où nous pouvons travailler pour vous donner le pouvoir dont vous ferez la démonstration dans votre corps. Votre moi intérieur est votre réalité, c'est évident, et l'usage de ce corps vous revient durant cette existence. Nous nous adresserons donc d'abord à ce qui est réel en vous, votre moi spirituel.

Unissez-vous à nous pour recevoir ce message. Les besoins physiques du corps qui vous font vivre des moments d'anxiété ne doivent pas passer avant notre travail en votre temple. Le travail spirituel que nous faisons est ce qui compte avant tout. C'est ce qui compte le plus parce que c'est l'esprit qui s'unit d'abord avec la puissance. Après que l'esprit se soit fusionné avec la puissance, après qu'il l'ait acceptée et intégrée en lui, alors, et seulement alors, vous pourrez le mettre en ?uvre dans le monde extérieur.

Par conséquent, ne vous occupez que de la première chose à faire et ne vous préoccupez absolument pas de la seconde. Il est assuré que si vous intégrez en vous la puissance décrite par notre vérité, alors l'aspect de manifestation au plan physique deviendra facile.

Je demandai aux Frères de nous donner plus de détails pour clarifier le message.

Pour faire équipe avec nous, il vous suffit de venir dans le temple que vous avez édifié et ensuite de nous y inviter. Une fois réunis en ce lieu, nous collaborerons ensemble pour le travail à faire. Puis demandez-nous conseil sur le sujet de votre choix. Nous trouverons ensemble une façon de répondre à votre préoccupation. Ce n'est pas difficile.

Ce qui est difficile, c'est d'accepter de nous prendre au mot. C'est à ce niveau que la plupart hésitent. La conscience terrestre ne cesse de résonner dans l'esprit des gens pour contrer la vérité que nous apportons. Nous disons que ce pouvoir vous appartient désormais. Et voilà, c'est accompli! Mais la vérité de la conscience terrestre s'interpose pour dire : « Bon! C'est bien joli tout ça, mais tu te sens exactement comme avant, n'est-ce pas? Je suppose que ça n'a pas marché.» Et ce faisant, vous accordez de l'attention à la mauvaise pensée, neutralisant ainsi ce que nous vous avons donné.

Mais il est possible de faire entrer en vous une pensée de la Conscience divine pour qu'elle se combine avec votre esprit. D'abord, lorsque nous vous disons que ce pouvoir vous appartient, croyez-le de tout votre esprit. Puis, demandez à Dieu de bénir la pensée qui est venue en vous en disant : « La puissance du Dieu de l'univers entre maintenant en mon être spirituel. Merci pour ce merveilleux cadeau. Cette puissance fait de plus en plus partie de moi, j'en ai la certitude. Elle ne se dissipera pas, car elle s'ancre dans mon esprit. Et voilà qu'elle élève mon esprit dans le temple de mon être. Je m'y vois en train de flotter avec la liberté et la joie de l'esprit avancé en qui un nouvel espoir s'est maintenant implanté en permanence. Je suis dans mon temple, et je dirige toute mon attention vers la Conscience divine pour recevoir plus de vérité. »

Cette puissance avec laquelle vous vous fusionnez ne quittera jamais votre moi spirituel parce qu'elle en fait désormais partie. Votre moi spirituel peut donc dorénavant donner de l'énergie à votre corps. Imprégnez-vous de cette idée. L'énergie circulera à travers votre corps en y entrant de partout à la fois, transformant celui-ci en un véhicule qui pourra vous servir à réaliser vos objectifs et votre plan de vie. A force de vous ouvrir à cette énergie, elle transformera littéralement votre corps. Elle vous élèvera à une vibration supérieure. Puis, tandis que votre corps vibrera, donnez-lui une forme parfaite. Joignez-vous à nous et devenez votre propre sculpteur.

Aucune maladie ne peut avoir d'emprise sur un corps qui est dynamisé d'énergie par la puissance de Dieu. La vérité éternelle, celle que Dieu déverse en celui ou celle qu'un nouvel espoir habite, ouvrira chaque cellule à la puissance de Dieu. C'est ainsi. Voilà comment nous ouvrons la porte à la guérison pour tous les gens. La seule stipulation qui est faite est que vous devez vous unir au Dieu de l'univers pour accomplir cette guérison. La Fraternité ne peut vous donner ce qu'il revient à Dieu de donner.

Je fis remarquer à la Fraternité que Jésus avait guéri d'autres personnes lorsqu'il était sur terre, et qu'il avait dit que nous pourrions en faire tout autant.

Oui, Jésus a ouvert la porte de la guérison pour les autres. Mais il n'a pas prétendu que c'était lui qui faisait la guérison, n'est-ce pas? Non! Il a fait connaître aux autres le Dieu grâce à qui la guérison se faisait. Si vous voulez apprendre à guérir, laissez d'abord Dieu travailler à travers vous pour vous apporter la guérison. Puis, tournez-vous vers les autres avec la puissance de Dieu bien ancrée en vous.

Je ressens des picotements dans mon annulaire lorsque je touche ma main à un certain endroit. Il y a en plus un petit bout de ce doigt qui est engourdi. Je demandai comment faire pour lui apporter de l'énergie afin qu'il retrouve son état original.

Votre doigt doit être considéré comme faisant partie du tout. Cette idée de se centrer uniquement sur un doigt, un pied, un orteil ou une paupière n'a rien à voir avec notre propos ici. Le tout est la perfection que Dieu EST. Cette perfection est le don qu'Il offre à celles et ceux qui consentent à participer au travail d'équipe dont nous avons parlé au début de ce chapitre.

Peut-être désirez-vous que votre corps retrouve sa

totale intégrité. C'est ce que cette auteure désire, mais elle a tendance à ne s'intéresser qu'aux parties individuelles du corps plutôt qu'au corps dans son ensemble. La vérité de Dieu ne se limite pas aux parties, il vous faut comprendre cela.

Voilà son temple, grand et charmant. Son esprit s'y trouve et nous entrons par la porte qu'elle a créée tout spécialement pour nous. Mais ensuite elle ne fait pas réellement l'unité avec la puissance que la Conscience divine apporte. Elle ne s'y unira pas à moins de laisser tomber l'incompréhension qu'elle entretient au sujet de son propre esprit.

Elle entre dans son temple sans pour autant croire entièrement à ce qu'elle fait. Elle y vient en touriste, et non comme une personne qui s'identifie pleinement à cette réalité. Ce temple doit faire partie de l'essence même de son être. Il doit être le reflet de son esprit essentiel. Alors elle cessera de se comporter en simple visiteuse chaque fois qu'elle y viendra. Elle prendra conscience qu'elle s'y trouve chez elle, dans un endroit qui lui appartient, et non en un endroit où elle met de l'énergie qui pourrait ou non être acceptée. « Merveilleux », dit-elle. « C'est génial », remarque-t-elle. Mais elle ne dit pas : « C'est à moi ça. »

S'allier à nous constitue la première étape à franchir. Mais nous ne pouvons franchir la seconde étape à votre place ou à la place de cette auteure. Celle-là, vous devez la franchir seul. A présent, revendiquez le pouvoir que nous vous donnons. Il ne faut pas s'en émerveiller comme on s'émerveillerait d'une chose nouvelle et étrange. Il faut l'accueillir comme quelque chose qui vous arrive finalement parce que vous le méritez et le voulez. Faites-en l'essai. Comment vous sentez-vous avec ce pouvoir? Vous va-t-il bien? Le fait de vous allier à nous vous permet de recevoir tout ce que vous voudrez bien accepter comme vérité. Mais il n'y a que vous qui puissiez choisir d'accepter. Cette partie du travail, vous seul pouvez la faire.

Remettez maintenant votre pouvoir à votre moi spirituel. Unissez-vous y de la façon qui vous semblera la meilleure. Cette auteure a décidé de l'endosser comme on endosse un vêtement! C'est bien ainsi. Ça lui donne la visualisation dont elle a besoin pour que cette intégration se fasse. Elle commence maintenant à mieux comprendre où nous voulons en venir. Elle assume le manteau du pouvoir que les entités portent lorsqu'elles s'identifient avec ce nouvel espoir qui dit que Dieu est au milieu de vous.

Travaillez là-dessus. Servez-vous de votre propre visualisation, quelle qu'elle soit. Cette scène en votre esprit représente ce qui se passe réellement en vous. Votre unification à la puissance est en cours de réalisation! C'est par le travail d'équipe que le nouvel espoir deviendra réalité dans votre moi spirituel.

Personne ne peut devenir ce qu'il souhaite être tant que la puissance n'a pas été convenablement utilisée. Ensuite, il vous est possible de mettre votre corps dans la condition que vous désirez. Voici comment on s'y prend.

Visualisez votre corps. Voyez-le avec toute sa beauté et toutes ses imperfections. Puis, aimez votre corps, identifiez-vous entièrement à celui-ci, et louangez-le car c'est le corps qui vous sert si bien dans cette existence. A présent, touchez-le. Prenez votre tête entre vos mains. Rendez hommage à Dieu pour votre tête et tous ses merveilleux processus vitaux que, pour la plupart, vous ne comprenez même pas. Puis, dirigez la puissance divine vers votre tête. Visualisez que cela est fait. Ensuite, faites pénétrer la puissance divine dans le reste de votre corps. Que se produit-il alors? Votre corps reçoit alors ce dont il a le plus besoin - la puissante énergie du tout.

Le canal ouvert que vous formez entre votre esprit et la Conscience divine conserve maintenant l'image de l'intégralité de votre être. Le reste est facile! La puissance a été utilisée pour donner de l'énergie à votre corps. Vous êtes devenu réceptif au processus et vous l'avez complètement accepté. Observez le processus poursuivre son action. Prenez plaisir à voir la grandeur divine faire son oeuvre en vous. Dieu a accompli son oeuvre de perfection.

Alliez-vous à nous pour comprendre la vérité que nous vous avons apportée en ce chapitre. Il est facile pour nous de faire entrer cette vérité dans ce plan d'existence parce qu'ici nous sommes des esprits. Joignez-vous à nous pour faire en sorte qu'il en soit tout aussi facile pour vous.

Votre croissance spirituelle est entamée, car la vérité divine de la puissance s'est unie à vous. Vous êtes entré dans une nouvelle dimension en lisant les mots de ce chapitre et en travaillant avec ceux-ci. Vous pouvez maintenant vous servir de la puissance parce que vous avez joint le travail d'équipe qui vous permet d'ouvrir votre esprit à un nouvel espoir.

Cultivez la vérité qui est maintenant présente en vous et ne vous contentez plus jamais de rien d'inférieur à l'intégralité que votre corps peut désormais avoir. Alliez-vous à nous pour que cette vérité se manifeste pleinement dans votre vie. Et n'accordez plus jamais votre attention à quelque pensée inférieure que ce soit, ni ne compromettez la pensée de votre intégralité dans ce qui ne l'est pas. Allez en paix dans la vie, donnant de l'énergie à la merveilleuse vérité à laquelle vous pouvez maintenant croire de tout votre coeur.

Stimulateurs de pensée

1. La Fraternité nous dit de vivre MAINTENANT - pas quand nous serons parfaits ou un de ces jours dans l'avenir. Grâce à l'énergie, à la puissance divine qui comble nos besoins et nos désirs, notre vie peut s'écouler sans entraves. Quels sont vos désirs et besoins actuels? Comment pouvez-vous recourir à la puissance de Dieu pour les combler?

2. Notre esprit s'unit à la puissance, se fusionne avec la vérité de la Conscience divine lorsque nous l'ACCEPTONS et que nous la faisons nôtre. La conscience terrestre encourage la peur et la limitation - tout l'opposé de la Conscience divine. La conscience terrestre veut nous faire renoncer à la vérité et à la puissance de Dieu. Comment pouvons-nous contrer ces pensées de la conscience terrestre et nous unir avec la vérité et la puissance de la Conscience divine?

3. La guérison est accessible à tous. La maladie ne peut survivre dans un corps rempli d'énergie par la puissance de Dieu. Nous parvenons à cette intégralité lorsque nous

faisons équipe avec le Dieu de l'univers. Comment fait-on pour revendiquer la puissance énergisante de Dieu pour créer cette intégralité dans notre corps?

Travail intérieur : La vérité externe nous ouvre à de nouveaux espoirs de vivre une bonne vie. En nous alliant à la Fraternité de Dieu nous recevrons toute la vérité éternelle que nous voudrons bien "accepter". Pensez à ce que signifie le fait d'accepter. Ouvrez-vous à l'idée d'accepter votre vérité éternelle.

Un Nouvel âge - une meilleure vie

12

Qu'est-ce que ce Nouvel âge, et en quoi aura-t-il un influence sur moi?

Chaque personne lisant ce livre sait que la vie est remplie de changements. Que nous soyons prêts ou non à affronter les changements survenant dans notre existence personnelle ou dans le monde où nous vivons, nous devons tout de même faire face au changement ou, mieux encore, l'accepter. Ce chapitre porte sur le changement, le genre de changement qui entraînera l'émergence d'un monde plus sain, et finalement d'un meilleur mode de vie que ce que nous connaissons en ce moment. Voici ce que mon esprit conseiller m'a dit.

Le Nouvel âge fera bientôt son apparition. La terre où vous vivez connaîtra de nombreux changements, mais il n'y a pas lieu d'entretenir de craintes à ce sujet. Ces changements amèneront une purification de l'air, une nouvelle végétation et une nouvelle vie sur toute la planète. La terre prospérera à nouveau comme ce fut le cas bien des années avant que l'homme ne la pollue. Mais l'homme ne pourra connaître à l'avance le moment exact du changement ni le genre de transformations qui se produiront.

Même les scientifiques aujourd'hui estiment que certains changements majeurs s'annoncent. Leur collaboration scientifique leur donne cette idée, mais ils ne se sentent pas suffisamment sûrs de leurs découvertes pour tenter de prévoir ce qui se produira. Ce changement prendra la forme d'une union entre un centre de la terre et un nouveau point dans les cieux. Ce centre ou coeur de la terre est à l'écoute de ce point éloigné, mais il va commencer à réagir à un point différent là-bas au loin. Ceci lui fera adopter un nouvel alignement avec l'ensemble de l'univers. Autrement dit, la terre se déplacera à une autre position de polarité.

Lorsque la terre changera de position, les gens deviendront évidemment très agités, parce que le pôle nord se retrouvera en un endroit chaud auparavant. Le pôle sud se retrouvera lui aussi en un endroit que les gens considèrent normalement comme chaud. Les températures changeront radicalement pour refléter les changements survenus, et les gens auront peur. Mais ceux qui comprendront ces changements sauront que les choses finiront par se stabiliser avec le temps.

Ce formidable changement de position aura pour conséquence que certaines personnes ne continueront pas à vivre dans une forme terrestre. Mais pourquoi s'en faire avec cela? Vos âmes sont éternelles! Les personnes qui survivront porteront bien sûr une lourde responsabilité. Mais si elles comprennent la vérité - et ce livre les aidera à se rapprocher de la source de toute vérité, c'est-à-dire de la Conscience divine - elle recevront alors toute l'aide nécessaire.

Le but de ce chapitre est double : d'abord, donner aux gens une idée des changements à venir; deuxièmement, faire en sorte de les disposer à accepter le Nouvel âge comme quelque chose de sain. Le fait de vous unir à nous vous aidera à avoir ce genre d'assurance intérieure. Laissez la vérité de votre être intérieur guider votre moi intérieur afin de pouvoir ainsi faire face avec sérénité à toute éventualité.

Unissez-vous au Dieu de l'univers, soit directement, soit avec notre aide. Laissez-nous maintenant vous conseiller. Le Nouvel âge sera une bonne chose car la terre retournera alors à sa pureté d'antan. Le danger ne provient pas du changement. Le danger ne réside que dans votre refus d'accepter ce changement.

Je ne crois pas que quiconque veuille que notre terre subisse un changement semblable à celui décrit par la Fraternité. Cependant, les Frères maintiennent que nous devrions nous réjouir de l'arrivée imminente du Nouvel âge parce que la vérité de la conscience terrestre telle que nous la connaissons aujourd'hui sera complètement éliminée. Les gens vont contribuer à créer une nouvelle et meilleure conscience terrestre à partir de leurs meilleures convictions. Voyant quelles pensées peu enthousiastes j'entretenais, la Fraternité réagit ainsi.

Notre perspective sur le changement est celle de

l'univers. Mais vous faites bien partie de cet univers, n'est-ce pas? Il vous faut penser grand ici. Si la terre entre dans un Nouvel âge, c'est pour s'améliorer. Ce changement s'inscrit dans l'évolution normale de la matière que Dieu a créée. Cette matière est fondamentalement bonne, et elle doit redevenir bonne. Le changement doit donc se produire pour qu'elle redevienne bonne. Comprenez-vous bien ceci?

Même si je leur fis part que je comprenais, un tel changement dans la position de la polarité de la terre ne m'apparaissait pas être une si bonne idée que cela.

A présent, conservez à l'esprit cette pure pensée du changement. Cette pure pensée ne comporte aucune peur, aucune crainte du changement. Elle ne fait qu'accepter le fait que le changement est pour le mieux et non pour le pire. Abandonnez-vous complètement à la pensée pure ici. Pensez à la terre qui est en train de devenir un endroit meilleur, plus propre, plus attrayant et plus pur qui sera le reflet du Dieu de l'univers.

Le temps est venu d'envisager ce changement, car il surviendra au moment où il avait été prévu qu'il se produirait. Le moment précis de ce changement ne vous est pas indiqué car seul le Dieu de l'univers le sait avec exactitude. Mais nous qui demeurons sur les plans avancés pouvons voir les symptômes annonciateurs de ce changement. Ces symptômes sont clairs pour nous, tout comme les symptômes d'une maladie révèlent aux médecins de quelle maladie il s'agit. Nous notons ces symptômes et savons que la terre est maintenant sur le point de se purifier. Tenez-vous y donc prêt.

A part le fait qu'il nous faut accepter la notion que ce changement est bon, ma question suivante à la Fraternité concernait ce que nous pourrions faire d'autre pour nous y préparer.

Cet événement, vous le savez, affectera tout le monde. Ce à quoi il vous faut vous préparer, c'est d'apprendre à survivre sans les choses auxquelles vous êtes habitué. Les livres sur la survie vous seront utiles à cet égard. Les cours de formation à la survie en région sauvage vous aideront également. Mais tout cela ne sera pas suffisant. Vous aurez besoin de l'enseignement émanant directement de la Conscience divine pour savoir quoi faire, où aller et comment entrer dans ce Nouvel âge.

Je me demandais si tout le monde devait se mettre à étudier les techniques de survie et à accumuler des provisions.

Il n'est pas nécessaire de faire des réserves car la plupart des édifices seront détruits dans les bouleversements que connaîtra la terre pour prendre sa nouvelle position. Mais le savoir est ce qui compte vraiment ici - le genre de savoir qui entre en vous par l'entremise de votre moi spirituel. Voilà pourquoi nous mentionnons cela dans ce livre - afin de vous assurer que vous ne vous retrouverez jamais désespérément abandonné. Vous disposez de cette ressource de la Conscience divine et de la Fraternité qui vous aidera à établir la connexion.

Pour vous préparer aux temps à venir, apprenez comment faire pousser des plantes. Apprenez comment mettre des graines en terre et comment vous en occuper. Apprenez tout sur les plantes. Cette compréhension est importante. Puis sachez également qu'il est possible que vous ayez à vivre dans un climat entièrement différent de celui que vous avez en ce moment. Vous devez donc vous adapter au changement. L'état d'esprit est ce qui compte vraiment ici, non pas une connaissance de tous les climats - un état d'esprit qui comprend que l'aventure est commencée, et non un état d'esprit qui s'imagine que la terreur a débuté.

Les gens qui se préparent à faire partie de ce changement pour le mieux et ceux qui voient venir le Nouvel âge avec optimisme seront des expressions vivantes de la vérité. Ils seront la fondation pour des générations à venir. Ils vivront en paix avec tout le monde et manifesteront de l'amour les uns envers les autres. Les gens s'en remettront à leur être intérieur pour apprendre comment réussir à bien s'adapter au Nouvel âge. Ils s'uniront à nous pour comprendre qu'ils ne sont pas seuls. En outre, ils ne pleureront pas la perte de ceux dont le corps a été détruit, sachant que ces entités spirituelles reviendront à la vie pour peupler à nouveau la terre de bonnes âmes.

Ouvrez-vous à la vérité que nous vous offrons ici; ne

vous laissez pas aller au désespoir. Et d'ailleurs, quel désespoir? N'avons-nous pas dit que l'esprit est la réalité? N'avons-nous pas dit que l'esprit est indestructible? Accordez votre attention à ces paroles et aux entités qui vous les communiquent. Acceptez consciemment le fait que tout ce qui EST provient de la Source, de Dieu. Cette Source, ce Dieu est l'essence même du bien. Il s'ensuit que les entités spirituelles comme nous et la substance dont toute la création est faite doivent également être bonnes. Pour empêcher la dissipation du bien, des changements doivent avoir lieu. C'est là le principe divin à l'oeuvre. A présent, comprenez-vous?

L'entité qui écrit ceci n'a absolument aucune notion réelle de la nature de ce changement. Elle y a pensé et elle l'a considéré au cours de sa vie. Mais elle ne peut concevoir que ce changement puisse réellement se produire. Elle a pourtant accepté notre vérité selon laquelle cet événement se produira. Elle veut donc protéger tout le monde en vous disant où vous pouvez vous rendre pour être en sécurité.

Mon esprit conseiller lisait encore dans mes pensées!

Mais il importe peu que nous vous disions de telles choses. Vous regarderiez autour de vous et décideriez de demeurer où vous êtes pour être avec des amis, conserver votre emploi ou pour n'importe quelle autre motif. Ce changement surviendra lorsqu'il surviendra. Jusqu'à ce que cela se produise votre existence sera déterminée par ce à quoi vous accordez votre attention, et non par l'endroit sur terre où vous voulez être pour assurer votre sécurité. Vous êtes partout en sécurité, n'est-ce pas? L'esprit est éternel. Le corps est destructible, bien sûr, mais lorsque vous perdez votre corps vous allez alors rejoindre en esprit les êtres qui vous sont chers; alors pourquoi vous en faire avec ce que vous appelez la mort? Qu'y a-t-il de si tragique?

Je suggérai que ce n'était peut-être pas de la mort dont j'avais peur, mais de la possibilité d'une souffrance physique.

Maintenant vous avez mis le doigt dessus. C'est de

la souffrance dans votre corps dont vous avez peur, ce n'est pas de la mort. Mais si vous entrez dans la vérité, vous allez guérir votre corps, ou sinon vous apprendrez comment le quitter. Ainsi, vous exercerez toujours le contrôle. Accordez-nous votre attention à ce sujet. Apprenez bien vos leçons. Faites entrer la vérité dans votre âme et vous n'aurez plus rien à craindre, absolument RIEN. Alliez-vous à nous pour recevoir de l'aide à ce sujet.

Avais-je bien compris? Se pourrait-il que l'on puisse réellement se guérir soi-même ou alors simplement choisir de quitter notre corps si c'est ce que nous voulons? Je demandai si cet énoncé était juste pour nous maintenant aussi bien qu'après le grand changement sur terre.

Cette aptitude a longtemps été comprise sur terre et beaucoup l'ont utilisée. Pour entrer dans le Nouvel âge, il pourrait s'avérer utile pour vous de conserver précieusement cette idée en vous, d'accord?

Accordez-nous à nouveau votre attention sur la question du Nouvel âge. Le Nouvel âge verra l'émergence de nouveaux leaders. Celui qui émerge en ce moment pour être le plus grand leader n'est pas la personne idéale pour ce rôle, bien qu'il soit appelé à être d'une certaine utilité. Mais il n'est pas une personne comme le Christ qui peut mener la terre dans une ère de paix et de prospérité. Il est trop égocentrique, trop centré dans son propre ego. Mais il se révélera néanmoins être un merveilleux leader. Comprenez bien ce que nous disons. Le chef qui émergera en premier ne sera pas celui à qui vous voudrez confier en permanence la responsabilité de leader. Laissez-le assumer ce rôle pendant un court moment, et ensuite trouvez-vous un nouveau leader qui aura une approche plus désintéressée face au monde.

Je demandai à la Fraternité si je connaîtrai le Nouvel âge au cours de ma présente existence. Je demandai aussi ce qu'il en sera pour les lecteurs de ce livre.

Il y en aura évidemment beaucoup parmi vous qui passeront sur l'autre plan d'existence avant que cela ne se produise. L'auteure ne sera pas parmi celles et ceux qui verront le Nouvel âge. Mais ses enfants le verront. Ils n'accepteront pas de croire que ce Nouvel âge s'en vient, mais ils liront ses livres avec un grand intérêt. Il en sera de même pour beaucoup d'autres personnes. Les enfants de cette auteure seront ébahis de lire ces mots, mais comme c'est leur mère qui les a écrits, ils les trouveront difficiles à accepter.

Mais ils ne seront nullement surpris dans leur coeur lorsque la terre changera de position. Seul un de ses enfants survivra dans son corps physique pour continuer à vivre dans cette ère, et celui-ci jouera un rôle utile auprès des autres pour les guider dans les temps d'anxiété. Cet enfant aura ce livre avec lui et il s'y référera pour enseigner aux autres sa vérité. Voilà comment il contribuera à apporter de l'aide grâce à la vérité.

D'autres livres ont déjà fait état de prédictions sur le changement et l'avènement d'un Nouvel âge. Au premier abord, tout cela semble horrible. Mais, comme l'a dit la Fraternité, tout est une question de perspective. Si nous croyons réellement au concept de l'esprit comme étant notre réalité, alors, comme ils nous le disent, nous n'avons aucune crainte à avoir à l'égard de quoi que ce soit.

La Fraternité nous assure qu'il y aura des signes avant-coureurs du changement.

Les journaux parleront des changements terrestres. La terre tremblera. Les avertissements que lancera la terre ne sèmeront pas la terreur, mais ce seront néanmoins des avertissements incontournables. Vous saurez grâce à ces avertissements que le Nouvel âge s'amorcera comme vous vous y attendiez. Mais vous ne paniquerez pas. Le changement que connaîtra la terre sera pour le bien.

Je demandai que l'on décrive ce changement tel que le percevront les gens qui en feront l'expérience.

Il y aura des différences selon l'endroit où vous vivez. La terre changera totalement de visage et l'ensemble de l'hémisphère nord sera transformé. Les cartes ne vous seront plus d'aucune utilité, car le littoral changera énormément. Plus rien ne sera comme avant. Les maisons vont s'écrouler parce qu'elles ne pourront résister aux changements que subira la terre. Les cimes de montagnes vont tomber et les gens seront partout confrontés à une nouvelle topographie.

Des îles vont disparaître, des zones côtières vont

s'effondrer, le fond des océans va s'élever, et l'ensemble de la position des choses va changer à un tel point que nous aurez l'impression qu'il s'agit effectivement d'une nouvelle terre. Vous allez survivre ou bien vous ne survivrez pas. Mais si vous survivez, il ne vous sera d'aucune utilité d'avoir amassé des provisions car elles seront probablement enfouies dans les glissements de terrain. Ne pensez donc même pas à de telles choses. Ce que vous mettrez dans votre esprit est ce que vous aurez. Les notions de survie méritent donc tout d'abord votre attention. Puis il vous faut des notions sur l'agriculture et sur la façon de vivre ensemble. Les gens vont tout oublier des nationalités. Ils ne penseront plus aux tribus. Ils seront tout simplement des gens s'efforçant de vivre et de progresser. Ils offriront leur aide aux autres, et ils prospéreront à nouveau.

Tout cela pourrait-il n'être qu'un avertissement pour que nous devenions de meilleures personnes ou alors ce changement se produira-t-il vraiment?

Ce changement devra forcément se produire. Il est inévitable. Seule la question du "quand" est incertaine. Il n'y a que Dieu qui connaisse la réponse à cette question, et elle est cachée, même pour nous. Nous disposons toutefois de la perspective nous permettant de discerner l'ère à venir et de vous en parler. Ce message n'est pas une ruse, car à quoi cela mènerait-il? Une nouvelle ère viendra, et nous nous réjouissons du fait que la terre s'en trouvera mieux. Bien des esprits d'ici retournent maintenant sur terre pour prendre part au Nouvel âge. Ils s'incarnent pour apporter leur aide, car ils croient avoir quelque chose à donner. Ceux qui reviennent collaborent ensemble pour amener les gens de la terre à faire ce qui favorisera leur évolution. Ces esprits possèdent le sens de l'aventure, et ils disposent d'un plan qu'ils veulent mettre à exécution durant leur existence terrestre. Ils seront forts et apporteront de l'enthousiasme en cette époque.

Je me demandais s'il pouvait y avoir quoi que ce soit d'autre, mis à part ce dont ils avaient déjà fait mention, qu'il nous fallait savoir pour nous préparer au Nouvel âge?

La préparation s'effectue au sein du moi spirituel, cela va de soi. Le monde extérieur réagit aux impulsions du moi intérieur ou spirituel. Si ce moi spirituel est assez fort dans la vérité, vous survivrez dans le corps si tel est votre voeu. Mais si le moi spirituel est faible et ne dispose que de la vérité de la conscience terrestre, le corps périra parce qu'il n'aura pas de réelle vérité pour le soutenir.

Nous allons maintenant vous enseigner pourquoi la terre doit passer à travers ce changement. La substance qui donne à la terre sa forme, sa vie et son mouvement est en voie de s'épuiser et elle n'est pas alimentée. Cet épuisement est dû au fait que la vérité de la conscience terrestre puise dans sa propre substance. Ainsi, par exemple, selon la vérité de la conscience terrestre, la terre n'est rien de plus qu'une boule de poussière et d'autres matières, et lorsque nous y croyons, nous puisons dans les réserves de la substance terrestre. Cependant, lorsque nous puisons dans la substance de l'univers, la substance qui est illimitée et exclusivement bonne, nous renouvelons la substance de la terre.

L'équipe qui a maintenant l'avance est donc celle qui puise dans la substance de la terre. Nous espérons bien sûr toujours que cette situation soit bientôt renversée, mais la substance de la terre est à ce point épuisée en ce moment qu'il est devenu nécessaire de la remuer un peu comme un cuisinier qui remue ses ingrédients dans la marmite afin de mélanger les bonnes substances. C'est ce que la terre fait d'elle-même pour se renouveler. Les gens, qui sont en fait des rejetons du Dieu de l'univers, peuvent eux aussi renouveler cette terre, en accordant foi à la vérité selon laquelle la substance de Dieu génère ce renouvellement. Et ensemble, les gens peuvent littéralement déplacer des montagnes pour produire ce renouvellement. Mais si les gens ne s'en remettent qu'à la conscience terrestre, il n'y a alors pas de renouvellement possible. C'est ainsi que les choses se passent.

Vous voyez maintenant pourquoi la terre va changer, pourquoi les gens vont connaître le changement prédit par Jésus. Mais Jésus n'a pas associé d'idée d'horreur à cet événement. L'idée de terroriser les gens avec cela apparut plus tard, après le départ de Jésus de la terre. Jésus voulait simplement présenter aux gens la vérité concernant leurs responsabilités, mais des auteurs ont voulu ensuite faire comprendre aux humains leur nature de pécheurs et imprimer en eux l'image de l'holocauste à venir.

Veuillez à présent considérer cette vérité. Imprégnez-vous en. Devenez Un avec elle. Cette vérité vous appartient.

Accordez maintenant votre attention à l'arrivée de l'ennemi qui peut détruire tout ce pour quoi nous oeuvrons. Cet ennemi vous fera beaucoup de promesses pour obtenir votre coopération, mais il ne collaborera avec personne pour faire ce qu'il dit. Cet ennemi aura l'apparence du bien mais la nature du mal. Il pourra détruire des entités en prétendant être le Christ revenu sur terre. Mais lorsque cette entité se manifestera, elle ne se laissera guider que par ses propres tendances pour accomplir tout le travail par elle-même. Elle dira aux autres quoi faire, mais elle ne s'unira pas avec eux, pas plus qu'avec nous ou avec le Dieu de l'univers. La vérité que vous avez appris à recevoir vous indiquera s'il y a une personne qui est un ennemi, et cette compréhension vous protégera et l'empêchera d'établir son emprise sur vous. Voilà comment l'ennemi sera défait.

Synchronisez votre tonalité avec celle du Dieu de l'univers et ne vous en écartez plus. Si votre détermination est chancelante, la vérité s'en retrouvera affaiblie et l'ennemi pourra s'approcher. Cet ennemi est celui qui vous éloigne de la vérité de Dieu et qui s'unira avec tout ce qui vient de la conscience terrestre. Il cherchera à accroître sa force pour être puissant et non pour améliorer la terre. Méfiez-vous de cet ennemi qui fera semblant de s'unir à vous, mais qui ne deviendra jamais réellement Un avec vous ou avec le Dieu de l'univers.

Je demandai pourquoi il était fait mention de cet "ennemi".

Cet ennemi sera connu de celles et ceux qui survivront à l'ère de changement. Cet individu émergera comme leader et beaucoup de gens, en reconnaissance de son leadership, seront très heureux de se tourner vers lui. Mais il détournera du droit chemin tous ceux qui lui donneront de leur temps et de leur énergie. Les affaires de cet ennemi iront bien pendant quelque temps, mais les gens entreront en contact avec leur être intérieur - avec leur moi spirituel - pour savoir la vérité à son sujet. Cette personne qui émergera comme leader est l'ennemi de l'ère à venir, l'ennemi de la paix et de l'amour fraternel. Il s'incarne uniquement pour défendre ses propres idées, pour devenir une entité puissante sur terre. Les gens ne lui accorderont absolument aucun pouvoir, et ainsi il sera rejeté de tous, désemparé et découragé. Mais le monde ne s'en portera que mieux sans son leadership.

Je ne cessais de m'imaginer que l'ennemi dont ils parlaient était "l'antéchrist" mentionné dans la Bible.

L'antéchrist est une idée ou un principe qui plaît aux gens qui sont sous l'emprise de la conscience terrestre. Ceux qui croient en la vérité de la terre plutôt qu'en la vérité divine feront tout pour détourner de Dieu les humains qui L'écoutent. Mais le principe de l'antéchrist perpétue la pensée erronée.

Le leader dont nous parlons est un praticien du principe de l'antéchrist. Cet ennemi, ce leader dont nous parlons, se laissera guider par son ego pour pratiquer le leadership qui révèle son pouvoir et sa force. La vérité de la Conscience divine ne lui est d'aucune utilité. Il va donc s'en remettre à ce qu'il a appris dans l'ancienne conscience terrestre, cette vérité inférieure et inutile qui dominait le monde avant le grand changement. Il va fonder sa pensée sur ce qui est du passé plutôt que sur ce qui est actuel. Voilà pourquoi il doit être rejeté.

Prêtez maintenant attention à notre promesse relative à notre unité avec vous et à nos bons conseils. Cette promesse affirme que nous viendrons toujours lorsque vous nous demanderez de le faire. Croyez-le et sachez que vous n'êtes jamais seul.

Addendum au chapitre 12

Pour la première fois dans toutes les communications avec la Fraternité, il était fait mention de prédictions. Je n'étais pas tant préoccupée par la prédiction selon laquelle moi, l'auteure, je ne vivrais pas pour connaître le Nouvel âge, pas plus que par la prédiction voulant que mes enfants ne survivraient pas tous au changement dans la polarité de la terre. En relisant ce chapitre, mon éditeur et moi étions préoccupés par certaines prédictions précises d'événements futurs. Celles-ci allaient-elles nuire à l'ensemble de la vérité de ce chapitre? Pourquoi ces prédictions à mon sujet et à propos de mes enfants étaient-elles présentées? Quel était l'intérêt de dire ces choses? Je demandai un commentaire à ce sujet de la Fraternité.

Unissez-vous maintenant à nous pour comprendre en quoi ceci n'est pas ce que ça peut sembler être. La prédiction porte sur l'idée que la terre en viendra finalement à se purifier elle-même. La preuve en est claire; la vérité optimale démontre la nécessité de ces événements. L'aspect sur lequel vous vous interrogez en ce moment concerne le travail d'équipe que cela implique. Les livres que nous écrivons doivent survivre. Pour faire en sorte qu'il en soit ainsi, vous devons aider la personne qui, selon nous, est ouverte à la vérité, à se charger de la responsabilité de les conserver. Les livres entreront intacts dans le Nouvel âge parce que nous aiderons la personne qui est votre enfant à se rendre à un endroit où elle sera à l'abri de tout danger. Inscrivez notre message de manière aussi franche et ouverte que possible, en ne dissimulant absolument rien.

L'oeuvre de notre vérité doit parvenir jusqu'au Nouvel âge. Il en sera ainsi parce que la personne que nous suivons de près tiendra compte de notre perception des choses et amènera ces livres là où ils seront utilisés pour aider l'humanité.

Cette personne ne sera pas la seule à faire ce travail. Il y en aura d'autres - pas vos enfants dans ce cas-ci - qui pourront rendre cette vérité publique dans le Nouvel âge. Par conséquent, ne vous posez pas de questions sur ce que nous disons ici. L'idée de prédictions est intéressante, bien sûr, mais nous ne nous amusons pas à prédire pour le simple plaisir de prédire. C'est la vérité qui nous intéresse avant tout ici, et non les prédictions. Nous ne nous mêlons pas des affaires de l'humanité pour prédire tel ou tel événement. Nous ne faisons que travailler avec la vérité.

Stimulateurs de pensée

1. Notre Terre redeviendra resplendissante de beauté dans le Nouvel âge. La Terre retrouvera sa pureté et son intégrité sera restaurée. Quelles pensées positives vous sont-elles venues à l'esprit en ce qui concerne les changements terrestres à venir?

2. La Fraternité nous informe à l'avance de ce à quoi il faut s'attendre lorsque surviendront les changements terrestres. Au début de ces changements terrestres, la formation à la survie, l'accumulation de réserves et la connaissance des méthodes pour faire pousser de la nourriture à partir de graines seront utiles. Que ferons-nous s'il advenait que nos réserves s'épuisent ou soient perdues? En quoi notre connexion avec la Conscience divine pourrait-elle nous être utile?

3. La Fraternité nous prépare au renouvellement de la terre et à la période de transition à venir. La Fraternité nous prépare aussi à celui qui prendra brièvement le pouvoir et dont le but sera de faire revenir la terre aux anciennes voies de la conscience terrestre. Comment la vérité de la Conscience divine pourra-t-elle nous aider durant cette transition? Quelles sont les autres pensées qui vous traversent l'esprit en ce qui concerne cette période de temps?

Travail intérieur : Nous ouvrons notre conscience au nouveau plan pour la terre et ses habitants. Du sein de votre temple intérieur, soumettez tous vos soucis à la Fraternité et demandez à être guidé quant à la meilleure façon de réagir face aux changements à venir. Demandez qu'on vous communique des vérités précises - une compréhension à mettre en pratique maintenant qui pourra vous être utile au cours de cette période de transition.

Note : Un exposé plus complet sur les changements terrestres est inclus dans le livre New Earth - New truth, Masters of Greatness, et dans le livre Divine Partnership de la seconde trilogie des livres de Jean Foster.

13

Qu'est-ce que la nouvelle vérité et qu'est-ce qui ne va pas avec l'ancienne vérité?

Dans l'évangile de saint Matthieu, au verset 9:17, on peut lire : «On ne met pas non plus du vin nouveau dans de vieilles outres; sinon les outres se rompent, le vin se répand, et les outres sont perdues. Mais on met le vin jeune dans des outres neuves, et l'on conserve ainsi l'un et l'autre. »

Dans ce chapitre, la Fraternité apporte un nouvel éclairage aux paroles bien connues de Jésus citées ci-dessus.

Alliez-vous à la Fraternité pour comprendre la métaphore du vin et des outres à vin. Tous ensemble, nous vous aiderons à comprendre en quoi la vérité se compare au vin et en quoi votre esprit se compare à l'outre. Unissez-vous à nous pour pénétrer le sens profond de la métaphore et du travail spirituel qui doit se faire en vous avant que vous ne puissiez progresser au-delà d'une simple compréhension préliminaire de la vérité.

Alliez-vous à nous pour comprendre que les vieilles outres à vin (dans le verset de la Bible cité ci-dessus) faisaient référence aux gens qui étaient fidèles à la tradition et aux paroles transmises à leurs ancêtres. Mais ceux qui avaient ouvert leur esprit et leur coeur avaient de nouvelles outres. Ils pouvaient recevoir une nouvelle vérité.

Dans ce chapitre, la métaphore a le même sens. La vérité que nous offrons ne doit pas être mise dans de vieilles outres, car elles ne supporteront pas la pression du nouveau vin. Elles ne peuvent exprimer de nouvelles vérités. C'est là un fait, voyez-vous. Nous utilisons ici le terme "outre" parce les gens qui connaissent la métaphore pourront ainsi comprendre. Le partage d'une vérité n'est rien de nouveau en soi et il en est de même pour le concept des vieilles outres à vin. Les personnes qui sont attachées aux anciennes pratiques ne pourront entièrement recevoir la nouvelle vérité. Ce n'est qu'en prenant de nouvelles outres - en ayant l'esprit et le coeur ouverts - qu'elles pourront recevoir toute la vérité offerte.

Je demandai une interprétation d'un autre passage faisant référence au vin dans l'évangile de saint Luc, au verset 5:39. « Et personne après avoir bu du vin vieux n'en veut du nouveau. Le vieux vin est meilleur, dit-on. »

Ce passage signifie que les personnes attachées aux traditions et aux vérités transmises de génération en génération, n'aimeront pas la nouvelle vérité. Elle vont préférer croire que ce qui est ancien est meilleur, que seule la tradition est meilleure. Elles ne s'ouvriront donc pas à une nouvelle vérité tant que l'ancienne ne sera pas devenue totalement inutile. Les gens qui propagent les anciennes pratiques n'y renonceront pas facilement. Voilà le sens des paroles de Jésus, et c'est toujours vrai aujourd'hui. Les gens qui s'accrochent aux anciennes vérités refuseront de s'abreuver à la source de toute vérité que nous offrons. Il se peut qu'ils tentent de mélanger les deux, mais en ce cas, soit les outres à vin éclateront sous la pression de la nouvelle énergie, soit elles répandront le nouveau qui se mélangera à l'ancien.

Captez l'esprit de cette métaphore. Les outres à vin qui éclateront seront les pensées que vous avez au sujet de votre nouvelle vérité. Celle-ci peut contredire ce que l'on vous a enseigné. Votre esprit en sera donc troublé, alors que vous vous demanderez : « A quoi dois-je croire! Que devrais-je accepter? » Ce trouble équivaut à l'éclatement dont nous parlions. La plupart des gens ne peuvent accepter pour bien longtemps d'être en proie à une telle agitation, et ils doivent donc prendre rapidement une décision. Soit ils intégreront la nouvelle vérité et deviendront de nouvelles personnes, soit ils la rejetteront et continueront à faire les choses à leur façon avec l'ancienne vérité dont ils avaient rempli leur vieille outre - ou, autrement dit, leur esprit.

Joignez-vous à nous pour comprendre comment la vérité qui entre dans de vieilles outres n'aidera jamais les gens à faire la démonstration de la vérité. L'authentique vérité est évidemment celle que vous destine la Conscience divine. L'outre à vin, c'est l'esprit, l'esprit indestructible qui conserve votre nouvelle vérité jusqu'à ce qu'elle fasse partie en permanence de votre moi spirituel.

Intégrez maintenant en vous cette conception selon laquelle la conscience individuelle que chacun de nous possède appartient à l'esprit. Le cerveau fait partie du corps, et il est composé de matière. La conscience, qui est esprit, est ce qui est indestructible, ce qui est connecté avec la Conscience de l'univers. La conscience individuelle nous enseigne la vérité de la Conscience divine, mais elle est exposée à toutes sortes de vérités. C'est à la Conscience divine qu'il vous faut accorder votre attention.

Comprenez maintenant cette autre idée. La bonne nouvelle que nous vous apportons ne pourra jamais entrer dans votre moi spirituel si votre esprit est rempli de vieilles idées, de vieilles pensées, de vérités issues de la conscience terrestre, ou bien s'il est imprégné de pensées erronées qui doivent être abandonnées au profit de la nouvelle vérité. L'attachement à l'ancien n'augure rien de bon pour la personne qui pense à une nouvelle vérité et qui veut l'intégrer en son esprit.

Voici ce que vous devez comprendre - une personne n'a aucune chance de s'unir à la nouvelle vérité si elle ne crée pas une nouvelle outre. La nouvelle outre est celle qui n'a aucune ancienne pensée, qui n'est pas tachée, pourrait-on dire, celle qui peut se distendre comme la nouvelle outre.

Considérons maintenant comment la nouvelle outre vous aide à vous fusionner avec la vérité. Comme elle n'est entachée d'aucune idée préconçue, il n'y a pas de pensées négatives qui s'en dégagent.

Les vieilles outres ne pourront jamais convenir à cette nouvelle vérité que nous vous apportons. La nouvelle vérité nécessite une conscience flexible, un esprit qui s'ouvre pour mettre la vérité en pratique dans cette vie. La vieille outre, que la personne a amenée avec elle dans cette vie ou qu'elle a développée, doit être détruite ou bien rejetée. Voilà comment il faut procéder pour faire entrer une nouvelle vérité dans votre être et ainsi la mettre en pratique dans votre vie.

On retrouve à maintes et maintes reprises cette même idée selon laquelle notre esprit doit s'élargir pour recevoir et utiliser la vérité de la Conscience divine. On nous répète que si nous superposons le nouveau par-dessus l'ancien, rien de valable ne se produira dans notre vie, car les vieilles idées, les vieilles philosophies et les vieux messages vont nous immobiliser. Ce message va être mal reçu par les gens qui ont accumulé ce qu'ils croient être une gamme réconfortante de vérités. Toutefois, dans le cas des gens qui cherchent le chaînon manquant entre eux et le Dieu qui est au-delà de toute compréhension, l'idée de se débarrasser des vieux faits, des vieilles compréhensions et des déceptions qui les accompagnent sera reçue comme un concept sain.

« Il m'arrive encore fréquemment de lire la Bible, et ça c'est vieux», dis-je à mon interlocuteur de la Fraternité. « Que pensez-vous de la Bible? Dois-je y attacher de l'importance? » Et la réponse arriva sans tarder.

A présent, associez-vous à notre travail d'équipe ici. Les vieilles choses appartiennent au passé. Cette vérité fut donnée à ceux qui vivaient dans le passé. La Bible a aussi été écrite pour le passé. Il s'agit d'un livre qui retrace la vraie croissance spirituelle du genre humain, mais elle ne peut être utilisée dans votre vie actuelle comme seul et unique guide. La Bible peut vous enseigner de nombreuses choses, mais la vérité dont votre âme a besoin ne se trouve pas dans cette Bible, pas plus qu'elle ne se trouve auprès de nous, la Fraternité.

La vérité que doit avoir votre âme est celle de la Conscience divine. Voilà ce dont les gens ont besoin et ce qu'ils veulent. Cette vérité doit être conservée dans de nouvelles outres, par une personne à l'esprit ouvert qui ne lutte pas contre cette vérité, et qui ne se contente pas de la considérer comme une curiosité inhabituelle ou intéressante. La vérité ne s'implantera en vous que si vous lui ouvrez votre esprit et si vous lui faites une place nouvelle en votre âme, et non dans le vieux moi qui est imprégné des anciennes vérités. Il faut enlever les anciennes vérités pour faire une place à la nouvelle vérité. Alors elle pourra fonctionner dans votre vie.

Bien des questions se bousculaient dans ma tête. « Pourquoi est-ce que je trouve terrifiante l'idée de rejeter les anciennes vérités? Comment vais-je arriver à oublier ces anciennes vérités sur lesquelles j'ai fondé la plus grande partie de ma vie? Elles semblent collées à moi. »

Unissez-vous à nous pour comprendre. La nouvelle vérité qui vient à vous de la Conscience divine va effacer les anciennes vérités. Cette nouvelle vérité peut éliminer les vieilles choses et les jeter, permettant ainsi aux nouvelles d'adhérer à votre âme. N'ayez pas peur de ce qui vous vient de Dieu. Cette nouvelle vérité ne peut venir que de Lui. Par conséquent, nous savons qu'elle est bonne.

Il y a des gens qui ne voudront jamais croire qu'il est bien de rejeter leurs vieilles traditions et leurs anciennes croyances. Il se peut qu'ils pensent que le Diable est personnellement derrière tout plan visant à rejeter les anciennes vérités.

L'attachement aux traditions anciennes démontre que les gens ont peur de la nouvelle vérité. Mais il n'y a pas d'entité malveillante. Le diable n'existe pas. Il n'y a ici que votre équipe de Frères qui vous aident. Le diable dont l'humanité a peur n'est pas une entité réelle ayant un quelconque pouvoir; il y a plutôt une notion populaire selon laquelle il existerait une équipe du diable qui ferait agir les gens d'une certaine façon s'ils ne sont pas fermement ancrés en Dieu. Mais la vérité est que les gens se servent du diable et de ses présumées forces du mal comme d'un prétexte pour fuir leur responsabilité personnelle.

L'équipe de Dieu est la vérité de l'univers. Le reste est ce à quoi vous décidez d'attribuer du pouvoir. Si vous attribuez du pouvoir à une entité malveillante, alors cette entité malveillante sera dans votre vie. Mais en réalité, il n'y a que Dieu qui existe. Vous avez créé le diable dans le but d'accorder de l'attention à un courant contraire d'idées. C'est votre moyen de fuir votre responsabilité; ce n'est absolument pas la réalité.

Je me demandai en silence s'il serait mieux que je cesse complètement d'aller à l'église, de lire la Bible ou d'écouter les pasteurs. Serait-il mieux de ne pas se considérer comme Chrétien, Juif, Musulman et ainsi de suite? Est-ce ainsi que l'on peut avoir une nouvelle outre? Tandis que je réfléchissais à ces questions, le message se poursuivit.

Il ne nous est pas possible de dire si vous devriez ou non aller à l'église. Dieu seul connaît votre âme. N'allez jamais penser qu'il n'y a qu'une seule façon de faire pour tous. Le point essentiel de toute notre vérité est qu'il n'y a pas de chemin idéal pour vous à suivre. Vous êtes libre de toute règle prédéterminée, et n'avez pas à suivre un quelconque plan tracé à l'avance pour vivre votre vie. Le temps est venu de vous découvrir vous-même, de comprendre qui vous êtes en relation avec le Dieu de l'univers. Dieu, qui est illimité, ne vous juge pas en fonction de votre présence régulière à l'église. Il nous vous évalue pas en fonction des livres que vous avez lus, ce qui inclut même la Bible. Mais il est clair qu'Il veut que vous Lui ouvriez votre esprit et votre coeur afin de pouvoir vous donner la vérité dont votre âme a besoin.

Dieu veut communiquer avec vous sur un plan personnel, non pas avec votre moi terrestre, mais avec votre moi divin. Votre moi spirituel qui veut s'unir avec Lui apprendra les comment et les pourquoi de sa propre vie. C'est aussi simple et direct que cela. Tout ce qui est écrit en ce livre et dans notre précédent livre peut se résumer en une seule phrase : Dieu désire être votre partenaire dans le moment présent et dans la merveilleuse vérité qu'Il a pour vous.

Aidez-nous à mettre votre nouvelle vérité sur de nouveaux rayons en vous. Laissez ce qui est vieux devenir un simple souvenir, et non la vérité guidant votre vie. Comprenez-vous? Par conséquent, dites au Dieu de l'univers que c'est Lui qui contrôle votre vie, et ne pensez plus jamais en venir à tomber sous l'emprise du mal. Il n'y a pas de Dieu du mal! Il n'y a aucun Dieu qui vous écartera du droit chemin. Il n'y a que le Dieu UNIQUE, universel et omnipotent. Comment pourrait-il y avoir un second dieu qui aurait du pouvoir lorsque nous vous disons qu'il n'y a qu'un SEUL Dieu?

Ceux qui propagent un concept du mal le font parce qu'ils s'accrochent aux anciennes pratiques qui étaient jadis considérées être créatrices et bonnes. Les anciennes méthodes recouraient à la peur pour amener les gens à se mettre à genoux devant Dieu. Mais Dieu ne veut pas que vous veniez à lui poussé par la peur. Il veut que vous veniez à Lui par amour. Alliez-vous à nous pour établir une relation positive avec Dieu et renoncer à la relation trompeuse vous laissant croire qu'il y a un dieu du mal. Unissez-vous à nous pour faire la connaissance d'un Dieu plus tendre, plus vrai, de la plus grande merveille que nous puissions avoir dans notre vie. Détournez-vous de la notion ridicule selon laquelle il y aurait un dieu du mal que vous appelez le diable ou Satan. Dieu ne veut rien avoir affaire avec de telles idées fausses. Unissez-vous à nous pour comprendre ceci.

« Voyons si j'ai bien compris ce que vous dites », lançai-je. « Il n'y a qu'un seul Dieu, et Il est toute bonté, n'est-ce pas? Il n'y a pas d'esprit du mal exerçant un grand pouvoir sur moi ou sur d'autres personnes. L'existence du mal dans le monde ne s'explique pas en disant qu'il y a un diable ou Satan qui pousse les gens à faire de mauvaises choses. »

Ce que vous dites est vrai. Le Dieu de l'univers désire que vous soyez Un avec Lui. La vérité en vous veut aussi être Un avec Lui. Mais voyez-vous, le pouvoir que vous attribuez à la présence du diable aide à perpétuer cette idée. Le mal que les hommes et les femmes font tend à affaiblir leur propre esprit, et non celui de Dieu. Le mal que les gens font durant leur vie terrestre exerce une certaine influence sur tout le monde, mais il suffit pour le faire disparaître de présenter au monde le concept du bien, et non le concept du mal. Alors nous pourrons aider les gens à s'unir avec le Dieu du bien, pas avec un concept du mal issu de la vérité de la conscience terrestre.

J'avais auparavant une amie et conseillère spirituelle qui voulait que je devienne une évangéliste (born again Christian). Elle riait à l'idée d'avoir à me convaincre que le diable existe, pourtant ce concept semblait être très important pour elle. « Pourriez-vous offrir un commentaire à ce sujet? » demandai-je à la Fraternité. Il y eut une réponse très ferme de la part de mon interlocuteur de la Fraternité.

Ce concept d'une présence du diable chez une

personne dénote une conception réductrice de Dieu. Que quelqu'un puisse croire au concept du diable après avoir connu Dieu est incompréhensible pour nous ici. Ce qui peut expliquer ceci, c'est que les gens ayant une médiocre conception de Dieu obtiennent de piètres résultats. Ils se tournent donc vers un quelconque concept du mal pour expliquer pourquoi leur conception de Dieu ne semble pas donner de bons résultats dans leur vie.

Mais l'absurdité dans tout ceci, c'est que les gens ayant une conception imparfaite de Dieu obtiennent de mauvais résultats tout seuls sans recevoir d'aide d'une quelconque force extérieure. S'ils acceptaient plutôt de se tourner vers nous et d'adopter notre conception bien articulée de Dieu, ils pourraient alors faire la démonstration de ce Dieu merveilleux puissamment uni à eux. Les gens n'auraient alors plus besoin de cette entité faible qu'ils appellent le diable.

Ouvrez-vous maintenant pour comprendre le merveilleux Dieu que nous présentons ici. Ce Dieu est tout-puissant, plein d'énergie, éternel. Il vous envoie l'énergie de l'univers. Comment pouvez-vous résister à ce don de vérité? Comment pouvez-vous repousser l'énergie qu'il y a là pour vous. Aucune pensée ou vérité que vous avez pu jadis considérer comme précieuse ne peut se comparer avec la bonté pratique mais tout de même très belle que Dieu est.

Nous craignons que bien des gens ne puissent comprendre ce chapitre. Il y en aura beaucoup qui se diront que la Bible affirme ceci ou cela. Puis il y aura aussi le pasteur qui déclarera ceci ou cela. Leur esprit sera pris dans un tourbillon de confusion, et pour finir ils rejetteront le nouveau en faveur de l'ancien. Mais ce rejet doit être accepté par la Fraternité. L'union en esprit avec nous n'est pas un concept clair pour la plupart des gens. Ils s'efforceront donc de trouver un compromis. Mais c'est parvenus à ce point-là que les gens n'arrivent pas du tout ou bien réussissent parfaitement à faire en sorte que leur propre vérité émanant de la Conscience divine fonctionne pour eux dans leur vie.

Transposez à notre époque l'ancienne métaphore que Jésus utilisait pour accomplir les miracles, que Jésus savait alors et sait encore aujourd'hui pouvoir se produire dans votre vie. Unissez-vous à nous et devenez de nouveaux penseurs. Mettez une nouvelle outre dans votre esprit où nous vous aiderons à obtenir la vérité de la Conscience divine qui sera comme du vin nouveau. Cette nouvelle vérité - ce vin nouveau - commencera alors à s'unir avec l'outre de votre esprit. Les deux contribueront dans l'harmonie à préserver le vin nouveau et à en faire la parfaite expression qu'il doit être pour que vous le buviez - c'est-à-dire pour vous en servir à de merveilleuses fins dans votre vie.

Il est temps d'aller travailler en vous, d'accepter le nouveau dans votre vie ainsi que la compréhension que la nouvelle vérité ne peut devenir ce que vous espérez qu'elle soit si elle est mise dans une vieille outre ou une manière de penser surannée. Tournez-vous vers votre être intérieur qui veut s'unir avec Dieu, qui veut mettre à exécution votre plan de croissance. Tournez-vous vers ce qui est réel en vous et prenez alors la décision de vous consacrer à toutes les choses perpétuées par la Conscience divine, et non aux choses amenées par les autres personnes. La Conscience divine devrait être votre seul guide, car elle sait qui vous êtes réellement, et c'est Elle qui nous aide à établir ce merveilleux canal qui vous apporte votre vérité absolue. Unissez-vous. Unissez-vous. Unissez-vous.

Stimulateurs de pensée

1. Comparez votre esprit à une outre à vin. Diriez-vous que c'est une nouvelle ou une vieille outre? En quoi est-ce si important que l'outre (l'esprit) soit vieille ou nouvelle?

2. La vérité de votre âme émane de la Conscience divine. Dans quoi allez-vous conserver votre vérité de la Conscience divine? Allez-vous la mélanger avec les vieux patterns?

3. Les gens ont créé le concept du diable pour expliquer la déception et le découragement qu'ils éprouvent dans leur vie et pour fuir leur responsabilité personnelle de

revendiquer et d'utiliser la vérité de la Conscience divine. Comment pouvons-nous éliminer le concept du diable de notre vie?

Travail intérieur : De nombreux enseignements anciens ont été écrits pour les gens des siècles passés. Unissez-vous à la Fraternité et devenez de nouveaux penseurs! Une nouvelle compréhension adaptée à cette époque nous est donnée dans notre vie actuelle. La Fraternité attend d'être invitée à venir dans votre temple et vous aidera à régler le problème des vieux patterns dont vous avez de la difficulté à vous libérer. Nous pouvons devenir Un avec la nouvelle vérité de la Conscience divine lorsque nous nous libérons des anciens enseignements et lorsque nous travaillons en harmonie avec la Conscience divine.

14

Comment est-il possible pour moi, un être humain, de recevoir la puissance de Dieu?

Il y a un thème ou message central revenant constamment tout au long des chapitres précédents de ce livre et du premier livre Connexion avec la Conscience divine. Dit simplement, le message est qu'une puissance illimitée, des ressources illimitées sont à la portée de toute personne s'alliant à la vérité de la Conscience divine. Je posai donc une question très précise en demandant à la Fraternité comment je pouvais, en tant qu'être humain, recevoir la puissance de Dieu. Leur réponse fut on ne peut plus directe.

La grande puissance de Dieu est à vous si vous voulez bien accepter de la prendre. Fixez votre esprit sur cette vérité universelle que nous vous présentons à l'aide de deux paraboles. Dans ces petites histoires, nous dissimulons la vérité en certains objets. L'explication en termes purement spirituels peut s'avérer difficile à comprendre pour vous, mais les paraboles vous donneront, nous l'espérons, l'essence même de la vérité dont vous avez besoin pour devenir la vérité en action.

La première parabole que nous présentons est celle des deux équipes de football : l'équipe du Dieu de l'univers et l'autre que l'on appelle l'équipe du Demandeur, celui qui fait des demandes à Dieu.

Le Demandeur veut que l'équipe de Dieu joue la partie sans causer de problèmes à son équipe. « Vous gagnez, c'est tout, » dit le Demandeur, « mais n'attendez pas de nous que nous participions. » Dieu dit au Demandeur que son équipe doit venir sur le terrain jouer avec Son équipe. Ce jeu comporte certaines règles, et l'une d'elles dit que les deux équipes doivent participer. Mais le Demandeur dit : « Non. Vous êtes trop forts. Je ne peux laisser mon équipe jouer cette partie, car il se peut que mes joueurs soient blessés. Je ne veux pas faire de bataille ici; mon seul désir est de capituler. »

« Eh bien! on aura tout vu », dit le Dieu de l'univers. « Ainsi, vous abandonnez sans même vous présenter sur le terrain! Quelle équipe abandonnerait avant même d'avoir essayé? »

« L'équipe du Demandeur, ô mon Dieu. Nous renonçons face à votre invincible puissance. Mettre nos deux équipes ensemble sur le même terrain pour jouer une partie est impossible. »

« Demandeur, sachez que la collaboration des deux équipes est nécessaire pour jouer la partie! Comment pouvons-nous entamer la partie si votre équipe ne se présente même pas? »

A présent, le Demandeur commence à comprendre l'idée. Ses joueurs doivent venir sur le terrain pour mettre leur collaboration en action. Il importe peu qu'ils croient avoir une équipe inférieure; ils doivent venir jouer la partie! Le Dieu de l'univers met son équipe sur le terrain et attend. Le Demandeur doit lui aussi mettre son équipe sur le terrain.

Selon les règles du jeu, l'équipe du Demandeur aura toujours l'avantage, puisque l'équipe du Dieu de l'univers veut que l'équipe du Demandeur gagne. Les règles sont appliquées par ceux qui font en sorte que la partie se déroule conformément au plan établi - les Frères qui portent les mêmes chandails rayés que les arbitres.

Les équipes commencent la partie. L'équipe du Demandeur botte le ballon vers l'équipe de Dieu. L'équipe de Dieu l'attrape et court vers les buts du Demandeur. L'équipe du Demandeur doit essayer de plaquer le joueur qui porte le ballon. Ils le voient venir en ligne droite d'un bout à l'autre du terrain, mais ils pensent qu'il va dévier sa course d'un côté ou de l'autre. Ils ne foncent donc pas directement sur lui. Ils se dirigent là où ils pensent qu'il va aller, et l'équipe de Dieu marque un essai.

Le point suivant l'essai cause aussi des problèmes à l'équipe du Demandeur parce qu'elle sait que le botteur de l'équipe de Dieu peut botter le ballon directement entre les montants du but. Les joueurs tentent sans grande conviction de bloquer le ballon et, effectivement, celui-ci passe entre le montants du but comme ils l'avaient prévu.

L'équipe de Dieu est maintenant en avance d'un essai. Les membres de l'équipe du Demandeur voient le pointage et pensent que l'issue de la partie est aussi désespérée qu'ils l'avaient dit au début. Ils croient qu'il n'y a aucun moyen de vaincre cette équipe de Dieu.

« Comment pourrons-nous les rattraper? » demandent-ils. « Cette équipe de Dieu a un plan de match que nous n'arrivons pas à comprendre. »

L'équipe se met en ligne pour le coup d'envoi. Cette fois, c'est l'équipe de Dieu qui botte le ballon en direction de l'équipe du Demandeur. L'Équipe de Dieu laisse le centre du terrain complètement ouvert, permettant ainsi au porteur de ballon du Demandeur de courir à travers. Mais le joueur du Demandeur se met à faire un jeu de pieds compliqué pour déjouer ce qu'il croit être le plan de l'équipe de Dieu. Il s'emmêle alors dans ses propres pieds, trébuche et tombe au sol.

L'équipe du Demandeur se met donc en position pour le jeu suivant. Mais le quart-arrière décide de faire exécuter un jeu si compliqué que ses coéquipiers tombent les uns sur les autres, jouent de maladresse et perdent le ballon aux mains des joueurs de l'équipe de Dieu qui franchissent le terrain pour marquer à nouveau.

La partie se poursuit ainsi : l'équipe de Dieu laisse des ouvertures pour marquer aux coureurs de l'équipe du Demandeur, mais ils ne savent pas tirer parti des occasions qui leur sont données. Pas une seule fois l'équipe du Demandeur ne comprend que tout ce que l'équipe de Dieu désire, c'est de leur laisser la possibilité de gagner.

Est-il nécessaire d'expliquer comment la partie se termine? L'équipe de Dieu semble assurée de gagner. Mais que gagne-t-elle? Ce n'est évidemment pas la partie qui compte le plus. L'équipe de Dieu veut faire comprendre à l'équipe du Demandeur comment gagner la partie et qu'elle est là pour les y aider.

Unissez-vous avec la Fraternité pour comprendre la nature de la collaboration évoquée dans cette parabole de l'équipe de Dieu et de l'équipe du Demandeur. Le Dieu de l'univers vient directement à vous, le Demandeur. Vous vous retrouvez face à face, pour ainsi dire. Mais le Demandeur a tendance à croire qu'il doit en faire plus. Il lui faut certainement se joindre à quelque Église pour capter l'attention de Dieu. Ou encore le Demandeur se transforme en un pénitent qui tente de quémander l'attention de Dieu.

Comprenez que le Dieu de l'univers est franc et direct : il n'a pas l'esprit tortueux. Dieu n'a pas de plan bizarre ou exotique qui ne vise qu'à vous laisser dans le doute, qu'à vous faire obliquer d'un côté ou de l'autre. Il est là, juste là, en face de vous. Unissez-vous donc à lui pour savoir qu'il n'y a pas de jeu possible tant que vous ne combinez pas ensemble vos forces en un jeu très spécial qui fera toujours de vous le gagnant de la partie.

Alliez-vous maintenant à nous pour implanter cette vérité dans votre être. Communiez dans votre temple, dans votre magnifique temple que vous avez édifié pour héberger un enfant de Dieu. Nous entrons par la porte de ce temple. Nous venons pour participer à un échange sur la manière d'obtenir la puissance que Dieu a à vous offrir.

Adoptez l'attitude de quelqu'un qui veut obtenir des renseignements, qui veut disposer de cette puissance dans sa vie. Alliez-vous à nous pour avancer vers le Dieu de l'univers plutôt que de vous perdre à gauche et à droite dans un jeu aux règles compliquées. Le Dieu de l'univers est ici, juste ici parmi nous. Pourquoi errer à l'aveuglette pour Le trouver? Unissez-vous à Lui là où vous êtes, juste ici dans votre temple. Vous bénéficierez ainsi de toute la collaboration dont vous avez besoin pour amener directement cette puissance dans votre vie. Elle est là, la puissance de Dieu, portée dans Ses mains telle le ballon de football décrit dans la parabole. Elle est en train de courir dans votre direction. Qu'allez-vous faire? Dévier? Tourner par ici ou par là pour faire la démonstration de votre habile jeu de pieds? Où se trouve le ballon? Il est là, pas loin de vous. Tendez les mains. Saisissez-le. Puis courez sur toute la longueur du terrain vers le but que vous visez. Unissez-vous à nous pour comprendre à quel point c'est simple. Le jeu n'est pas difficile. C'est la réalisation de sa simplicité qui est difficile.

Maintenant, vous avez atteint le but et marqué le point. La puissance est à vous. Mais vous revenez sur le terrain pour continuer à jouer car vous voulez que cette puissance serve à l'équipe de Dieu. Vous voilà parti à nouveau vers l'autre bout du terrain, directement vers Dieu. Il vous attend les bras tendus, et vous vous dirigez en courant vers ces bras avec votre puissance. Puis vous adoptez Son dessein, Son concept et faites pénétrer en votre être la puissance qui venait à l'origine de Dieu. La partie est alors terminée, et les deux équipes sont parvenues à leurs fins : vous unir à la puissance de Dieu. Alliez-vous à nous, à la Fraternité, pour comprendre cette parabole et mettre son sens profond à l'oeuvre dans votre vie.

Abordons maintenant d'un autre angle cette question de l'obtention de la puissance de Dieu. La parabole des équipes de football ne peut évidemment être utile pour tous; mais il y a une autre approche qui vous donnera un peu la même idée.

Le propriétaire d'un magnifique jardin vous le confie pour que vous puissiez profiter des nombreuses fleurs et des légumes qui s'y trouvent. Il désire que vous preniez soin de ce magnifique jardin et, de ce fait, vous pourrez disposer de son abondance pour votre usage personnel. Vous en venez donc à la conclusion qu'il s'agit là d'une bonne affaire pour vous. « Tout le travail a déjà été fait pour moi, et tout ce que j'ai à faire, c'est de prendre ce jardin, déjà bien avancé, et de m'en occuper jusqu'à la fin de la saison. » Imaginez-vous la scène.

Il n'y a jusqu'alors pas de mauvaises herbes dans le jardin ni rien qui puisse entraver sa croissance. Mais pour le conserver dans cet état, vous devez vous mettre au travail. A présent vous ne pensez plus que ce cadeau est aussi beau que vous le croyiez au début. Comment pouvons-nous vous faire comprendre le problème ici? Vous devez travailler pour enlever les mauvaises herbes, et vous en occuper minutieusement si vous voulez en récolter l'abondance.

De belles idées vous traversent l'esprit sur le moyen de conserver sa fertilité au jardin, et vous achetez des magazines sur le jardinage et les lisez fidèlement le soir même. Le lendemain vous avez l'intention de travailler dans le jardin, mais vous n'y arrivez que tard dans la journée. Vous notez qu'il n'y a que quelques mauvaises herbes. « Il n'y a que très peu d'insectes qui mangent les légumes. Je pense que je n'en ferai pas plus avant d'avoir lu quelques autres magazines. » Vous poursuivez donc vos lectures, mais vous ne vous mettez pas au travail.

Puis vous parlez avec d'autres jardiniers. Il se peut qu'ils vous disent utiliser une pulvérisation miracle sur leurs légumes, mais c'est bien évidemment un poison toxique. Vous vous demandez si vous allez utiliser ou non cette pulvérisation. Vous continuez à explorer toutes les alternatives qui s'offrent à vous. Vous pourriez écrire un livre sur le sujet. Finalement, la personne qui vous a confié le jardin revient pour voir avec quels soins attentifs vous vous êtes occupé de son cadeau. Vous êtes bien sûr embarrassé, mais vous expliquez qu'il est difficile de savoir ce qu'il est bon de faire, et vous n'avez donc rien fait.

La personne qui vous a fait le cadeau vous observe avec des yeux tristes, sachant que vous avez besoin des produits de ce jardin. Elle veut vous aider à vous sortir de votre indécision, mais ne peut y parvenir. Elle ne peut alléger votre dilemme car la personne qui veut récolter les produits du jardin est celle qui doit agir en ce cas. Des pensées compatissantes sont dirigées à votre intention, mais la personne qui vous a confié le jardin s'en va à nouveau, incapable de rectifier le problème.

Comprenez-vous ce que nous voulons dire? La pensée du pouvoir d'agir doit être en votre esprit, dans votre compréhension créatrice, pour que vous trouviez la force d'agir. Sans une action de votre part, il vous est impossible de la recevoir. Vous vous contenterez de lire à son sujet et vous poursuivrez votre chemin en vous disant : « Ma foi, cette idée que Dieu m'accorde une grande puissance est très intéressante, mais il faut que je regarde ce qu'on en dit dans la Bible et que j'en parle avec mon pasteur avant de décider d'essayer de l'obtenir. » L'idée de cette puissance attend pendant un moment, mais plus vous en parlez et lisez sur le sujet, plus le concept de cette puissance s'efface de votre perception intérieure, et puis il ne vous est finalement plus possible de la recueillir.

Occupez-vous de votre jardin si vous voulez obtenir une abondante récolte. Jouez le jeu sur le terrain si vous voulez la puissance. Faites une place à la Fraternité en votre être intérieur pour travailler avec ce concept que vous n'êtes peut-être pas démuni de la puissance qui vous permettra de saisir pleinement votre vérité. Cette puissance se manifeste spontanément dans votre monde physique où vous pourrez produire tout ce qu'il vous faut et tout ce que vous voulez. Elle vous apportera la prospérité, la santé, et vous mènera à la réalisation de vos buts et de vos ambitions.

Pour être une personne puissante capable d'exprimer sa propre vérité, pénétrez-vous du sens profond de ce chapitre. Pour être une personne capable de manifester la vérité, jouez le jeu ou occupez-vous de votre jardin. Il ne saurait être question de demeurer à l'écart en observateur passif ici. Il ne saurait être question d'adoucir la vérité pour que les autres puissent l'accepter. Il n'y a qu'une seule façon éprouvée de démontrer la vérité, et c'est de saisir cette puissance et de l'utiliser dans votre plan de croissance. C'est la même chose que de jouer le jeu ou de s'occuper du jardin.

Voilà le bon message que nous avons pour vous, à savoir, que vous pouvez être puissant si vous choisissez de l'être. Vous n'avez qu'à vous saisir de cette puissance. Le Dieu de l'univers ne la cache nulle part, ni ne vous rend la tâche difficile pour l'avoir. Il vous l'offre. Prenez-la donc. Assimilez ce message afin de pouvoir progresser vers des dimensions de l'esprit encore plus élevées.

Stimulateurs de pensée

1. Une puissance et des ressources illimitées nous sont offertes si nous voulons bien accepter ce cadeau. « La grande puissance de Dieu est à vous si vous voulez bien accepter de la prendre », proclame la Fraternité. En quoi la parabole des deux équipes de football illustre-t-elle comment saisir cette puissance?

2. Dans la parabole du propriétaire d'un jardin, le lecteur apprend comment récolter cette abondance. Qu'est-ce que cette parabole signifie pour vous au plan personnel? Quelle leçon cette parabole enseigne-t-elle?

3. Dieu ne cache pas la puissance pas plus qu'il ne nous rend la tâche difficile pour accepter tout ce que Dieu EST. Pourquoi hésitons-nous? Comment pouvons-nous saisir cette puissance maintenant?

Travail intérieur : Il n'y a qu'une seule façon de démontrer la vérité : c'est de prendre la puissance de Dieu et de nous en servir dans notre plan de croissance pour cette vie. Toute hésitation de notre part signifie que nous avons des blocages qui peuvent être éliminés lorsque nous collaborons avec vos conseillers dans notre temple intérieur. Toutes nos pensées de la conscience terrestre y sont examinées et les décisions nécessaires sont prises dans l'harmonie.

15

Je peux accepter intellectuellement la puissance de Dieu dans ma vie, mais comment puis-je réellement la faire agir?

Déjà, à ce point-ci, la plupart d'entre vous ont noté que ce livre est écrit dans un ordre progressif. Le but visé est de nous enseigner pas à pas comment solliciter la vérité de Dieu de manière à mener une vie prospère, joyeuse et pleine de puissance. Les chapitres sont arrangés par la Fraternité de façon à permettre à chaque vérité de bien s'établir dans notre conscience avant que la prochaine étape logique ne soit enseignée. La Fraternité poursuivit donc.

Vous comprenez maintenant comment la puissance de Dieu vient à vous, appartient à votre esprit et s'unit totalement à vous. Mais comment ferez-vous pour l'utiliser dans votre vie? Que choisirez-vous de démontrer? Telles sont les questions auxquelles une réponse doit être apportée, et c'est ce que nous allons maintenant faire. Naturellement, la réponse précise est différente pour chaque personne, mais nous pouvons vous offrir certaines lignes directrices pour vous aider.

Les merveilleuses paroles que nous apportons à cette auteure répondent à sa question sur la manière d'utiliser la puissance émanant de Dieu. C'est la démonstration de son utilisation, et cela illustre comment elle peut se servir de cette puissance en conservant à l'esprit le but poursuivi par Dieu. S'alliant à nous, s'unissant à la Conscience divine, les informations que nous aidons à apporter vous proviennent par l'entremise de cette auteure.

Faites la démonstration de cette puissance dans votre vie. Cela contribue à la perfection de votre âme, et non à son imperfection. La puissance soutient donc tous les projets qui accroissent la perfection de l'esprit, et celle-ci diminue lorsque vous l'utilisez pour des choses qui ne font pas partie du plan de Dieu pour votre croissance. Nous espérons que vous comprenez cette explication. Votre plan de croissance vise à favoriser la perfection de votre esprit au cours de cette existence, et il y a certaines choses sur lesquelles vous voulez travailler.

Il vous faut donc comprendre votre plan de croissance pour que la puissance améliore votre vie. Cet énoncé est le principe que Dieu propose. C'est la loi. Il n'est pas possible de contourner cette loi, ce principe, et vous devez donc comprendre ce fait d'avance. Ce principe n'est pas sujet au changement. Cette loi va demeurer en vigueur partout dans l'univers jusqu'à ce que Dieu Lui-même décide de la changer. Pour vous servir de cette puissance, il vous faut donc fonctionner selon le bon principe. Nous le soumettons à votre attention pour que vous ne vous fassiez pas d'illusion sur les façons dont cette puissance peut être utilisée. Ouvrez votre esprit et votre coeur à cette compréhension.

Je demandai aux membres de la Fraternité si ce qu'ils disent au sujet de ce principe, ou de cette loi, signifie que notre utilisation de la puissance de Dieu doit être approuvée par Dieu.

Pas du tout! Dieu n'approuve ni ne désapprouve pas votre décision. La manière de trouver quelle est pour vous la meilleure utilisation de la puissance est de comprendre votre propre plan de croissance. Votre moi spirituel a un plan que le Dieu de l'univers vous a aidé à concevoir avant votre incarnation sur terre.

Certains esprits s'incarnent sans avoir de plan, mais ne pas avoir de plan est désastreux parce qu'il n'y a aucun moyen de progresser de l'intérieur vers l'extérieur. Ces personnes errent d'une chose à l'autre en se demandant quoi faire de leur vie. Les gens doivent comprendre la nécessité d'avoir un plan de croissance, et ils peuvent évidemment élaborer ce plan maintenant s'ils le désirent.

Mais il vous faut intégrer la puissance dans votre plan si vous voulez que la puissance agisse dans votre vie. Les deux vont ensemble, la puissance et le plan. C'est ainsi que les choses sont, et non comme elles devraient être. Le principe s'applique ici, et il en est ainsi peu importe si les gens supplient la Conscience divine ou s'ils s'unissent à la Conscience divine ou quoi que ce soit d'autre. La puissance et le plan forment ensemble la combinaison qui fonctionne bien.

La Fraternité insistait énergiquement sur l'importance de ce principe, et je m'efforçai de le mettre en pratique dans ma propre vie. Je demandai aux Frères de me parler de mon plan qui prévoyait que j'écrive ces livres, et je leur demandai aussi quelles autres choses mon plan comportait.

Le plan que vous avez amené avec vous n'a commencé à être appliqué que lorsque vous êtes entrée dans ce corps il y a tout juste quelques années. Vous aviez conçu le projet d'écrire ces livres. Et bien sûr, votre plan comporte d'autres aspects. En vertu de ce plan, vous êtes censée chercher et découvrir toute la vérité possible au cours de cette vie. C'est donc à la réalisation de cet objectif que nous travaillons. La puissance de Dieu est utilisée par votre moi spirituel pour que cela se fasse.

Je demandai un exemple pouvant s'appliquer à quelqu'un d'autre.

De nombreuses entités spirituelles qui sont venues avec leur plan de croissance s'allient à nous. Une personne vint sur terre avec le projet d'aider les gens à faire la démonstration de la vérité dans leur vie. Elle a montré aux autres comment s'y prendre en les aidant à comprendre leur plan de croissance. Elle se mettait à l'écoute de leur moi spirituel et captait ce qui s'y trouvait inscrit. Elle pouvait ainsi donner à chaque personne une lecture de son plan. Mais beaucoup trouvent étrange cette façon de faire. Nous voulons donc vous donner une façon de faire cela par vous-même.

Faites entrer l'équipe de Frères dans votre temple intérieur. Ils profitent du temple avec nous. Nous allons nous unir graduellement à vous pour que vous vous sentiez à l'aise. Puis, prêtez attention aux pensées que vous avez essayé de chasser de votre esprit. Voici que surgit la première pensée. C'est celle-là qui va vous guider jusqu'à ce que vous puissiez comprendre.

Cette pensée peut se rapporter au piano que vous

avez acheté et dont vous voulez apprendre à bien jouer. Unissez-vous à nous pour conserver cette pensée à l'esprit pendant un moment. Si cette pensée s'imprime profondément en votre être, alors prêtez-lui attention. Écrivez-la. Puis retournez dans le temple pour méditer encore. Il se peut que cette pensée revienne. Mettez-la alors une fois de plus par écrit et laissez-la aller sans la retenir. Unissez-vous aux Frères qui se rassemblent autour de vous. Puis essayez de faire monter en votre esprit conscient ce qui est caché dans votre esprit intérieur. Une pensée commence à émerger. Elle peut vous sembler étrange. Que peut-elle bien vouloir dire? Méditez pour en découvrir plus à son sujet. Puis écrivez la pensée qui vous vient, peu importe sa nature.

Alliez-vous à nous pour savoir comment émerge une pensée. Elle attend juste sous la surface de votre esprit conscient que vous l'évoquiez. Par conséquent, lorsque vous vous unissez à nous dans votre temple intérieur pour découvrir votre plan de croissance, une pensée pénètre alors dans votre esprit conscient. Entrez maintenant dans votre temple pour voir comment cela fonctionne.

Réfléchissez à votre plan de croissance, ce plan que vous avez conçu avec l'aide de Dieu avant votre naissance. Ce plan émergera dans la réalité consciente parce que vous le voulez. La pensée entre dans votre esprit, et vous devez lui accorder de l'attention. En vous alliant à nous, vous pourrez discerner plus clairement votre plan parce que nous pouvons le voir émerger. Nous comprenons comment tout cela fonctionne - cette méthode pour évoquer le plan. Alors, alliez-vous à nous pour que tout cela se mettre en branle.

Mais que se passe-t-il si certaines personnes n'ont pas de plan? Je demandai l'avis de la Fraternité à ce sujet.

En vous alliant à nous, vous ferez émerger un plan, que vous en ayez conçu un ou pas avant votre naissance. Le plan est inscrit en votre âme - le plan permettant d'améliorer votre moi spirituel en vue de le faire accéder au royaume du Très Haut, du Dieu de l'univers. Tous les esprits s'uniront un jour avec le Dieu de l'univers. Le plan doit donc être un coup de génie qui fait s'élever et évoluer l'esprit. Seul notre esprit sait ce qu'est ce coup de génie est et, par conséquent, on ne peut pas vous attribuer n'importe quel plan comme ça. Il doit émerger de l'intérieur de votre être. C'est ainsi que l'on parvient au point où l'ouverture de notre moi spirituel à une plus grande vérité peut graduellement se faire pour nous permettre d'évoluer. Il n'y a que vous qui sachiez à quoi vous serez prêt; il n'y a que vous qui compreniez bien votre âme.

On ne trouve jamais les réponses que l'on cherche auprès de sources extérieures. Seule la source intérieure - l'être qui est en vous - saura ce qu'il vous faut accomplir au cours de cette vie.

Je suppose que l'on ne peut pas utiliser la puissance de Dieu pour amasser de la richesse, pas plus que l'on ne peut s'en servir pour notre seul avantage personnel dans cette vie. Je demandai si j'avais raison de dire cela.

La première chose dont nous voulons vous convaincre ici est que le plan de croissance doit être compris. Cette étape est cruciale. Mais la seconde chose à comprendre est que la puissance de Dieu est à votre disposition, et que vous pouvez l'utiliser pour améliorer votre existence de quelque façon que ce soit qui puisse favoriser la mise en oeuvre de votre plan de croissance. Cela signifie, vous en conviendrez, que votre corps a besoin de nourriture, d'un abri et de toutes les bonnes choses qui lui permettront de croître. Comment l'esprit pourrait-il s'épanouir si le corps était dans un état lamentable? Cela ne conviendrait pas du tout.

La puissance devrait donc certainement être utilisée pour mettre de la nourriture sur la table, de l'argent à la banque et pour vous apporter toute la prospérité possible. Votre moi spirituel progressera probablement mieux parmi les bonnes choses de la vie que dans la pauvreté, n'est-ce pas? L'idée selon laquelle il faut que le corps souffre pour s'épanouir spirituellement est l'idée la plus ridicule jamais avancée. Le moi spirituel veut sûrement que la vie du corps soit bonne. Par conséquent, servons-nous de la puissance pour apporter prospérité et santé au corps.

Vous comprendrez tout lorsque vous connaîtrez votre plan de croissance, quel qu'il soit, et vous commencerez immédiatement à le mettre à exécution. Vous serez alors plus heureuse que vous ne l'avez jamais été auparavant. Le fait de s'allier à la Fraternité vous apporte généralement le sentiment de sécurité dont vous avez besoin pour continuer, pour suivre le plan établi et pour vous servir de cette puissance pour de nobles fins. Vous pourrez ainsi ne jamais épuiser la puissance dont la source est illimitée. Pour qu'elle ne s'épuise pas, il suffit de l'utiliser de façon à ce que toute votre vie se déroule conformément à ce plan. Vous devez sûrement comprendre ce dont nous voulons parler, n'est-ce pas?

Une fois de plus ils lisaient dans mes pensées...

Cette auteure croit qu'il y a peut-être une contradiction ici. Nous disons "noble", et vous pensez immédiatement que la prospérité et la santé ne le sont pas. Mais ils le sont pourtant! Un acte noble est ce qui favorise le bien. Si vous favorisez le bien dans votre corps et dans votre vie, vous faites exactement ce que le Dieu de l'univers espère que vous fassiez. Assimilez bien cette pensée en votre être intérieur, à savoir que Dieu va vous donner de plus en plus de puissance parce qu'il veut voir cette puissance utilisée pour le bien. A quoi sert la puissance si on ne s'en sert pas? La puissance doit être revendiquée, et elle doit être utilisée. Ainsi il y aura suffisamment de puissance et même plus encore pour celles et ceux qui n'hésiteront pas à y faire appel.

Stimulateurs de pensée

1. La reconnaissance et la mise en oeuvre de notre plan de croissance mène à une vie prospère, heureuse et remplie de puissance. Lorsque nous acceptons la puissance de Dieu et mettons à exécution notre plan de croissance, nous parvenons à faire la vie que nous voulons. Comment peut-on reconnaître et mettre en oeuvre notre plan de croissance?

2. L'équipe des Frères qui travaillent avec et pour nous dans notre temple nous aide à accepter toute la vérité qu'il nous est possible d'accepter pour cette vie. Notre plan de

croissance émerge de l'intérieur lorsque nous intégrons notre vérité. Qu'est-ce qui vous a été révélé au sujet de votre plan de croissance lorsque vous avez utilisé la visualisation guidée?

3. Il n'en tient qu'à nous de nous servir de la puissance de Dieu. Cette merveilleuse force permettra à notre vie de s'améliorer et à notre plan de croissance de se réaliser pleinement. Que se passe-t-il lorsque nous avons recours à la puissance illimitée de Dieu pour promouvoir le bien dans notre vie?

Travail intérieur : Lorsque nous nous servons de la vérité et de la puissance de Dieu, notre expérience de vie est pleinement réussie. Pour revendiquer et utiliser la puissance de Dieu, nous devons comprendre le plan de croissance de notre moi spirituel. La Fraternité nous aide à réaliser notre plan de croissance. C'est dans notre temple intérieur que notre plan de croissance nous est révélé et c'est là qu'il est raffiné.

16

Comment puis-je développer et utiliser mes talents au maximum de leur potentiel?

Nous voulons tous faire la démonstration de la vérité que nous apprenons, car à quoi cela servirait-il de connaître la vérité si elle ne se manifestait par aucun signe tangible dans notre vie? La Fraternité présente dans ce chapitre plusieurs messages sur la nature de Dieu qui peuvent enrichir notre aptitude à faire la démonstration de la vérité.

Le premier message vous provient de celle qui désire qu'on l'appelle 'Mère de la nouvelle vérité' parce qu'elle a beaucoup de tendresse à donner. Son message est à l'intention de celles et ceux qui souhaitent avoir plus d'amour et de tendresse dans leur vie. Faites une place en vous à cette vérité que la Conscience divine apporte sur la manière de mettre plus de tendresse dans votre expérience de vie. Unissez-vous à la Fraternité pour savoir que cette entité, cette Mère de la nouvelle vérité, est bien celle qu'elle dit être.

La Mère de la nouvelle vérité

Mettez de la tendresse en vous en vous alliant avec moi, la Mère de la nouvelle vérité. Ma nature comme Mère est typique du véritable Dieu de l'univers. Unissez-vous à moi, à cet aspect maternel de Dieu que je représente. Cultivez le jardin que je vous attribue. La tendresse y croît sous la forme de bonnes personnes qui entrent dans votre vie. Unissez-vous à moi, la Mère Dieu englobant la nature maternelle et tendre faisant partie du Dieu de l'univers.

L'équipe de la Fraternité sait que chaque personne a des besoins précis et particuliers. Il n'y a pas deux êtres qui veuillent exactement la même chose de la vie. La Fraternité s'adresse donc ici à l'individu et non au groupe. Occupez-vous de votre travail d'équipe grâce auquel vous consacrez votre esprit à la réalisation du dessein de Dieu. Le travail d'équipe est aussi important que l'apprentissage de la vérité personnelle. La combinaison du travail d'équipe et de la vérité personnelle va rendre possible la démonstration de la vérité de toutes les façons que vous pourrez souhaiter.

Accordez maintenant votre attention au message de l'esprit qui s'exprime ici au nom de la bonté - l'ange de la Miséricorde. La Bonté est Miséricorde, et la Miséricorde révèle la meilleure nature de l'humanité.

L'ange de la Miséricorde

« Qu'est-ce que la Miséricorde? » demandez-vous. Je viens dans ce monde pour transmettre aux autres vos meilleures pensées, vos plus beaux dons d'amour et de douceur. Je m'unis maintenant à vous sur le plan terrestre pour vous remettre ces dons.

Les voici; ils sont à vous. Pour bien les utiliser, vous devez à votre tour les remettre à d'autres personnes. Il y en a une réserve illimitée à votre disposition si vous les utilisez, mais cette réserve disparaît si vous ne vous en servez pas. Moi, l'ange de la Miséricorde, je représente le Dieu de l'univers qui dispose de merveilleux dons de bonté pour chacun d'entre vous.

Pour comprendre ces entités qui viennent au nom de Dieu, unissez-vous à nous pour devenir des êtres célestes utilisant ces dons à bon escient. Vous pourrez alors toujours en avoir à votre disposition. Ils dureront bien au-delà de votre vie physique et de vos tendres pensées à leur égard. Ils deviendront tels des objets célestes rattachés à cette terre, et s'introduiront dans la conscience terrestre. Quel cadeau plus grand pourriez-vous faire à la terre que ce don à la conscience terrestre?

Le messager de la Grandeur

Voici le troisième message de ce chapitre. Ce dispensateur de vérité vient pour vous donner un peu de sa propre grandeur. Ce don doit être utilisé et non être relégué au musée. La grandeur s'unit à vous pour être votre vérité en action. Elle peut s'allier à votre plus modeste talent pour devenir ce que le monde attend. Ou bien elle peut s'allier à votre plus grand talent pour surmonter les obstacles que l'homme veut franchir et ce, quels qu'ils soient. Ce don de grandeur provient de l'être qui représente la grandeur de la nature même de Dieu.

Cette entité se révèle être celle qui vous fait un don et qui veut que vous en preniez soin, mais aussi qui vous promet des résultats si vous l'utilisez. Cette entité, cet Esprit du Dieu Vivant qui promet tout cela, descend maintenant sur vous. La grandeur prend place en votre être et cet Esprit vous sourit tout en vous donnant sa bénédiction. Recevez et donnez cette grandeur. Utilisez-la et il en viendra encore plus à vous. Ces dons se multiplient, ils ne diminuent point. Il en est ainsi parce qu'ils entrent dans votre esprit, dans la réalité de votre être en provenance de la réalité de l'univers.

Le messager de la Perfection absolue

L'entité qui vient maintenant apporte comme cadeau le don de la Perfection absolue qui représente ce qui est divinement parfait, ce qui est parfait au-delà de votre entendement. La perfection absolue donne la santé positive à votre corps et le pouvoir d'amener également les autres jusqu'à cette perfection. Unissez-vous à l'entité qui vous apporte ce don. L'entité spirituelle qui arrive maintenant s'unit entièrement à vous.

Cette entité désire vous faire épouser sa perception des choses. La perfection absolue que Dieu désire offrir surmonte toute vérité de la conscience terrestre qui pourrait tenter de prendre racine en vous. La vérité divine de la perfection remet à sa juste place toute autre vérité inférieure parce que rien de négatif ne peut résister à ce concept. Implantez ce concept en votre esprit, en votre entité spirituelle, en votre être qui désire ce don pour améliorer l'ensemble de votre existence. Prenez le don, et ensuite servez-vous en à toutes les heures.

La perfection absolue ne pourra se combiner en permanence avec votre esprit à moins d'être utilisée. Ce don doit être utilisé et entretenu en le mettant au travail. C'est comme une machine qui doit fonctionner pour demeurer en bon ordre de marche. Si vous la mettez dans le garage de votre âme, et ne vous en servez qu'occasionnellement, la perfection ne fonctionnera pas pour vous parce qu'elle perdra de sa puissance. La puissance, rappelez-vous, tend à se multiplier avec l'usage.

Le messager de l'Illumination

Ce messager vous exhorte à vous ouvrir à notre force la plus positive ici, la force du Dieu de l'univers, celle que tout le monde désire - la nature même de Dieu. Cette unité avec Sa nature est le tendre cadeau qui vous est maintenant offert pour être à vous dans sa totalité. Cette unité avec Dieu est son meilleur présent. Mais pour parvenir à cette unité, il vous faut d'abord recevoir tous les autres dons. Alors, lorsque vous les prenez et les utilisez pleinement, Dieu fusionne votre nature avec la Sienne, car vous démontrez votre volonté de devenir Un par votre intention, votre tendresse, votre puissance et votre grande compréhension.

Cette merveilleuse série de messages pénètre en vous pour vous unir à notre travail d'équipe. Nous nous tenons ici, au point d'entrée de cette seconde partie de votre existence, pour vous donner cette aide, à vous pour qui la vie est une si grande lutte. Ce merveilleux travail ici vous élèvera jusqu'aux sommets où l'esprit peut se rendre, et grâce à cette ascension une nouvelle vie s'établira sur terre, une nouvelle vérité, celle de votre merveilleuse entité qui fera de cette vie le parfait reflet de votre esprit.

Travaillez avec nous pour comprendre ce qui est communiqué dans ce chapitre. Prenez soin de vos dons. Prenez-en bien soin en les utilisant à fond. Ils se multiplieront, n'ayez crainte. Il est impossible de les épuiser.

Alliez-vous maintenant à nous pour entrer dans l'unité de Dieu. C'est grâce à cette unité que vous parviendrez à la pure tonalité de la divinité. Cela signifie qu'il y a une tonalité, un partenaire confiant, une tension. Comprenez-bien ceci. Le concept d'unité mène à l'unification qui existe lorsque vous vous servez des concepts de vérité que Dieu vous donne.

Vous qui lisez ceci, réfléchissez à ce message que nous vous donnons. La collaboration entre vous, la Fraternité et Dieu devient le merveilleux travail de la divinité. La divinité est cette trinité formée par vous, la Fraternité et Dieu. La trinité exprimée dans les églises combine les trois en un concept de Dieu le Père, le Fils et le Saint-Esprit. Cette idée fut inversée après la résurrection de Jésus.

La divinité, c'est les trois en un - vous, le fils ou la fille; la Fraternité composée des entités (incluant Jésus) qui apportent la bonne nouvelle par le Saint-Esprit qui conseille et console; et Dieu, le seul et unique Dieu de l'univers.

A présent, la vérité émerge dans le monde sans la moindre prétention qu'il y ait quoi que ce soit de mystérieux dont les gens doivent faire partie. La vérité est simple, mais les gens trébuchent sur ce qui est simple. Bien sûr, nous savons cela. Nous sommes le Saint-Esprit, ce tendre Esprit du Dieu Tout-Puissant, qui entre dans votre esprit lorsque vous nous invitez pour aider à établir votre connexion avec la Conscience divine.

Ce chapitre entier est écrit pour vous communiquer des messages qui vous ouvrirons encore plus grands les yeux. Soyez dans notre vérité ici, mais tournez votre esprit vers le canal ouvert où vous recevrez la vérité personnelle qui enrichira votre âme. L'ensemble de cette vérité que vous recevez transformera votre vie en un formidable partenariat avec Dieu, et vous entamerez une période puissante de votre existence.

Stimulateurs de pensée

1. La Mère de la vérité offre de la tendresse en vous faisant entrer en contact avec les bonnes personnes dans votre vie. Par rapport à Dieu, qui est la Mère de la vérité? Quel est son rôle dans l'univers?

2. L'ange de la Miséricorde s'unit à nous pour nous donner les dons de Dieu. Qu'arrive-t-il à ces dons lorsque nous les utilisons? Pendant combien de temps disposerons-nous de ces dons? Que se passe-t-il si nous n'utilisons PAS les dons?

3. Nous nous fondons dans l'unité avec Dieu lorsque nous recevons et utilisons tous les dons qui nous sont accordés. L'unité se produit lorsque nous devenons la pure tonalité de la divine trinité. Quels sont les dons qui nous ont été attribués? Comment pouvons-nous nous servir de ces dons dans notre vie? La divine trinité est constituée de qui?

Travail intérieur : Dieu veut que nous développions et utilisions au maximum de leur potentiel les dons qu'Il nous accorde. Les membres de la Fraternité peuvent nous aider puisqu'ils ont déjà parachevé la croissance de leur âme. Visualisez-vous en train d'utiliser la puissance de Dieu pour développer ces dons. Vos talents s'amélioreront par la pratique et par leur utilisation.

Enseignons la vérité à nos enfants

17

Que pouvons-nous enseigner à nos enfants pour les aider dans leur croissance spirituelle?

Il m'est fréquemment arrivé de penser à quel point tout serait plus facile pour moi si j'avais appris toute cette vérité lorsque j'étais enfant. Comme il est difficile de désapprendre la vérité de la conscience terrestre que j'ai mise en mon être! Je suis donc très enthousiasmée par ce chapitre qui nous enseigne comment apprendre la vérité à nos enfants.

Il est important d'inculquer à nos enfants les concepts qui les aideront à situer le Dieu de l'univers dans leur vie selon une juste perspective. Ils ne doivent pas associer de pensées de peur avec Dieu car, comme vous le savez, il n'y a rien à craindre dans la vraie pensée au sujet de Dieu. L'enfant ne doit pas se mettre en tête que Dieu punit les gens à cause de présumées mauvaises actions. Les parents donnent des punitions, mais pas Dieu. Dieu aime. Voilà la vérité. Dieu aime l'enfant peu importe ce qu'il a fait ou n'a pas fait.

L'idée que Dieu nous tend Son amour comme une carotte à un lapin est répugnante. Le Dieu de l'univers est uniquement positif, jamais négatif. L'enfant doit apprendre cette idée tôt dans la vie. N'enseignez jamais, au grand jamais, l'idée que Dieu va prendre part à l'expérience de l'enfant comme un surveillant qui désapprouve, qui juge ou qui va lui faire du mal s'il fait quelque chose que ses parents désapprouvent.

Pourquoi présenter un telle image négative de Dieu à un enfant? Et c'est bien une image négative, ne vous y trompez pas! L'image entière de Dieu est déformée par les adultes qui veulent imposer un certain comportement précis à leurs enfants. Cette déformation fait son chemin dans la conscience des enfants et devient leur vérité à propos de Dieu. Ils ne peuvent pénétrer l'esprit tortueux des adultes lorsqu'ils sont jeunes et ainsi faire la part des choses. Le lien de confiance que l'enfant a besoin d'avoir avec Dieu commence justement avec la confiance. La confiance doit être enseignée, car il n'y a pas moyen de la communiquer autrement. La confiance s'installe chez l'enfant lorsqu'il vous voit faire confiance à Dieu. C'est à ce moment-là que le jeune l'apprend. Alliez-vous à nous pour mettre de la confiance dans vos relations familiales afin que l'enfant puisse l'apprendre. Cette confiance est la base, le fondement de la relation suivie avec le Dieu de l'univers. Sans cette confiance, l'enfant se fera probablement une image assez médiocre de Dieu.

Prêtez bien attention maintenant alors que nous donnons un aperçu des besoins que chaque enfant a. L'enfant veut d'abord savoir où vous puisez votre force. Au début, il vous perçoit comme un être tout-puissant. L'enfant veut savoir pourquoi vous êtes puissant et comment vous l'êtes devenu. C'est à ce moment que vous enseignez les réponses à l'enfant.

« Cette force que tu vois en nous », direz-vous à votre enfant, « nous provient du grand Dieu de l'univers. Ce Dieu nous communique Sa puissance et Sa force, et nous nous sommes unis à lui pour devenir ceux que tu vois aujourd'hui. »

L'enfant, à son tour, aura tendance à voir au-delà de ses parents, au-delà d'eux jusqu'à Dieu. Il sait alors que toute la force et toute la puissance dont la famille bénéficie émanent de ce grand Dieu. C'est ainsi que l'enfant devient conscient que se parents sont là pour l'aider à acquérir cette même force et cette même perfection divines. Ce n'est pas avec des mots que l'on enseigne ces choses à un enfant au début. Seule la manifestation de la vérité à travers ses parents lui montrera qui est Dieu.

Donnez à votre enfant l'espoir que les merveilles de ce monde lui appartiendront. Pourquoi n'en serait-il pas ainsi? Le Dieu de l'univers prend la forme d'une puissante présence faisant partie de la vie de l'enfant, n'est-ce pas? Par conséquent, la grandeur sublime que l'enfant commence à percevoir à ce sujet deviendra réelle pour lui lorsqu'il apprendra à faire une place à la vérité en son être. Les parents qui donnent une telle éducation à leurs enfants réduiront d'autant les efforts qu'ils devront faire, une fois devenus des adultes, pour comprendre Dieu. Ces enfants vont pouvoir utiliser la puissance de la divinité - soit, l'équipe composée de la Fraternité, du Dieu de l'univers et d'eux-mêmes, c'est-à-dire la trinité. Voilà comment les choses fonctionnent.

Portez maintenant attention à la pensée suivante sur l'éducation des enfants. L'enfant entre dans la vie des parents pour devenir la source de joie qu'ils espéraient avoir. Mais rarement les parents vont-ils penser que cet enfant est venu au monde pour apprendre d'importantes leçons. Ils seraient donc d'une plus grande utilité à l'enfant s'ils pouvaient comprendre que chaque enfant a besoin de découvrir quelle est sa propre destinée avec l'aide de la Fraternité. L'enfant pourra ainsi commencer sa vie en sachant où obtenir cette aide, où entreprendre sa quête intérieure. C'est alors d'autant plus facile si l'enfant peut bénéficier de la collaboration de la Fraternité, mais il faut que les parents lui enseignent comment faire pour l'obtenir.

Pensez maintenant à l'enfant qui vit en votre demeure, l'enfant qui veut que sa vie soit merveilleuse au-delà même de ce qu'il peut concevoir. C'est en lui montrant à espérer beaucoup de la vie que vous vous acquitterez de votre responsabilité de faire en sorte que sa vie soit à la mesure de ses plus grands espoirs. Aucun espoir n'est trop grand; aucun espoir n'est trop merveilleux. Ne vous permettez donc jamais de lui enlever ses espoirs. Enseignez-lui plutôt à les visualiser de façon détaillée. Demandez-lui de vous les décrire, de les garder à l'esprit pour pouvoir continuer à les examiner de temps à autre. Ils se transformeront et ils peuvent même avoir tendance à décliner s'ils entrent dans ce moi secret où Dieu est à l'oeuvre en lui. Ces espoirs et ces pensées de la vie de l'enfant doivent être encouragés, et s'ils disparaissent, il n'y a pas à s'en faire. Dieu enseigne à l'enfant. Ne mettez pas en question ce qui se passe. Acceptez-le. Ayez confiance que Dieu aidera l'enfant. Encouragez-le, mais ne vous imposez pas. C'est ainsi que les choses doivent se passer.

À présent, réfléchissez aux moyens que vous pourriez prendre pour faire jaillir de nouveau l'espoir dans l'esprit de l'enfant qui se laisse aller au découragement. Le découragement peut provenir d'une pensée rattachée à la conscience terrestre; il peut provenir de son entourage. Le découragement peut s'emparer de son esprit et le rendre désespéré. Mais le désespoir ne devrait normalement pas exister si Dieu est bien compris. C'est dans ces moments que vous devez expliquer que ces périodes de découragement ne sont rien de plus que des phases de changements dans sa vie, et qu'il ne devrait pas résister au changement. Car c'est bien ce qu'il fait : résister au changement, et c'est justement ce qui amène le découragement.

La conscience terrestre détruit l'espoir ainsi que la vision. Le découragement est donc un symptôme que la personne s'est tournée vers la conscience terrestre. « Cela signifie qu'il faut que tu reviennes à la Conscience divine », direz-vous alors à l'enfant. « C'est grâce à la Conscience divine que tu retrouveras ton optimisme et le chemin du succès. La pensée bienveillante de Dieu va s'ouvrir à toi », lui suggérerez-vous, « et ta propre pensée sera envahie de joie lorsque tu t'uniras à la Fraternité de Dieu. »

Enseignez à votre enfant que Dieu oeuvre partout dans l'univers pour le rendre parfait. Enseignez-lui que le Dieu de l'univers s'unit à la conscience individuelle de chaque personne pour lui apporter la vérité pure et absolue. L'enfant apprendra ainsi à se mettre à l'écoute de sa petite voix intérieure. Beaucoup a été écrit au sujet de cette voix, mais l'oreille intérieure doit aussi être formée. La capacité d'entendre cette voix ne se matérialise pas soudain comme par magie. Alliez-vous à la Fraternité pour savoir comment entrer en contact avec l'esprit de l'enfant pour lui apprendre à répondre à cette voix.

Unissez-vous à nous pour faire comprendre aux enfants que leur esprit est déjà venu sur terre auparavant. Ils ont eu de nombreuses vies antérieures et appris de nombreuses leçons qui les ont fait cheminer vers leur objectif d'être Un avec Dieu. La valeur de ce concept est d'amener les enfants à assumer la responsabilité de leurs actions. Lorsque ce concept entre dans leur esprit, ils se font le raisonnement suivant : « Mon être intérieur est indestructible. Comme la mort n'a jamais pu le détruire, il est éternel. C'est fantastique! Je suis dans cette vie la personne que je choisis d'être. Je choisis mes parents, je choisis de partager la vie avec les gens qui m'entourent. Eh bien alors, je suis là où je dois être! Voilà pourquoi je dois accepter de collaborer avec mes parents, mes amis, mes professeurs et la merveilleuse communauté où je vis. Cette vérité m'appartient. Savoir ainsi qui je suis réellement - un être éternel - est beaucoup mieux que de m'identifier simplement à ma personnalité terrestre actuelle. L'idée me plaît de devenir cette nouvelle personne. En venant ainsi au monde à plusieurs reprises, j'apprendrai sûrement bien des leçons utiles. »

Dites toute la vérité à vos enfants, et pas seulement quelques éléments, car le fait de connaître toute la vérité les aidera à élargir leur perspective sur cette vie. Ils seront alors fidèles à ce qu'ils comprennent. Ils ne tiendront pas compte des autres idées contredisant ce qu'ils ont appris, parce que la vérité leur apportera dans la vie le bonheur qu'ils veulent. Faites maintenant une place dans votre esprit à l'ensemble de ce message afin de pouvoir offrir à vos enfants la vérité qui les aidera à apprendre la pure vérité du Dieu de l'univers.

Stimulateurs de pensée

1. Les parents peuvent se servir de leur relation avec leurs enfants pour leur donner des concepts montrant un Dieu positif en qui ils peuvent avoir confiance. Quelles autres vérités pouvons-nous inculquer à nos enfants? Comment les enfants apprennent-ils à avoir confiance en Dieu?

2. Dieu enseigne et travaille avec l'être intérieur de l'enfant. Il arrive parfois que le découragement s'empare de nos enfants alors qu'ils cherchent à comprendre le destin que la vie leur réserve. Que se produit-il en réalité lorsque l'on se sent découragé? Comment pouvons-nous favoriser la

croissance des enfants sans pour autant nous imposer dans leur vie?

3. Chacun peut entendre sa voix intérieure après s'être exercé à l'écouter. Comment pouvons-nous apprendre à nos enfants à écouter leur voix intérieure?

4. Dans notre recherche de la vérité, nous apprenons que nous sommes responsables de toutes les gestes que nous posons dans la vie. Comment pouvons-nous aider nos enfants à apprendre cette vérité?

Travail intérieur : Nos enfants veulent connaître Dieu ainsi que l'univers et, tout comme nous, ils veulent savoir à quoi ça sert de connaître Dieu et l'univers. Il y a de nombreux moyens d'aider les enfants dans leur croissance spirituelle, qu'ils vivent ou non avec nous. Nous pouvons demander l'assistance de nos conseillers spirituels à cet égard. Nous pouvons les encourager à s'intéresser à découvrir leur propre plan de croissance.

Connaître le Dieu de l'univers

18

Que dois-je faire de plus pour que ma vie soit une réussite?

Pour actualiser votre potentiel, vous devez élargir votre conception du Dieu de l'univers. C'est ce que vous en concevez qui détermine comment vous réussirez à exprimer vos pensées sur le plan physique. Cela veut dire de vouloir que vos pensées - au sujet de vos buts, de vos attentes et des nombreux besoins et désirs que vous avez - prennent forme sur la plan physique. Lisez attentivement ce chapitre pour apprendre les principes de base de la matérialisation de vos pensées.

Parvenu à ce point-ci du livre, nous croyons que le lecteur est prêt à accueillir cette vérité non revendiquée, et à la mettre en application dans sa vie. Si une telle possibilité vous semble encore être une promesse en l'air, cessez immédiatement la lecture de ce livre car rien de plus ne peut être dit pour traduire en pratique cette vérité. Cependant, si vous êtes prêt à visualiser en cet instant même une vie pleine de nouvelle énergie, de nouveaux talents, de nouvelles réussites, alors poursuivez votre lecture.

Pour exprimer vos pensées de façon à ce qu'elles se matérialisent en choses, pour comprendre votre potentiel, vous devez vous joindre à l'équipe formée de la Fraternité, de Dieu et de vous-même. Pour que vous puissiez parfaitement comprendre ce dont nous allons parler, nous présentons dans ce chapitre un concept élargi de Dieu. Mais d'abord, vous devez faire vôtre la vérité individuelle que le Dieu de l'univers a à vous enseigner. En second lieu, vous devez élargir votre conception de Dieu au-delà de la perception limitée que vous en avez depuis le début de votre vie.

Alliez-vous à nous pour unir votre esprit à la Conscience divine. Vous pourrez ainsi apprendre de ce merveilleux Dieu, Celui qui s'unit à nous et à vous pour vous présenter cette vérité. Ouvrez maintenant votre coeur et votre esprit à cette vérité, à ce canal ouvert avec la Conscience divine.

Joignez-vous à nous pour connaître la grandeur que Dieu désire vous présenter, vous qui êtes l'enfant de Sa vérité. Le Dieu de l'univers n'entre en personne sans amener en même temps l'ensemble du concept de Dieu. Une personne peut choisir pour une raison ou l'autre de n'utiliser qu'une partie de cette grandeur, mais néanmoins, Dieu vous communique l'ensemble de Sa grandeur.

Aucune personne ne peut percevoir l'ensemble de ce qu'est Dieu sans assimiler la vérité de la Conscience divine qui enseigne à l'âme la grandeur de Dieu. Comprenez que cette grandeur est la totalité de ce que nous appelons Dieu. Aucun mot ne décrit mieux la nature de Dieu que ce mot. Voilà pourquoi nous y consacrons du temps ici.

Ouvre maintenant votre esprit à cette grandeur dont nous parlons. Ouvrez votre esprit à cette grandeur que Dieu représente. Cette équipe que vous formez avec la Fraternité et Dieu (la trinité) vous ouvrira la voie pour percevoir cette grandeur dont vous avez besoin pour que votre vie parvienne à son plein potentiel de manifestation.

Le Dieu de l'univers attend de pouvoir faire équipe avec vous. Il ne vous supplie pas. Il ne vous attend pas à l'extérieur de votre porte la nuit pour vous saisir quand vous vous y attendez le moins et vous punir de ne pas vous être mis à sa recherche. Il est incapable de toute intention malveillante et, contrairement à ce que l'humanité en croit, il ne juge pas les âmes. La Bible parle souvent du jugement mais ce sont les gens qui ont mis dans la Bible cette croyance. Ce n'est pas Dieu. Dieu se présente dans toute sa grandeur. Voilà pourquoi nous devons ouvrir nos yeux à ce concept de la grandeur de Dieu pour être dissuadés de la vile tentation de faire entrer Dieu dans le moule de la vérité conçue par l'homme.

Aucun individu acceptant d'élargir sa conception de Dieu ne peut continuer à croire aux anciens concepts. Il faut s'en débarrasser pour permettre à l'esprit de s'ouvrir. La parabole du vin nouveau dans de nouvelles outres s'applique parfaitement ici. La vérité qui vous est communiquée grâce à nous par la Conscience divine vous dit maintenant que celles et ceux qui désirent ce concept élargi doivent faire une place à ce nouveau concept. Dieu ne se laisse PAS emporter par les excès de l'émotion et de la haine. Dieu ne joue PAS au jeu du "je t'aime si tu m'aimes". Dieu est grand et non pas vil. Ce Dieu est l'incarnation même du bien et de la vérité. Il a recours à ce travail d'équipe pour vous ramener dans le giron de son être pour devenir Un avec Lui et connaître ce qu'est la véritable liberté absolue.

Ce n'est que par votre travail et avec la collaboration de la Fraternité que vous pourrez saisir la profondeur de ce merveilleux concept. Le Dieu de l'univers pourra alors entrer en vous et vous en Lui pour devenir Un, et ainsi le but sera atteint. Unissez-vous à nous pour connaître le Dieu de l'univers qui participe à la rédaction de ce livre pour vous présenter Sa vérité.

Portez maintenant attention à la partie suivante de ce chapitre. Ce qu'on y trouve s'ajoutera à tout ce que vous savez déjà pour vous faire progresser un peu plus loin. Vous pourrez alors laisser votre conception de Dieu s'élever à une vibration supérieure, ce qui est bien sûr le but que nous visons. Cette amélioration peut être répétée à maintes et maintes reprises à mesure que vous progressez dans votre compréhension, et c'est ainsi que vous saisirez la vérité selon laquelle Dieu est beaucoup plus que tout ce que vous auriez jamais pu supposer ou espérer qu'il soit.

Amenez maintenant l'ensemble de votre entité en notre bonne présence au sein de votre temple. La vérité que nous y avons mise vous y attend. Placez votre confiance en cette vérité. A présent, accepterez-vous de devenir Un avec cette vérité? Si votre réponse est oui, entrez dans votre nouvelle équipe formée de la Fraternité, de Dieu et de vous. Nous inscrivons ensemble cette vérité dans votre âme avec une encre indélébile. Il sera désormais impossible de l'effacer. Cette vérité s'est fusionnée à vous. Collaborez pour que ça se fasse.

La vérité que vous voulez implanter dans votre moi spirituel s'intégrera en vous si vous lui dites de le faire. « Sois la vérité qui élargira ma conception du Dieu de l'univers », lui direz-vous. « Unis-toi à moi en ce temple. » Dites au corps de demeurer immobile tandis que cette fusion se produit. « Profite de ces instants pour devenir calme et détendu », direz-vous à votre corps. Dites-lui de devenir la tendre vérité en expression en vous aidant à faire entrer la nouvelle vérité en votre âme. Le corps coopérera parce que vous avez le contrôle de votre corps, et non l'inverse. Alliez-vous à nous pour faire vôtre cette vérité du concept de Dieu.

« Si nous n'arrivons à élargir que de très peu notre conception de Dieu », demandai-je, « pouvons-nous tout de même considérer cela comme un progrès? Nous voulons peut-être saisir le concept en entier, mais si nous ne parvenons pas à le saisir entièrement, intégrons-nous alors quand même le peu que nous obtenons? »

Essayez de comprendre que partout dans le monde les gens veulent implanter ce concept en eux. Vous établirez tout de même un premier contact, pour ainsi dire. Continuez alors à travailler jusqu'à ce que la connexion soit beaucoup plus forte. Ce qui veut dire que même un petit peu, c'est déjà quelque chose. Tout le concept vaut la peine d'être accepté, même si ce n'est que petit à petit.

A présent, mettez par écrit votre compréhension du concept de Dieu. Puis, gardez ce concept à l'esprit et étudiez-le pour savoir jusqu'où vous êtes parvenu et quel chemin il vous reste à parcourir. Si vous avez des doutes à l'égard de Dieu, c'est qu'il y a encore d'autres vérités à absorber. La vérité que vous avez déjà comprise ne doit cependant pas être l'objet d'un manque de respect. Cette vérité est valable. Accordez-lui donc toute votre considération pour ce qu'elle est. Il vous suffit de reconnaître que vous devez aller encore plus loin.

Je me demandai si nous devions utiliser la vérité individuelle émanant de la Conscience divine au lieu de la vérité universelle pour parvenir au concept le plus élevé possible de Dieu.

C'est notre enseignement, à savoir que le concept de Dieu que nous voulons tous dans notre coeur et notre esprit nous vient petit à petit à mesure que nous sommes capables de l'absorber. Par conséquent, même si nous pouvions enseigner ce concept à toute une classe, les élèves ne progresseraient pas tous au même rythme. Chacun apprend à son rythme à cause des différences individuelles, n'est-ce pas? Il en est de même pour la vérité.

C'est parce qu'il englobe tout ce que nous vous avons enseigné petit à petit, tout au long du livre, que nous disons que le meilleur concept de Dieu est la grandeur. Mais le temps est venu de réviser les notions apprises, de mettre vos connaissances à l'épreuve, et d'évaluer ainsi les progrès accomplis. Rappelez-vous que ce n'est pas Dieu qui vous évalue. Il ne veut que vous donner ces grands dons dont nous avons parlé dans les chapitres précédents.

Nous parlons maintenant de la grandeur pour vous ouvrir les yeux à votre propre vérité résidant en votre esprit. Si la vérité s'avère insuffisante, il n'y aura pas de concept de grandeur. Il y aura encore des concepts de peur et d'autres concepts négatifs de Dieu qui vous amèneront à repousser l'idée de la grandeur de Dieu. C'est l'épreuve suprême que vous devez passer. Alliez-vous à nous pour élargir votre concept jusqu'à ce que vous puissiez affirmer sans la moindre hésitation que Dieu est effectivement grand.

Pour découvrir votre propre potentiel, il vous faut saisir en son entier la vérité de Dieu. Pour faire entrer cette vérité de la Conscience divine en votre être intérieur, vous devez mettre de côté tous les faux concepts. Accorder foi à des concepts négatifs, c'est croire à de fausses vérités. Seuls ceux qui accordent foi à la vérité positive pourront manifester leur plein potentiel.

Portez maintenant attention au reste de ce chapitre. Unissez-vous au Dieu de l'univers qui désire vous éveiller au formidable personnage qu'Il est. Avec ce concept du Grand Dieu de l'univers gravé en vous, vous pouvez devenir ce grand personnage. C'est à travers ce regard que la personne désirant adopter ce concept avancé de Dieu peut se voir parce que le Dieu de l'univers partage les pensées qui vous montrent comment utiliser la grandeur. Vous pourrez ainsi devenir tout ce que vous rêvez d'être et plus. Ces buts que vous avez notés par écrit au début vont avoir pour vous un sens de plus en plus profond, et ils vont connaître une métamorphose que vous n'auriez jamais cru possible au début de la lecture de ce livre. Ces buts que vous aviez écrits à ce moment-là, n'ont-ils pas profondément changé? Ils seront de plus en plus le reflet de la conception que vous avez de Dieu parce que votre propre conception de Dieu ne cesse de croître.

Ouvrez-vous à notre bonne vérité et ne vous détournez pas tristement sous le prétexte que c'est trop dur à faire. Tout comme pour l'homme riche que Jésus exhortait à croire à la vérité de Dieu et de vendre ses possessions, c'est comme si vous refusiez de vous détacher de la vieille vérité. Celles et ceux parmi vous qui s'en sont détachés en faveur du nouveau plan vont adhérer au concept de grandeur du Dieu de l'univers. Dieu s'unira alors avec vous pour vous mettre dans ce même concept à Ses côtés.

Joignez-vous maintenant à ce travail d'équipe, à cette trinité qui fait jaillir la vérité en votre être et dans le témoignage qui révèle le grand Dieu de l'univers. Accordez toute votre attention à cette entité qui habite votre corps pour le temps que dure cette vie. Cette entité veut s'unir à la trinité pour comprendre le concept de grandeur. C'est précisément le but de ce chapitre.

Demeurez maintenant immobile. Entrez calmement en notre présence dans votre temple. Le Dieu de l'univers y entre Lui aussi, mais nous ne cherchons pas à imaginer son entrée. Nous en faisons l'expérienceen nous. Cette vérité impérissable descend en nous pour nous amener à ressentir la Perfection et la Joie qu'Il EST. Unissez-vous à nous pour que ça se produise dans votre vie. Considérez ce qui est en train de se passer et la pensée que Dieu est bien ce qu'Il dit être montera en vous. Le concept de grandeur est à tout jamais gravé en vous.

Dirigez maintenant votre pensée vers vos expressions extérieures, vers votre corps et votre environnement immédiat sur terre. Tout cela se transforme conformément à la volonté du Dieu de l'univers, et non pas à la vôtre. Ils deviennent donc plus beaux, plus intenses, plus tendres et plus purs. Ouvrez-vous à cette vérité qui entre en votre être et se manifeste sur le plan physique. Ces deux actes - la pensée que vous présentez au Dieu de votre être et l'union avec la vérité de la Conscience divine - se réuniront pour faire en sorte que vos buts, vos ambitions, vos espoirs et vos rêves se manifestent en une expression extérieure.

Confiez maintenant votre être à nos soins pour recevoir notre merveilleuse perfection que nous vous donnons tous ensemble. Notre aide est toujours disponible. Envoyez-nous vos meilleures pensées et nous y répondrons. C'est cette fraternité qui vous donnera le doux contact du brillant soleil de Dieu.

Le chapitre est maintenant terminé.

Stimulateurs de pensée

1. Notre conception de Dieu détermine notre aptitude à exprimer nos pensées et actualiser notre potentiel. Si nous entretenons des doutes à propos de Dieu, c'est signe qu'il y a plus de vérités à absorber. Comment pouvons-nous élargir notre conception de Dieu au-delà de ce que nous connaissons présentement?

2. Chacun avance à son propre rythme vers la réalisation de son potentiel, selon la rapidité avec laquelle il absorbe en son coeur et son esprit les concepts de Dieu. La Fraternité nous dit que le meilleur concept de Dieu à saisir est celui de la grandeur. Quel est ce concept? Qu'est-ce qui nous empêche de réaliser notre potentiel?

3. L'homme riche dont Jésus parlait se fit dire de vendre ses possessions. Il refusa de se détacher de ses vieilles croyances et de s'en remettre à la vérité de Dieu. Comment pouvons-nous nous unir à Dieu, même si ça peut sembler trop difficile à faire?

Travail intérieur : En faisant partie de la trinité divine, nous travaillons en étroite association pour exprimer la grandeur sur le plan terrestre. Reconnaissez votre progrès jusqu'ici - ouvrez-vous à plus encore. En nous exerçant à recourir quotidiennement à relation privilégiée avec Dieu, nous manifestons ce que nous désirons dans notre vie.

De la tendresse pour toi, lecteur

19

Comment puis-je combler l'aspiration profonde de mon âme à la tendresse?

Le message ne cesse de nous être répété depuis le début de ce livre que la vérité s'intègre peu à peu dans notre moi intérieur. Impatiente par nature, je décidai qu'une lente progression comme celle décrite par la Fraternité n'était pas pour moi. J'allais lire cette vérité, y penser un bon coup et tout simplement l'accepter. J'étais sûrement capable d'adopter très rapidement la vérité de la Conscience divine.

J'acceptai intellectuellement la nouvelle vérité, mais ma vie ne changea pas autant que je l'avais espéré. La manifestation de mes pensées en choses me semblait toujours être un lointain espoir plutôt qu'une réalité. Et même si j'avais précédemment démontré une bonne santé, je commençai à avoir des symptômes de certains problèmes physiques que je pensais avoir surmontés.

Lors d'une séance privée, la Fraternité me conseilla avec insistance de passer plus de temps dans mon temple intérieur pour assimiler la vérité que j'y avais emmagasinée. Certains jours, il m'arrivait de suivre ce conseil. D'autres jours, je me sentais fort bien dans ma peau et je ne m'approchais même pas de mon temple sauf pour travailler à la rédaction du livre.

Un jour, j'exprimai un besoin personnel à la Fraternité et voici la réponse obtenue.

Nous allons nous occuper de ce besoin au sein de votre temple où nous vous parlerons. Rendez-vous souvent dans votre temple. Alors, vous ne vous sentirez pas déprimée ou malheureuse comme vous l'êtes aujourd'hui. Intégrez la vérité et allez fréquemment dans votre temple intérieur. C'est ainsi que l'on peut améliorer une vie dominée par la vérité de la conscience terrestre.

Un autre jour, je fis part de mon agitation au sujet d'une certaine personne qui avait causé beaucoup de peine à un membre de la famille.

Ne vous laissez pas aller à la haine, ne cherchez pas à vous venger, ne souhaitez pas que l'hostilité perdure. Offrez votre pensée dans la joie, en ne désirant que le bien, à l'intention de l'Être de Tendresse qui a le don parfait dont vous avez besoin maintenant. Unissez-vous à nous, pas aux pensées de la conscience terrestre.

Cet Être de Tendresse, qui est un aspect de Dieu, est une vérité que je dois assimiler en mon être afin de pouvoir suivre les conseils qui me sont prodigués. Comment puis-je faire preuve de tendresse, par exemple, si je n'accepte pas la tendre nature de Dieu? Comment puis-je faire la démonstration d'une vérité si elle ne fait pas partie de ma propre âme? Ce chapitre consacré à la tendresse constitue un défi pour nous, tout en étant un encouragement dans notre quête d'unité avec Dieu.

L'équipe que vous formez avec la Fraternité et Dieu collabore à enseigner à votre âme la vérité de la tendre miséricorde. L'équipe veut vous enseigner cela afin que vous puissiez faire preuve de la tendre miséricorde dont vous avez besoin dans votre vie - celle qu'il vous faut offrir aux autres et celle que les autres vous témoigneront. Participer à cette collaboration vous permettra de démontrer cette merveilleuse qualité de vie.

Le Dieu de l'univers ouvre vos yeux à l'ensemble de Sa vérité. Unissez-vous à nous pour bientôt faire une démonstration qui est non seulement possible, mais qui prouvera votre nouvelle vérité. C'est ainsi que vous verrez la tendresse démontrée dans cette vie. Voilà de quoi parle ce chapitre. Alliez-vous à nous pour réaliser cette vérité.

Remettez maintenant votre moi intérieur entre nos bonnes mains. Nous vous rencontrons dans votre temple où nous faisons ensemble notre travail. Fusionnez-vous avec nous - c'est-à-dire adoptez un état d'esprit neutre pour être capable de recevoir. Unissez-vous à nous pour sentir notre présence dans la réalité de votre temple. À présent, placez votre concept de grandeur en ce temple. Élargissez autant que faire se peut votre conception de Dieu, en ne perdant jamais de vue que le but est la grandeur. C'est ainsi que vous appréhenderez la nouvelle vérité de ce chapitre.

Voici la vérité. La personne qui désire mettre de la miséricorde et de la tendresse dans sa vie doit ouvrir son esprit et son coeur à la Fraternité et à la Conscience divine. Elle recevra alors dans sa vie ces doux attributs qu'elle désire si ardemment avoir.

Tous veulent de l'amour, n'est-ce pas? Tous veulent que les autres croient en eux, n'est-ce pas? Alliez-vous à nous pour avoir ces qualités dans votre vie. Alliez-vous à nous pour faire preuve de tendresse à l'égard des autres. Sans tendresse, vous ne pourriez vous épanouir et devenir la personne que vous voulez être. Vous seriez comme une coquille vide de toute substance.

La tendresse est cette vérité éternelle de Dieu dont beaucoup de gens ont besoin mais que beaucoup croient être impossible à manifester dans cette vie.

« Pourquoi », demandai-je, « tant de gens pensent-ils qu'il est impossible de manifester de la tendresse dans cette vie? »

Nous communiquons avec vous pour vous amener la vérité, mais vous écoutez la conscience terrestre qui vous dit que vous ne devriez vous attendre à aucune tendresse au cours de cette vie. La conscience terrestre vous dit que les tendres douceurs sont rarissimes. La vérité de la conscience terrestre vous dit que les bons amis ont tendance à vous délaisser, à vous abandonner lorsque les choses deviennent plus difficiles. Vous pouvez vous compter chanceux, dit la conscience terrestre, si vous avez seulement un bon ami durant cette vie. La conscience terrestre vous dit ceci et cela, et vous croyez à toutes ces pensées. La vérité de la Conscience divine ne peut alors qu'être sans effet sur vous. C'est pourquoi les gens pensent que la tendresse est impossible à avoir.

A présent, servez-vous de votre nouvelle vérité. C'est ainsi qu'elle doit s'ancrer en vous. Tout d'abord, faites-la entrer dans votre esprit et dans la tonalité qui est constamment à la recherche de la vérité. Deuxièmement, communiquez à votre être intérieur la pensée que vous voulez ne faire qu'un avec cette vérité, que vous voulez que cette vérité vous appartienne. Finalement, unissez-vous à nous pour mettre de la tendresse dans votre être. Lorsque vous ne ferez qu'un avec votre vérité, vous attirerez la tendresse dont vous avez besoin dans vos relations avec les autres. Unissez-vous à cette vérité.

Je demandai à ce qu'on m'explique comment la vérité relative à la tendresse pouvait transformer la vie d'une personne.

Une parfaite compréhension de la tendresse mettra fin à votre tendance de n'aimer que les gens dont les vibrations sont presque semblables aux vôtres. Ainsi, vous pourrez offrir des marques de tendresse et d'affection même aux personnes qui sont à l'extérieur de votre champ vibratoire. Pour arriver à vous ouvrir à ce qui est en dehors de votre champ vibratoire, vous devez assimiler la vérité de la tendresse en votre être. Puis, cela fait, vous serez non seulement capable d'aller vers d'autres personnes vibrant à des fréquences différentes de la vôtre, mais en plus vous vous attirerez votre tendresse.

L'intégration de cette vérité rendra votre vie beaucoup plus agréable que si vous ne l'assimiliez pas dans votre être. Sans tendresse, vous pourriez avoir des frictions dans vos relations avec les autres. En intégrant la tendresse, toutefois, les autres seront doux, compatissants et pleins d'égards pour vous. C'est ainsi que vous témoignerez de la grandeur de Dieu Lui-même.

La tendresse qui s'installe dans votre moi intérieur vous attirera de grands êtres dans votre vie. Nous voulons dire par là que vous entrerez en contact avec d'autres personnes également pleines de tendresse. La tendresse vous enveloppera et abondera dans les activités de votre vie. N'hésitez pas à recueillir ce bienfait que le grand Dieu de l'univers a pour vous. Mettez les autres bienfaits de Dieu en perspective et vous verrez que la tendresse met votre vie dans un cadre dont le reste du tableau a besoin. La tendresse encadre votre vie et place les autres dons en perspective vous permettant ainsi de bien les voir. Mais ne négligez pas ce cadre, car le tableau est incomplet sans celui-ci.

Est-il nécessaire pour nous de souligner à quel point votre vie va changer et s'améliorer avec ce magnifique tableau accroché dans votre temple intérieur? Accrochez-le maintenant dans votre temple - avec le cadre de tendresse et le tableau comportant tous les autres dons que vous voulez de Dieu. Cette image n'est pas statique. Elle vibre d'une énergie pulsante qui force l'oeil à ne regarder que le centre de l'énergie qui est Dieu Lui-même. Le tableau disparaîtra s'il n'y a pas de compréhension de sa source - de Dieu. L'image va se graver dans votre esprit si Dieu est le centre de votre compréhension.

Ayez une douce pensée de tendresse pour celle qui écrit ce livre. La tendresse pénètre maintenant dans son temple telle un beau cadre aux reflets dorés éternels de la lumière de Dieu. Le temple rayonne de l'éclat de cette lumière. Les autres dons apparaissent maintenant pour faire partie du tableau qui se fusionne avec son âme et se met à pulser de la vie divine et l'inciter à s'ouvrir pour accueillir les dons de Dieu. Cette union intérieure est ce qu'elle réussit le mieux. C'est pourquoi l'image apparaît dans son temple pour lui appartenir en propre.

C'est maintenant à votre tour, cher lecteur. Unissez-vous à la tendresse que Dieu vous donne à profusion. Prenez la tendresse que Dieu EST et mettez-la dans votre temple sous la forme d'un cadre qui tient ensemble tous les autres dons de Dieu. Visualisez ce cadre selon la forme de votre choix. Votre moi spirituel va refaçonner le cadre jusqu'à ce que vous sentiez qu'il vous convient parfaitement. Accordez-nous votre attention à ce sujet. Prêtez attention à notre association avec cette nouvelle vérité qui deviendra maintenant le doux contact de Dieu qui améliore votre expérience de vie.

Stimulateurs de pensée

1. En nous alliant fréquemment à nos tendres présences dans notre temple, nous nous sommes ouverts à notre réalité actuelle. Comment avez-vous développé de la confiance envers ces tendres présences?

2. Notre union avec la vérité pour qu'elle se fusionne à nous se fait en trois étapes. Nous la faisons d'abord entrer en notre esprit. Puis nous disons à notre être intérieur que nous voulons ne faire qu'un avec cette vérité. Quelle est la troisième étape? Donnez un exemple personnel de l'utilisation de ce processus.

3. Une fois que notre vérité s'est intégrée en nous, nous attirons la tendresse dans notre expérience de vie. Comment la tendresse en vient-elle à faire partie de nous et quels en sont les avantages?

Travail intérieur : Observez une fois de plus les images dans votre temple intérieur qui sont encadrées de tendresse. Nos images sont encadrées et enserrées dans la tendresse de Dieu. L'énergie pulsante de Dieu vibre et charge ces images d'énergie. Voyez-les clairement comme étant chargées d'énergie.

La nouvelle équipe - le lecteur, la Fraternité et Dieu

20

Comment puis-je connaître et accepter ma vérité et lui donner une forme matérielle?

Si vous avez lu ce livre jusqu'à cette page, vous faites sans doute déjà partie de cette équipe spéciale que la Fraternité appelle la trinité. Vous formez maintenant une seule unité avec la Fraternité et Dieu, une seule équipe unie dans l'espoir de réaliser la fusion de la vérité de la Conscience divine avec votre âme.

Le temps est venu de faire toute la place à ce travail d'équipe qui fait progresser votre propre croissance. Remettez-vous en donc à ce travail d'équipe et nous ferons en sorte que tout dans votre expérience de vie puisse favoriser l'épanouissement de votre âme.

La trinité nous rappelle que Jésus, le Frère des Frères, nous avait indiqué que nous aurions un Conseiller, un Consolateur, un Esprit pour nous guider.

C'est la grande promesse que Jésus a faite à celles et ceux qu'il a laissés derrière lui au moment de son ascension au ciel, à savoir que nous ne serions pas abandonnés sans aucune présence pour nous réconforter, nous aider et nous guider. Envoyez à cette entité la pensée que vous désirez comprendre le rôle de la Fraternité. Le Jésus que vous connaissez vous expliquera alors comment travaille la Fraternité. Il viendra alors directement vers chacun de vous.

Cette équipe, qui vous vide de la vérité de la conscience terrestre et qui insère à sa place la vérité de la Conscience divine, vous apporte l'espoir de transformer les promesses de Dieu en réalité. C'est ainsi qu'elle fonctionne. A mesure que vous introduisez la vérité en votre être, l'espoir se transforme en réalité. Donnez-nous votre conscience, votre coeur et votre esprit qui s'ouvrent pour accueillir la nouvelle vérité. C'est ainsi que vous vous épanouirez spirituellement en une tendre floraison de l'esprit divin. Puis vous utiliserez votre corps pour démontrer la vérité dans les manifestations extérieures de la vie. Cette promesse se réalisera dans votre vie si vous le voulez.

Est-il nécessaire que nous expliquions cela dans les moindres détails, ou bien pensez-vous comprendre maintenant.

Une fois de plus, les Frères lisaient dans mes pensées car je persistais à vouloir plus d'explications.

Le fait de s'unir à la Fraternité et à la Conscience divine fait de votre vie une extase, une merveille, une expérience extraordinaire. Cette collaboration vous fera progresser au point d'être capable de vous brancher par vous-même avec la Conscience divine sans l'aide de la Fraternité. Ce progrès vous amènera ensuite sur les autres plans de vie, au-delà de ce plan, bien au-delà de ce second niveau. Voilà jusqu'où vous pouvez faire progresser votre moi spirituel.

Avons-nous besoin de vous dire ce que cela signifie pour vous, pour l'esprit que vous êtes en réalité?

Peut-être aurais-je dû connaître la réponse, mais une réponse vint de toute façon.

Pour progresser au-delà de ce second niveau d'existence, vous ne reviendrez pas vivre sur terre à moins de choisir de revenir pour apporter une information précise ou une aide spéciale. Le travail d'équipe que nous faisons ensemble constitue un enseignement beaucoup plus profitable que de revenir vous incarner à de nombreuses reprises. Ainsi, vous apprenez et mettez en même temps en pratique ce que vous apprenez. Voilà comment vous pouvez progresser si rapidement.

Allez maintenant dans votre temple. Ce temple devrait à ce point-ci avoir été modifié à maintes et maintes reprises. De nombreuses autres modifications vont lui être apportées pour l'adapter à vos besoins tandis que vous comprendrez de nouvelles vérités au cours de votre vie. Votre temple vous permet d'apprendre de nombreuses choses. Vous y apprenez comment vous servir de votre esprit pour visualiser des choses dans leurs moindres détails. Vous apprenez aussi comment mettre des choses dans votre esprit qui vous unissent avec votre être intérieur.

Méditez pour comprendre comment vous y apprenez toutes ces choses et comment vous pouvez les mettre à profit. Le temple est votre centre d'adoration, et non votre église, car le temple abrite votre réalité, votre moi spirituel qui y entre pour devenir Un avec la vérité. Sachez comment fonctionne votre temple pour pouvoir ainsi mieux faire la démonstration de la vérité.

Ne vous dites jamais que vous n'avez pas besoin du temple, car ça serait alors miner l'ensemble du projet. Ce temple est essentiel à votre progrès ici au cours de cette expérience de vie. Ne pas vous en servir vous rendrait dépendant de la vérité de la conscience terrestre, et vous savez à quel point cette vérité est désastreuse.

Ouvrez votre esprit à la toute nouvelle compréhension avec laquelle nous vous laissons. Le centre de vérité (le temple) que vous édifiez en votre esprit vous permet de découvrir la douce bonté de Dieu, la pure vérité de la Conscience divine, et d'avoir le coeur et l'esprit ouverts pour qu'ils obtiennent leur vérité de la véritable source. Le centre de vérité est ce temple en vous, cet endroit où vous vénérez Dieu, où vous méditez, et où Dieu s'occupe de vous dans Sa grande miséricorde, Sa grande compréhension et Son pur et tendre amour.

Entrez maintenant dans votre temple pour mettre de l'ordre dans votre moi spirituel. Unissez-vous chaque jour à nous pour faire cette chose. Mettez de l'ordre dans votre vie. La personne qui écrit ce livre met de l'ordre dans son propre moi avant d'écrire, car autrement elle ne pourrait écrire. Elle a son lot de problèmes à résoudre dans sa vie, des questions pour lesquelles elle veut des réponses, des chagrins qui ont besoin d'être réglés, et des pensées de la conscience terrestre qui font intrusion dans son esprit pour diluer la bonne vérité de la Conscience divine. Elle se rend alors dans son temple pour parler avec nous, pour écouter la Conscience divine, et elle en émerge victorieuse de ses doutes, de ses peurs et des pensées envahissantes de la conscience terrestre.

Lorsque vous avez mis de l'ordre dans le temple de votre âme, prenez le tableau que nous vous avons décrit plus tôt et accrochez-le à un bon endroit où chaque jour vous pourrez le voir. Le cadre est-il bien épousseté, bien poli et reluisant? Les objets sur le tableau représentent-ils bien ce que vous souhaitez manifester dans votre vie? Ces choses entrent dans l'image, se transforment, y entrent à nouveau, et ensuite se transforment en quelque chose de mieux. Le tableau n'est jamais statique, car l'énergie circule sans arrêt. Voilà comment cela fonctionne pour vous.

Unissez-vous maintenant à nous pour graver la vérité de ce livre dans votre âme. Révisez chacun des chapitres. Avez-vous intégré la vérité dans votre moi spirituel? Avez-vous noté vos objectifs par écrit, et les avez-vous ajustés à mesure que la Conscience divine s'unissait à vous pour vous donner une meilleure compréhension de vous-même? Avez-vous centré votre esprit dans cet acte d'union avec la Conscience divine? Demandez l'aide de la Fraternité pour former le canal vous reliant à la Conscience divine jusqu'à ce que vous puissiez le faire par vous-même. Puis joignez-vous à la trinité tel que nous vous l'avons décrite. En vous alliant ainsi vous ne perdrez pas le contact avec la vérité de la Conscience divine et vous évacuerez la vérité de la conscience terrestre qui cherche à pénétrer dans votre être et à s'y cacher là où la lumière ne parvient pas encore.

Ouvrez-vous tout grand et laissez la lumière de Dieu éclairer chaque parcelle de votre âme en ne dissimulant rien à cette lumière. La vérité de la conscience terrestre disparaîtra alors et sera remplacée uniquement par la vérité de la Conscience divine. C'est ainsi que vous vous transformerez en un esprit uni avec le Dieu de l'univers. C'est ainsi que vous serez la personne que vous avez toujours voulu être tout au fond de votre coeur.

Ce livre est maintenant terminé. Même si ce livre arrive à sa fin, votre développement n'est pas terminé. Continuez à faire de votre mieux pour retirer le maximum de cette expérience de vie, pour recevoir la vérité, pour écouter nos conseils et aller au bout de ce que vous pouvez être. C'est par notre travail d'équipe que nous nous portons vers vous pour que vos rêves, vos espoirs et vos buts se manifestent en une parfaite démonstration.

Stimulateurs de pensée

1. La Fraternité de Dieu est à la fois l'Esprit Saint, le Consolateur et l'Enseignant envoyés par Jésus pour nous aider. Ces Frères veulent que nous les connaissions et que nous demandions leur aide. Comment avez-vous ouvert votre esprit à leur aide? Quel genre d'aide vous donnent-ils?

2. Lorsque nous deviendrons Un avec Dieu, nous progresserons au- delà du second plan d'existence. Qu'est-ce que cela veut dire de progresser au-delà du second plan d'existence?

3. Notre temple est notre centre de vérité en nous. C'est un endroit où notre moi spirituel demeure en contact avec notre vraie réalité. Comment vous servez-vous de votre temple? Vous servez-vous fréquemment de votre temple?

Travail intérieur : Joignez-vous à la trinité. Révisez la progression faite dans chaque chapitre alors que nous cheminions vers la vérité. Nous avons à maintes reprises été invités à collaborer avec la Fraternité et avec Dieu, notre partenaire, pour aller au bout de nos possibilités dans cette vie.

Les bâtisseurs de temples

Des individus décrivent leur temple intérieur et racontent comment ils s'en servent.

Les lecteurs de La trilogie de la vérité, qui comprend Connexion avec la Conscience divine, Une vérité à vivre et L'or éternel, téléphonent et écrivent pour parler de leurs expériences avec leur temple intérieur. Bien qu'il n'y ait pas deux temples identiques, chacun reconnaît que son temple est l'endroit parfait pour rencontrer la Fraternité de Dieu et se trouver en présence de Dieu. C'est à cet endroit, conviennent-ils, qu'ils peuvent confier leurs problèmes aux soins de l'équipe divine qui les résout. C'est là que les gens placent les rêves de leur coeur et permettent à ces rêves de se manifester dans les réalités du plan terrestre. C'est en ce lieu qu'ils se sentent être vraiment un esprit, et qu'ils prennent la responsabilité de leur vie, comme partenaires du Dieu de l'univers.

Faites la rencontre des bâtisseurs de temples, des lecteurs qui se sont créé des sanctuaires intérieurs grâce au don divin de l'imagination qu'ils possèdent.

***

« Mon temple intérieur est une pyramide avec une porte invisible », écrit JB, du Missouri. « Je suis la seule à pouvoir accéder à mon temple. Dans le centre se trouve une chaise située à l'intérieur d'un rayon d'énergie divine. Il y a une porte à l'arrière de mon temple, et j'invite les membres de la Fraternité à y entrer pour me conseiller.

J'amène tout ce qui me préoccupe dans mon temple et j'y invite la Fraternité pour en discuter. Si je suis vraiment contrariée par quelque chose, je le laisse dans le temple aux bons soins de la Fraternité. La situation la plus incroyable et la plus difficile que j'eusse jamais présentée dans mon temple est celle de mon mariage. J'étais au prise avec des problèmes et j'étais complètement frustrée, prête à tout abandonner. Je me visualisai en train d'amener mon mari dans mon temple, de le faire asseoir sur la chaise, et j'invitai ensuite la Fraternité à y entrer. J'expliquai ma situation et leur demandai de l'aide.

Chaque fois que je songeais à nos problèmes, me rappelai-je, je les remettais à la Fraternité et les laissais aller pour m'en détacher. Il fallut quelques mois, mais nous commençâmes graduellement, mon mari et moi, à faire des changements. Aujourd'hui nous sommes plus heureux que nous ne l'avons jamais été. La connexion avec la Conscience divine fonctionne! »

***

Tim, de New York, écrivait que son premier temple intérieur était une petite cabane en bois rond. Il expliquait avoir choisi une cabane en bois rond parce qu'il aimait bien cela et qu'il avait déjà séjourné dans plusieurs cabanes du genre. « Toutefois », écrivait-il, « je ne pouvais jamais m'y installer confortablement. Un jour, je pensai : «J'en ai assez de cette cabane!» et elle disparut.

A sa place apparut la plus belle structure que j'ai jamais vue. C'était comme un château avec trois portes - une pour moi, une pour la Fraternité et une énorme porte pour le Dieu de l'univers. Il y a maintenant six ans que je travaille avec la Fraternité et mon temple intérieur continue de se transformer. Parfois je suggère les transformations que je désire et à d'autres occasions mon enseignant/conseiller les suggère.

Mon temple intérieur est ma véritable demeure, et il me suit où que j'aille. Les murs de mon temple intérieur sont très puissants dans la mesure où je suis dans mon temple et où je revendique le pouvoir de mon Partenariat. Je sens que rien ne peut me faire de mal ou me nuire - même ici dans la ville de New York.

***

« Mon temple a évolué avec les années », écrit Elaine, de l'Ohio. « C'était au début un endroit dans mon esprit où j'allais en pensée lorsque j'avais besoin de quelque chose; puis c'est devenu comme un mode de vie pour moi.

Mon temple est un palais de cristal sur le bord de la mer. Des pièces additionnelles et de nouvelles fonctions s'ajoutent à ce temple à mesure que s'élargit ma conception de ce qu'est Dieu et de la manière de faire de Dieu le centre de chaque aspect de ma vie. J'y dispose d'une salle spécialement réservée aux rencontres avec la Fraternité; j'y ai aussi une pièce du 'pardon' traversée d'arc-en-ciel, un bassin d'eau pour la guérison et un autel consacré à l'Éternel.

Mon temple intérieur est plus qu'un lieu dans mon esprit où je me 'rends' à des moments spécifiques et pour des motifs précis. C'est un espace sacré en moi où je vis, et pas seulement un endroit que je visite. C'est une façon d'Être dans le monde, un moyen de demeurer branchée avec la Conscience divine; je ne m'en sers pas uniquement pour des occasions spéciales où lorsque j'ai besoin d'aide, mais tout le temps. Le maintien de ma connexion avec la Conscience divine permet à la vie de s'écouler de la façon naturelle et harmonieuse voulue par Dieu. Mon temple intérieur est cet espace sacré en moi. Il représente ma Connexion avec le Divin dont découle tout Bien. »

***

« J'ai eu des visions de mon temple bien des années avant même d'entendre parler de la Fraternité », dit Ron, du Connecticut.

« J'ai vu le Christ debout dans l'entrée d'un grand château. Je me trouvais sur un magnifique sentier sinueux qui menait à l'entrée. Le Christ me fit signe d'approcher. J'étais entouré d'arbres blancs sur lesquels étincelaient des gouttes de rosée irisées. Une énergie de joie et de puissance rayonnait de partout autour de moi. Des colombes blanches s'envolèrent à la rencontre du ciel. Cet endroit était à moi. Dieu me l'avait donné. J'allais pouvoir y revenir aussi souvent que je le voulais.

Je vis maintenant dans ce temple aux allures de château. Je mange, dors, travaille et joue dans mon temple. C'est une méditation vivante. Le fait de me centrer ainsi sur mon temple le plus souvent possible me garde enraciné dans la vérité de la Conscience divine. Et qu'arrive-t-il si mon esprit s'éclipse de mon temple? Je m'unis à nouveau à Dieu en esprit pour demeurer dans mon temple! J'ai invité mon Partenaire, la Fraternité, ma tendre présence et d'autres grands amis de la lumière à venir partager le temple avec moi. Le Christ ne se tient plus dans l'entrée. C'est moi qui s'y trouve. Le Christ et moi sommes Un. Il n'y a plus de séparation, uniquement l'unité avec toutes choses. »

***

Pat, de l'Ohio, dit que son temple n'est pas très élaboré.

« Au fil des ans, j'ai érigé plusieurs temples qui tous étaient associés à la nature. L'un d'eux était dans une prairie au sommet d'une montagne où il y avait un rocher servant d'autel. Je m'assoyais à cet autel et je m'entourais d'une vapeur rose d'amour (comme une bulle de protection). A d'autres moments, je m'imaginais flottant juste sous la surface de l'eau, en train de regarder à travers les chatoiements de la lumière qui pénétrait dans l'eau.

A présent, je fais simplement une relaxation profonde jusqu'à ce que je voie une tornade spiralée de lumière qui s'empare de moi et m'amène au centre de l'endroit où je veux être. C'est là que je demande à mes partenaires de se joindre à moi pour que commence notre travail. C'est aussi à partir de ce centre que je me fusionne avec ce que j'appelle ma "Présence JE SUIS", ou moi supérieur.

C'est lorsque je suis dans mon temple que je parle à Dieu et c'est là où je vais pour écouter Dieu. C'est là où j'apprends à distinguer entre la vérité de la conscience terrestre et celle de la Conscience divine. C'est aussi là que j'apprends à me servir de la vérité divine dans mon travail et ma vie personnelle. Je me fie à la guidance provenant de mon Partenaire, que ce soit les messages que je reçois dans mon temple intérieur ou par des intuitions foudroyantes qui gravent des concepts entiers en moi. C'est grâce à cette activité quotidienne que je trouve ma force d'agir. Dieu est tellement plus que tout ce que j'ai jamais pu réaliser qu'Il était.

Émilie, du Missouri, écrit que son temple intérieur est une forêt avec un ruisseau et un gros arbre - à un endroit où elle peut s'asseoir sur les racines et appuyer sa tête contre le tronc.

« Avec le soleil transperçant le feuillage, je peux sentir l'énergie de Dieu affluant en moi. C'est là que je rencontre mon Partenaire. Parfois nous demeurons assis, parfois nous marchons.

Lorsque je suis en train de travailler et que je sens le besoin d'être aidée, je fais alors simplement appel à mon Partenaire. L'aide m'arrive sous forme de sensations, de paroles ou d'énergie qui vient dans mes mains.

Je ne pense pas que je vous aurais écrit il y a un an. Mon Partenaire et votre livre ont fait de moi ce que je suis devenue. »

***

Le temple intérieur créé par Bob, de l'Ohio, est situé dans un magnifique cadre de montagnes.

« A l'origine, j'avais créé une manoir rustique à deux étages, avec mon lieu de recueillement à l'intérieur près d'un ruisseau qui y coulait et d'un petit bassin d'eau. Plus tard, mon temple devint une caverne située dans la montagne au-dessus du manoir. La caverne était très élégante avec un ameublement fait de métaux précieux et serti de gemmes diverses. Mais il se révéla que je m'y sentais trop confiné pour y être à l'aise.

Mon temple actuel est toujours situé dans la même belle région montagneuse, mais il est devenu très simple. Il ne s'agit plus que d'un endroit tranquille adossé à la montagne. Trois arbres gigantesques s'élèvent en cet endroit calme. La base des arbres définit un triangle qui représente le partenariat formé du Moi divin de Bob (c'est moi ça), de mes guides et amis spirituels et du Dieu de l'univers.

Au milieu du triangle formé par les arbres se trouve un pré luxuriant qui représente le centre de mon coeur, mon centre de vérité. Je peux me rendre en cet endroit et y amener d'autres personnes, des idées, des situations, des sentiments, tout ce dont j'ai envie de m'occuper et de faire évoluer.

Lorsque je suis dans mon temple, j'y reconnais la présence de mes guides spirituels rayonnant de lumière et d'amour. Je leur demande de m'apporter l'aide nécessaire et ce, dans mon meilleur intérêt, quel qu'il soit. »

***

« Mon temple intérieur n'était au début qu'une sorte de très petit refuge isolé, à flanc de montagne », rapporte Al, du Maryland.

« Il s'est lentement transformé en une entreprise toujours plus grande et plus spectaculaire à mesure que j'ajoutais des plantes, d'autres pièces, des fontaines, des plafonds de cathédrale et d'immenses fenêtres. Les plantes ont grandi jusqu'à devenir des arbres et mon temple intérieur a pris tellement d'expansion que j'ai dû finalement enlever le toit pour faire de la place aux agrandissements. Il est toujours entouré d'un mur d'enceinte bas et il y a une imposante porte d'entrée.

Je me rends dans mon temple pour méditer et pour faire de la guérison. Lorsque je franchis le grand et imposant portail et que je traverse une forêt, j'arrive devant un immense pic rocheux. Contemplant cette majestueuse formation rocheuse, je deviens alors soudainement le pic et je m'élève de plus en plus haut jusqu'à ce que je sois libéré de la terre et que je devienne le ciel. Je deviens la lumière du monde.

Je suis également imprégné d'une vague d'énergie qui vient de l'est. Cette vague d'énergie me purifie et me guérit mentalement, physiquement et spirituellement. Alors même que j'écris ce compte-rendu, je peux sentir les effets bénéfiques de cette vague d'énergie circulant à travers moi. »

***

Quant à Robert, du Missouri, son temple intérieur est situé dans un parc national.

« Je visualise un ruisseau à truites situé dans un magnifique cadre d'arbres et de collines. Mon temple est construit par-dessus le ruisseau et il est fait en grosses poutres de chêne massif. Il est entouré d'une galerie, et mes objectifs sont encadrés sur le mur près de l'entrée. Il y a des fenêtres de chaque côté et une double porte à l'avant.

Je me rends chaque soir dans ce temple intérieur lorsque je vais au lit. Je sens la présence des autres et, parfois, je vois leurs visages et aussi des clins d'oeil. Je discute des événements de la journée et demande des actions spécifiques à faire le lendemain pour les autres et pour moi.

Comme vous le savez, beaucoup de ces requêtes ont été satisfaites.

***

Marie, du Colorado, écrit qu'il y a longtemps qu'elle a son temple intérieur.

« Mon temple intérieur est à l'extérieur. Dès que je ferme les yeux en méditation, je m'y retrouve, sous un grand chêne ou un érable. Il y a toujours un oiseau au-dessus de moi, soit dans les branches ou en train de voleter autour. Et mon merveilleux ruisseau, gargouillant sur les cailloux, est là juste devant moi. Il y a des arbres tout autour.

Je vais tous les jours dans mon temple, et c'est généralement la première chose que je fais le matin. Parfois, je m'y rends deux ou trois fois par jour. Je m'en sers pour me détendre, pour entrer en contact avec les guides de la Fraternité, pour parler, pour demander à être guidée, et pour envoyer de l'amour, de la paix ou de la santé à toutes les personnes et situations qui me viennent à l'esprit. »

***

Une autre personne du Missouri avait de la difficulté au début à visualiser un temple intérieur.

« J'essayais de m'imaginer le bon genre de temple, mais les structures créées demeuraient vagues, n'avaient aucune signification réelle pour moi et ne représentaient pas MON temple intérieur. Ce qui a finalement marché pour moi, ce fut de visualiser en détails des scènes venant du fond du coeur - comme les douces couleurs vaporeuses et chatoyantes d'un arc-en-ciel, d'énormes pyramides avec des motifs ornementaux en marbre, en or et en cristal, un ruisseau gazouillant qui me rafraîchit les pieds par une chaude journée d'été, de grands arbres se balançant au vent dans une forêt, des oiseaux chanteurs s'envolant au-dessus d'une prairie pleine de fleurs, et de hautes montagnes avec des cavernes et des passages secrets.

Tandis que je pensais à ces magnifiques images dans mon coeur et mon esprit, mon temple intérieur prit une forme qui était réelle, magnifique et parfaitement adaptée pour moi.

Mon temple intérieur devint utile pour moi lorsque je cessai d'avoir des attentes préétablies, que je m'exerçai régulièrement à le visualiser et que j'ouvris mon esprit en ayant confiance que la Fraternité savait très bien comment travailler avec moi.

Aujourd'hui, je peux m'imaginer, visualiser, envoyer et recevoir des pensées et des images sous forme de pensées tirant parti de ma collaboration avec Dieu et avec la Fraternité. Ces pensées sont dans l'intérêt des autres tout autant que dans le mien.

Personne ne pourrait faire cela à ma place. Il fallait que je fasse par moi-même l'expérience et la découverte de cette communication.

***

Un lecteur canadien, Pierre, de l'Ontario, a un temple intérieur qui est tout à fait unique.

« La principale caractéristique de mon temple est un ovale encastré où se trouve mon autel. Il y a beaucoup d'espace autour de mon autel. Il y a plusieurs marches à descendre pour aller jusqu'à mon ovale encastré et des portes par lesquelles les membres de la Fraternité entrent lorsqu'ils sont invités. Les portes sont richement ornementées - elles sont en chêne massif avec un haut en forme d'ellipse.

Une seconde particularité est un balcon de pierre ouvragé où apparaissent les membres de la Fraternité avant d'entrer dans mon temple. Je les y rejoins fréquemment parce que, de cet endroit, on a une vue magnifique sur les collines environnantes et sur le panorama marin.

Je médite chaque jour et j'invite la Fraternité à se joindre à moi. Parfois, les Frères s'assoient sur les marches de l'ovale tandis que je suis debout pour faire la présentation de mes divers problèmes.

Mon autel est le site des 'bienfaits que je réclame'. Je visualise ces bienfaits posés sur mon autel, et je rends grâce du fait qu'ils vont se matérialiser. »

***

Mon temple est un édifice lumineux entouré de tous les environnements de plein air que j'aime », écrit Ruth, du Missouri.

L'entrée de mon temple est doté d'un plafond élevé en cristal de quartz, d'une douche d'énergie purifiante et d'une rampe de transport d'où jaillit une lumière d'une haute fréquence vibratoire. D'autres espaces sont conçus pour partager avec mon Partenaire Dieu et avec la Fraternité des expériences de guérison, d'éternalisation, de manifestation et de communication.

Comme lieu de méditation et de centrage, mon temple est un lien avec mon Partenaire Dieu et avec la Fraternité. C'est là que j'éternalise et manifeste des besoins et des désirs, et que j'envoie de l'amour et de la lumière sur le plan terrestre.

***

Joyce, de New York, écrit qu'elle a eu pas mal de difficultés à bâtir son temple.

« Après beaucoup de faux départs, j'ai finalement demandé à la Fraternité de me donner ce qui pourrait constituer mon meilleur temple. J'ai instantanément eu une magnifique réplique de l'église d'Helsinki en Finlande, à la différence qu'elle comportait toutes les particularités que j'avais choisies.

Mon temple est sculpté dans le coeur d'une grosse montagne, et il possède un toit spiralé en cuivre, une piscine, une chute d'eau, un autel simple et une croix - le tout adossé à la paroi de roc d'une crevasse avec de l'eau qui dégoutte d'en haut.

Je me sers de mon temple pour me détendre dans la piscine, me rafraîchir et me purifier dans la chute, prier à mon autel et au centre il y a un espace de conversation où je m'assois et je parle avec la Fraternité. J'y passe du temps pour apprendre et partager. Mon temple représente à tous égards un cadeau merveilleux pour moi! »

***

« Mon temple intérieur m'a été extrêmement utile au début de mon travail », écrit Judith, de l'Illinois. « J'ai débuté avec un très petit temple qui ne comprenait rien de plus qu'une table toute simple, des images du Christ et de quelques autres saints. Je lui ai ajouté quelques fleurs, sans plus. A mesure que ma conception de Dieu s'élargissait au fil des ans, mon temple en fit tout autant.

Je visualisai un magnifique terrain d'un acre entouré d'une bordure d'arbustes. Il y avait une piscine et une fontaine de cristal, un patio avec des bancs très ornés, et des marches de marbre menant à l'entrée de mon temple où j'avais disposé un grand contenant pour y mettre tous mes problèmes liés à la conscience terrestre. Le mobilier à l'intérieur du temple change selon mes besoins.

Bien que je ne me serve pas chaque jour de mon temple, il fait toujours partie de moi. J'y vais lorsque j'ai peur et que j'ai besoin du secours d'une illusion réconfortante. Mon principal objectif est d'éliminer de mon esprit les pensées de la conscience terrestre et de purifier mes pensées des jugements contre moi-même et contre mes frères. »

***

« 'Changement' est le mot qui s'applique le mieux pour décrire l'apparence de mon temple », écrit Debi, du Missouri.

« Mon temple a été situé parfois dans une montagne, parfois sous un lac, et son aspect extérieur a varié de celui d'un immense palais de cristal avec des bannières dorées à celui d'une coquille sur le dos d'un bernard-l'ermite. Ce qui ne change pas, c'est mon sentiment de sécurité que j'ai à faire grandir au-delà de mes limites avec l'aide de mon Partenaire.

J'utilise mon temple pour y trouver un certain réconfort lorsque j'ai l'impression que tout le monde pense que j'ai 'perdu la carte'. C'est là que je trouve la réponse à mes questions les plus troublantes du genre "Qu'est-ce que la vérité?" ou "Comment vais-je faire pour vivre avec des puces?" Mon temple est l'endroit où je suis acceptée telle que je suis et où je suis par conséquent ouverte à pousser au-delà de mes limites conceptuelles.

Il m'est difficile de croire qu'il y a à peine un an je n'avais même pas entendu parler de ces livres, et encore moins le fait que je n'utilisais pas mon temple chaque minute, chaque heure, à tout moment. »

***

Anita, également du Missouri, décrit son temple intérieur comme étant un édifice blanc semblable à une mosquée et perché sur une colline surplombant l'océan.

« Selon la Fraternité, mon temple intérieur serait apparemment sur la côte du Maroc. Il est entouré de magnifiques terrasses de marbre, avec un jardin et une piscine dans une cour où les Frères attendent jusqu'à ce qu'on les invite à entrer.

Le soir, je vais dans mon temple avant de dormir, laissant mon esprit aux soins des Frères pour y recevoir tout ce dont il a besoin. Il m'arrive fréquemment d'y faire un saut rapide pour demander conseil sur un problème nécessitant une attention approfondie. »

***

Pat, du New Hampshire, dit que son temple intérieur est une très grande salle où elle accède en descendant un escalier de quartz rose. Au pied de cet escalier se trouvent une piscine ovale aux eaux bleu vert, des meubles blancs et de longues tables à dessus de verre jonchées de pierres précieuses. Des fenêtres s'élevant du plancher jusqu'au plafond sont disposées en demi-cercle, et des rideaux aux couleurs d'arc-en-ciel et tissés de fils d'or reflètent la lumière.

Je m'y rends chaque jour pour intensifier ma paix intérieure et recueillir l'amour de mes enseignants. Les présences - parfois il y a foule - me rencontrent dans cette salle. Il m'arrive de poser des questions, et les réponses arrivent sous forme d'impressions - pas toujours au moment où je pose mes questions mais tôt ou tard elles me sont explicitement données.

***

« Durant ma jeunesse, il m'arrivait fréquemment de chercher des endroits servant de refuge face aux traumatismes du monde », écrivait Evelyn, du Missouri.

« Parmi les lieux où je me sentais en sécurité, il y avait un creux entre les haies où j'allais avec mon chat ou encore un hamac d'où je regardais les rayons de soleil qui dansaient au travers du feuillage des arbres. Il y avait l'avant du bateau de grand-papa où je me pelotonnais sur les ceintures de sauvetage et me laissais bercer par le ballottement du bateau et le clapotis de l'eau. Il m'arrivait même parfois de m'imaginer Jésus en train de marcher sur les eaux du lac.

Il y avait sur le mur de notre salon un tableau représentant un jardin de fleurs avec un muret de pierres et une barrière. Je me sentais souvent attirée à entrer dans ce jardin où je pouvais sentir les fleurs et entendre les oiseaux chanter. Comme j'avais souvent entendu dans mon enfance l'hymne 'Dans le jardin', je sentis que je pouvais marcher et parler avec mon ange gardien, ou même avec Jésus.

Lorsque j'ai lu dans le livre Une vérité à vivre ce qu'on y disait au sujet de la construction d'un temple intérieur, je me suis rendu compte que j'avais passé ma vie à construire des temples. Dans les refuges de mon enfance, j'avais pu communiquer avec la nature, parler aux anges, et j'avais puisé une grande paix intérieure de ces expériences.

Mon temple intérieur aujourd'hui est plus défini, mais il change de temps à autre. Parfois, je me vois toujours en train de me bercer doucement dans le hamac, ou de marcher dans le jardin avec la Fraternité et mon chat comme compagnons, ou de déambuler en leur compagnie sur la rive du lac avec le doux clapotis de l'eau et le sable qui me remonte entre les orteils.

Aujourd'hui, j'appelle mon temple intérieur mon expérience de type 'C'. C'est là que je me connecte avec la Fraternité pour communiquer, pour être conseillée et consolée, et pour retrouver ma confiance et ma créativité dans ma vie que je consacre à Dieu. Mon temple intérieur rend Dieu réel.

***

« Mon temple est érigé dans une vaste plaine verte avec de grands arbres accueillants, des fleurs et des sentiers pour la promenade et l'équitation », écrit Carol, de l'Ohio.

« Quant au temple, il s'agit d'une grande structure blanche en forme de feuille de trèfle avec un dôme violet pâle en son centre. Je me rends habituellement jusqu'à la porte de mon temple dans un magnifique carrosse tiré par des chevaux.

Une fois à l'intérieur, je me baigne dans les effluves d'amour de Dieu et je laisse Son amour me pénétrer par chaque pore de ma peau. J'invite parfois d'autres personnes à venir et à se baigner dans cette piscine, et ils peuvent alors me surprendre par leurs ébats joyeux dans ces eaux splendides. Ce vestibule est partiellement ouvert au ciel bleu et abrite des arbres en fleurs ou chargés de fruits. Il y a souvent des choeurs d'anges qui y chantent.

En ce moment, je me rends jusqu'à une belle salle située de l'autre côté. Elle a des murs opalescents et un plancher de marbre blanc orné d'une grande étoile. Je peux y rencontrer Jésus et les conseillers de la Fraternité. Jésus rayonne d'une telle joie chaque fois qu'il s'y trouve. Il y a souvent huit âmes qui se regroupent autour d'un petit feu allumé à l'une des pointes du motif étoilé. Je me joins au petit groupe lorsque je suis prête, et ils discutent avec moi de sujets touchant le cheminement de mon âme pour m'aider et me conseiller.

Joachim, de New York, écrit qu'il a eu de la

difficulté au début à concevoir un temple.

« J'ai commencé par imaginer une cathédrale, mais je me sentais écrasé par sa structure imposante. Puis j'ai construit ma propre demeure qui s'est ensuite transformée en mémorial du président Jefferson auquel j'ai ajouté un patio s'étendant à l'arrière avec un paysage de vallons et de collines.

Récemment, j'ai rencontré les esprits qui me guident sur un patio donnant sur la Méditerranée, ou à l'étage inférieur où il y a un immense cristal s'élevant du plancher jusqu'au dôme. La plupart du temps, cependant, ce n'est pas tant l'endroit que les énergies vibratoires qui m'intéressent. Mais en réalité, je fais ce que je sens bon de faire au moment où je le fais.

***

Polly, du Texas, pour sa part raconte : « Après avoir ouvert les grandes portes serties de bijoux de mon temple et inspiré l'air raréfié, je cours habituellement d'un bout à l'autre du plancher de marbre blanc jusqu'à une double porte sur laquelle sont écrits en lettres d'or les mots "La Fraternité de Jésus". Je reçois alors un joli bouquet de roses des chérubins et je demande à la Fraternité et aux anges de venir dans mon temple, invitant chacun à accepter une rose ainsi que ma tendre reconnaissance.

Il arrive souvent que nous allions à l'autre extrémité du temple qui s'ouvre sur l'océan où la vue sur le ciel et la mer est absolument merveilleuse. C'est là que mon Partenaire divin vient à moi comme la brume qui souvent enveloppe le littoral.

J'utilise mon temple à n'importe quelle heure du jour ou de la nuit lorsque je souhaite entendre la guidance de mon Partenaire divin avec l'assistance de la Fraternité et des anges. Je parviens à entrer dans mon temple assez rapidement, les yeux ouverts ou fermés, pour me servir du 'Tableau de Dieu' qui est une des particularités les plus utiles de mon temple. Il apparaît devant moi sous la forme d'un grand tableau d'affichage blanc. Je visualise alors des questions, des projets ou des soucis sur le 'Tableau de Dieu'. Chaque sujet est examiné avec la Fraternité, et j'essaie de dresser une liste de chaque inquiétude en des termes décrivant un aboutissement positif désiré. Nous terminons chaque discussion en nous centrant sur le désir positif même s'il est de nature très générale (comme 'l'intégrité' pour un besoin de guérison).

Le 'Tableau de Dieu' est un processus dont je me sers pour m'en remettre à la Conscience divine, à la Fraternité et aux anges pour obtenir la meilleure réponse possible ou un ajustement désiré ou même la révision totale d'un plan proposé.

Lexique

âme : Voir "moi intérieur".

âme avancée : Toutes les âmes (entités spirituelles) viennent sur la planète Terre avec un plan de croissance. Celles qui exécutent ce plan durant leur vie terrestre sont qualifiées "d'âmes avancées".

amour : Ce mot ne peut pas être compris en termes humains, car l'expérience nous donne de fausses idées sur l'amour. La tendresse est l'ultime expression spirituelle d'un soutien total et bienveillant. L'amour est au service de la tendresse et s'incline devant son ultime expression, car l'amour donne et reçoit. La tendresse ne fait que donner.

Bible : Un ensemble de récits, d'histoires et de souvenirs reflétant la progression de la pensée au sujet de Dieu. C'est un guide de vie d'inspiration divine, mais ce n'est pas la seule parole de Dieu. La parole de Dieu parvient à chaque individu telle un flot de sagesse, et la Bible - au mieux - n'est qu'une source de sagesse parmi tant d'autres. Dieu - une énergie vivante, palpitante, vibrante - est la Source de la Pure Vérité, ce qui n'est pas le cas de la Bible ou de toute autre "Bible".

canal : N'importe qui peut être un canal à travers lequel l'Esprit de Dieu fait jaillir la vérité individuelle et éternelle. De ce fait, un individu que l'on appelle un "canal" ne fait que prouver qu'une communication est possible entre les êtres du plan terrestre et ceux de l'autre plan d'existence.
canal ouvert : Le moyen utilisé par la Fraternité de Dieu avec chaque personne pour aider à établir une connexion avec la Conscience divine.

Christ : Un concept d'unité avec Dieu. Chaque personne peut se considérer comme le Christ dans le sens de cette unité. Lorsque nous reconnaissons le Christ, nous reconnaissons notre unité avec Dieu.

collaboration : La collaboration est la force fondamentale de l'esprit, car sans la collaboration de la Fraternité/ de l'Esprit Saint et du Dieu de l'univers, il ne saurait y avoir d'accomplissement durable. La collaboration amène chaque être qui en comprend la force dans le royaume des maîtres qui ont la capacité de matérialiser des choses à partir de la semence de Vérité divine.

Conscience divine : La Conscience illimitée produisant un flot de sagesse que n'importe qui peut capter est appelée "Conscience divine". Cette vérité s'écoulant en un influx régulier désire entrer en communication avec les consciences et esprits individuels qui cherchent à devenir Un avec le Dieu de l'univers.

conscience terrestre : La conscience terrestre ne va pas plus loin que là où l'homme est parvenu. Elle met ses croyances à l'épreuve dans la substance matérielle, à l'aide de données historiques, et par des observations scientifiques. La conscience terrestre comprend également la religion comme étant un effort louable pour parvenir à Dieu. Mais Dieu est souvent réduit à un rôle de soutien des valeurs de la société et n'est pas considéré comme une Entité personnelle dont l'infinie grandeur doit encore faire ses preuves dans les vies individuelles.

croissance : Lorsqu'une personne accepte la vérité et la vit, la croissance spirituelle survient. Cette croissance est ce qui devient un élément constitutif permanent du moi spirituel.

diable : L'instrument du mal en l'homme, un concept qui dit que l'homme est pris entre deux puissances, Dieu et le diable. Aucune puissance ne peut exister en dehors de Dieu sauf si l'homme lui attribue cette puissance. Par conséquent, le "diable" n'est rien d'autre qu'un moyen de rejeter la responsabilité.

Dieu le Père, Dieu du Jugement, etc. : Termes qui indiquent l'étendue de la conception que les gens ont de Dieu. Les mots qui suivent "Dieu" indiquent ce en quoi les gens croient.

Dieu de l'univers : Cette désignation a pour but d'étendre votre conception de Dieu aux limites des possibilités de votre esprit. Le concept de Dieu doit être élargi pour satisfaire vos plus grandes attentes. La Fraternité tente donc d'aider chaque personne à ouvrir son esprit à tout ce que Dieu représente.

douces présences : Ces esprits travaillent au sein de la Fraternité/ de l'Esprit Saint pour réunir votre être avec l'esprit de Dieu. Avec l'aide de ces présences, les êtres du plan terrestre sont capables de faire face à n'importe quel besoin ou souci, avec une compréhension positive et parfaitement adaptée. Avec leur aide, chaque personne peut être utile à la société et aider à combler les besoins des autres tout autant que les siens.

écriture channelée : Lorsqu'une communication d'esprit à esprit est mise par écrit, on parle alors souvent d'écriture "channelée". Cependant, tous les écrits inspirés - que ce soit de la poésie, des récits, des essais, même de la musique ou une expression artistique - doivent être considérés comme channelés.

émissaire de Dieu : Une personne qui vit la Vérité de Dieu.

énergie : Pouvoir inné qui émerge de votre vérité - soit de la Conscience divine, soit de la conscience terrestre.

entité : Lorsqu'une personne est appelée une "entité", le terme se rapporte à l'être intérieur ou au moi spirituel.

esprit : L'esprit est distinct du cerveau. Le cerveau est physique - matériel; l'esprit est spirituel. Lorsque le mot "esprit" est utilisé, il se réfère à la réalité en nous - l'âme ou l'esprit qui est capable, dans n'importe quelle condition, de se connecter à tout ce que Dieu EST.

esprits attachés à la terre : Lorsque des âmes - ou esprits - se séparent de leur corps et vivent sur le plan d'existence voisin du nôtre, certains ne parviennent pas à se détacher de leur identité terrestre. Ces esprits sont dits "attachés à la terre".

Esprit Saint : Le Conseiller, Consolateur, ou Enseignant, qui est l'activité de l'Esprit Saint, est centré en ces esprits avancés que l'on appelle la Fraternité de Dieu.

forme-pensée : Le corps humain est une forme-pensée, car il est la manifestation de la bonté créatrice qui émane de Dieu. D'autres formes-pensées sont les pensées manifestées que nous créons, avec l'aide du Dieu de l'univers.

Fraternité de Dieu : Les esprits avancés demeurent dans le plan d'existence voisin du nôtre pour exécuter le travail de l'Esprit Saint. Ils sont le Conseiller, le Consolateur, l'Enseignant qui travaille avec les êtres du plan terrestre qui leur ouvrent leur esprit. Ces esprits sont là pour aider les gens à s'allier au Dieu de l'univers pour recevoir la vérité éternelle et personnelle.

force divine : Le pouvoir de Dieu qui agit conformément aux principes de vérité. Cette pouvoir manifeste des pensées en choses.

Jésus : Le Frère des Frères (Jésus) devint la manifestation extérieure de l'être intérieur qui a vécu sa vie en accord avec son plan de croissance. Jésus, l'homme, fut le reflet de son moi intérieur qui réalisa son unité avec Dieu.

loi spirituelle : Toute Vérité divine qui agit dans l'univers comme une loi - comme ce qui doit se réaliser.

mal : Un concept que beaucoup de gens utilisent pour expliquer ce qu'ils appellent le "mal". Ce concept d'une présence malveillante dans une personne rétrécit le concept de Dieu en gardant l'individu centré sur ce que Dieu n'EST pas.

manifestation : Le processus consistant à produire un résultat tangible de votre pensée dans le monde physique. Le succès de ce processus dépend de la compréhension que vous en avez et de l'application de principes spirituels.

moi divin : L'entité ou la personne qui est alliée à Dieu.

moi intérieur : La réalité de chaque personne est le moi intérieur ou l'esprit/l'âme. Ce moi intérieur a vécu de nombreuses vies et ne mourra jamais.

Nouvel âge : Nous sommes à l'aube d'un âge où la terre devra rétablir sa pureté dans son être. Lorsque ce temps arrivera, rien ne sera plus comme avant. Les êtres qui tiennent compte de la Vérité de Dieu aideront cependant la planète et l'humanité à survivre, à s'épanouir et à vivre en totale collaboration.

plan d'existence voisin du nôtre : C'est sur le plan terrestre que notre moi spirituel - notre âme - s'exprime sous forme humaine. Le plan d'existence voisin du nôtre et le plan terrestre s'interpénètrent, et c'est à partir de ce plan voisin que la Fraternité de Dieu travaille au service de l'Esprit Saint. C'est aussi l'endroit où viennent séjourner les esprits quittant le plan terrestre et d'où partent les esprits se préparant à se réincarner.

plan de croissance : Avant qu'une âme ou un esprit n'entre dans le corps d'un enfant à naître, cette entité a conçu un plan pour parvenir à l'unité avec Dieu. Ce plan, s'il est conforme à la nature de ce que Dieu EST, constitue une entreprise de coopération entre le Dieu de l'univers et la personne qui s'incarne.

prière : Les religieux prient pour amener l'humanité à s'harmoniser mentalement avec leur conception de Dieu. La prière apporte de l'espoir, de l'estime et constitue une occasion de vénération. La prière est rarement considérée comme une communication entre Dieu et l'homme. C'est habituellement un rituel reliant l'homme à un Dieu qu'il ne peut espérer comprendre.

pure vérité : C'est le fondement de notre collaboration avec chaque individu. Seuls des esprits ouverts peuvent revendiquer la Pure Vérité, ou Vérité divine. La Pure Vérité est esprit, elle est puissance; elle est naturellement bonne, et elle est exempte de pensées erronées. (Voir aussi sous 'vérité éternelle' et 'vérité personnelle'.)

réincarnation : En vivant plusieurs vies successives dans un corps d'homme et de femme, sous diverses nationalités, et comme membres de toutes les races, une occasion nous est offerte de mettre à exécution notre plan de croissance et de réaliser notre unité avec Dieu. La réincarnation est le plan de Dieu qui donne aux gens de nombreuses occasions de croissance spirituelle.

religion : Une organisation qui assemble les gens dans les églises dans le but de vénérer Dieu et de les transformer en de bons travailleurs. En général, la religion empêche les gens de faire eux-mêmes la découverte de Dieu.

Satan : Satan est la personnalité du Vieux Testament qui personnifie le mal en de nombreux récits fictifs. Mais Satan n'a pas soumis les gens à la tentation. Il fut celui qui posa des questions auxquelles les gens avaient besoin de répondre pour comprendre leur relation avec Dieu. Satan et le diable ne sont pas la même personne.

se vider (soi-même) : C'est le processus consistant à nettoyer son esprit des pensées colériques et de l'ego afin de recevoir la vérité de Dieu. La méditation, l'empressement à abandonner ses croyances personnelles et la confiance en votre concept le plus élevé de Dieu en sont des exemples.

temple intérieur : Pour nous aider dans notre croissance spirituelle, la Fraternité nous recommande de créer en nous un temple intérieur. Ce temple est un lieu de rencontre pour nous et la Fraternité. C'est là que nous étudions, méditons, et apprenons.

vérité : Tout ce en quoi vous croyez est votre propre vérité. La vérité, à mesure que vous l'intégrez en vous et travaillez avec, développe la trame de votre expérience de vie. Votre vérité est constituée de pensées fortes qui deviennent le centre ou le point focal de votre esprit.

vérité éternelle : L'ensemble des lois spirituelles à l'oeuvre dans votre expérience de vie lorsque la puissance de Dieu afflue directement dans votre existence.

vérité personnelle : Le message intérieur qui offre de l'espoir au milieu du désespoir, qui revendique le BIEN pour vous lorsque tout semble indiquer qu'il n'y a que des énergies négatives à l'oeuvre dans votre vie. (Voir aussi sous 'vérité éternelle' et 'pure vérité'.)

ACHEVÉ D'IMPRIMER
CHEZ
MARC VEILLEUX,
IMPRIMEUR À BOUCHERVILLE,
EN SEPTEMBRE MIL NEUF CENT QUATRE-VINGT-DIX-SEPT